한국 현대사 산책 **1960년대 편 3**권

한국 현대사 산책 1960년대 편(전3권)

4 · 19혁명에서 3선 개헌까지 · 3권

© 강준만, 2004

초판 1쇄 2004년 9월 23일 펴냄
초판 13쇄 2017년 9월 13일 펴냄

지은이 | 강준만
펴낸이 | 강준우
기획 · 편집 | 박상문, 박효주, 김예진, 김환표
디자인 | 최진영, 최원영
마케팅 | 이태준
관리 | 최수향
인쇄 · 제본 | 제일프린테크

펴낸곳 | 인물과사상사
출판등록 | 제17-204호 1998년 3월 11일

주소 | 04037 서울시 마포구 서교동 392-4 삼양E&R빌딩 2층
전화 | 02-325-6364
팩스 | 02-474-1413

www.inmul.co.kr | insa@inmul.co.kr

ISBN 978-89-5906-000-9 04900   ISBN 978-89-88410-48-3 (세트)

값 12,000원

4 · 19혁명에서 3선 개헌까지 **1960년대 편 3**권

한국 현대사 산책

강준만 저

인물과
사상사

제2장 '역사의 지체'에 대한 분노 / 1961년 ①

장면 정부의 '경제제일주의' / 민주당 신·구파의 이전투구(泥田鬪狗) ② / '부정축재처벌'과 민주당의 부패 / '한미협정 파동'과 '2대 악법 반대투쟁' / 육군참모총장 장도영: 최악의 인사 / 4·19 1주년: '통분·치욕·울분' / 신문망국론: 3신(新)의 으뜸 / 5월 16일: 장면의 잠적, 윤보선의 협조 / 5월 17일: 장면의 '미국 숭배증'의 비극 / 5월 18일: 국가재건최고회의의 탄생 / 장면: 과연 '선진적인 정치가'였나? / 미국의 인정을 받기 위한 '빨갱이 만들기'

1965년

제7장

'한일협정'과 '월남파병'

- 증산 · 수출 · 건설: '수출 아니면 죽음'
- 로스토우: 한국경제의 구세주
- 한일 국교 정상화: '졸속 · 굴욕'이었나?
- 누가 '기회주의 지식인'인가?
- 월남 파병: '맹호는 간다'
- 「중앙일보」 창간, 코미디 붐

증산·수출·건설: '수출 아니면 죽음'

박정희: '강력하고 유능한 수출 총사령관'

박정희는 1965년 연두교서에서 '증산·수출·건설'이라는 구호를 내걸면서 2차대전 직후 영국 수상 처칠의 '수출 아니면 죽음'이라는 호소를 인용했다. '수출 아니면 죽음'을 위해 65년은 "일하는 해"로, 66년은 "또 일하는 해"로 지정되었다. 정부는 "올해는 일하는 해 모두 나서자"는 노래까지 보급해 확성기를 통해 쉬지 않고 내보냈다. 일부 사람들은 "올해는 보리밥 먹고 피똥 싸는 해"라고 고쳐 부르기도 했다.[1]

김진만은 『사상계』 65년 5월호에 쓴 〈지식인의 사회의식〉이라는 글에서 "오늘날 우리의 살림은 적어도 나의 처지를 생각할 때, 자유당 시절의 살림보다 엄청나게 어렵다"고 썼다.[2] 실제로 적어도 65년까지 소득은

---

1) 이완범, 〈제1차 경제개발5개년계획의 입안과 미국의 역할, 1960~1965〉, 한국정신문화연구원 편, 『1960년대의 정치사회변동』(백산서당, 1999), 126쪽; 윤대원, 『일하는 사람들을 위한 한국현대사』(거름, 1990), 122쪽.

급격히 감소하고 몰락하는 양상을 보였다. 경제 성장이 본격화된 것은 66년 이후였다.[3]

65년 7월 수출 특화산업으로 1차 선정된 품목들은 당시의 경제 수준을 말해준다. 가장 그럴 듯한 것이 라디오와 전기 기기였고, 나머지는 모두 생사류, 면직물, 도자기, 고무, 어패류, 양송이 통조림, 모 제품, 합판, 의류, 피혁 제품, 공예품, 잡화 등이었다.[4]

이 당시 가장 효자 품목은 가발이었다. 64년에 처음 수출된 가발은 그 해에 수출액 1만4천 달러를 기록했지만, 65년엔 155만 달러로 거의 100배로 증가하였다. 65년 연말 미국이 중국산 머리카락으로 만든 가발에 대해 수입 금지 조치를 취함으로써 미국의 가발 시장을 한국이 독점하게 되는 길이 열렸다. 7~8개에 불과하던 가발 업체는 단숨에 40여 개 회사로 늘어났고, 수출액도 급증하였다. 66년 1천62만 달러, 67년 1천978만 달러, 68년 3천55만 달러, 69년 5천336만 달러를 기록하더니 70년엔 1억 달러 가까운 9천357만 달러로 총 수출량의 9.3%를 차지했다. 가발은 단일 품목으론 의류와 합판 다음으로 3위였으며, 순외화 가득률은 단연 1등이었다. 미국으로 이민을 간 사람들이 가발 장사를 해 미국에서 가발 하면 '코리안'을 연상했다.[5]

65년부터 종합적인 수출 지원제도가 실시되었다. 그 내용은 수출 우대 금융제도의 실시, 수출 생산용 원자재 수입에 대한 관세 면제, 수출 소득에 대한 직접세의 감면, 주요 수출산업의 고정자산에 대한 가속 감가상각 제도의 도입 등이었다.[6]

---

2) 홍석률, 〈1960년대 지성계의 동향: 산업화와 근대화론의 대두와 지식인사회의 변동〉, 한국정신문화연구원 편, 『1960년대 사회변화연구: 1963~1970』(백산서당, 1999), 227쪽에서 재인용.
3) 홍석률, 위의 책, 227쪽.
4) 공병호, 『한국기업 흥망사』(명진출판, 1993), 47~48쪽.
5) 오원철, 『한국형 경제건설 2』(기아경제연구소, 1996), 117~118쪽.
6) 김흥기 편, 『영욕의 한국경제: 비사(秘史) 경제기획원 33년』(매일경제신문사, 1999), 145~146쪽.

몇 억 달성이니, 수출 탑이니 하며 박 정권은 수출을 지상과제로 삼았다. 사진은 1970년 수출의 날 행사장.

66년부터 박정희는 매월 수출확대회의를 직접 주관했다. 당시 상공부 공업제1국장이었던 오원철은 박정희는 '강력하고 유능한 수출 총사령관'이었다고 회고한다.[7] 이후 매년 수출 증가율은 40%를 기록해, 67년 3억5천859만 달러, 68년 5억40만 달러, 69년 7억280만 달러, 70년 10억380만 달러에 이르게 되었다.[8]

"차관을 잡아라!"

62년 6월에 단행된 통화 개혁의 실패는 국내에 동원할 만한 자본 축적이 돼 있지 않았다는 걸 여실히 보여주었다. 저축률은 1960년에 1.6%, 61년에 3.9%에 머물렀다. 65년에 취해진 금리 현실화 조치는 당시 물가 상승률보다 낮았던 은행금리를 인상함으로써 은행의 저축성 예금을 증

---

7) 오원철, 『한국형 경제건설 2』(기아경제연구소, 1996), 277쪽.
8) 오원철, 위의 책, 275쪽.

대시켜, 은행 자금에 대한 가수요를 억제하고 전체적으로 국내 자금 동원을 중대할 것을 의도한 것이었다.

그러나 65년의 금리 현실화 조치가 대출금리를 16%에서 26%로 대폭 인상하고 예금금리를 15%에서 30%로 대출금리보다 높게 한 것은 모순이었다. 대출을 받아 예금을 하는 것만으로도 4%의 이자수익이 생기니, 기업 활동을 하는 것보다 예금을 하는 편이 높은 수익을 얻을 수 있다는 모순된 결과를 빚어낸 것이다.

금리 현실화 조치 이후 저축성 예금은 65년 9월 말의 277억 원에서 12월 말까지 3개월 동안 397억 원으로 43% 증가하였다. 66년 말에는 867억 원으로 전년 말 대비 118.2%나 증가하였다.[9] 저축률도 껑충 뛰어올라 66년 11.9%, 71년 14.5%를 기록하였으며, 62~66년 평균은 6.9%, 67~71년 평균은 14.8% 수준이었다. 한국은 '선저축 후성장'이 아니라 '선성장 후저축' 국가였다.[10]

이 같은 고금리정책은 3년 후인 68년에 다시 수정되고 72년에는 금리 현실화 이전의 상태로 완전히 되돌아가게 되지만, 이런 내자동원의 실패는 외자도입에 사활을 거는 정책으로 선회하게끔 하는 결과를 초래했다.[11]

64년의 상업차관은 1천300만 달러 수준이었지만, 65년 4천200만 달러, 66년 1억1천900만 달러, 67년 1억2천400만 달러, 68년 2억6천800만 달러, 69년 4억1천100만 달러로 급증하였다. 69년엔 공공차관도 2억1천400만 달러나 돼 상업차관과 합치면 차관액은 6억2천500만 달러에 이르렀다.[12]

"차관을 잡아라!"는 모든 재벌들의 좌우명이 되었다. 그게 곧 큰 이익이

---

9) 이해주, 「한국경제발전론: 한일비교경제사적 접근」(부산대학교출판부, 1996), 143~144쪽.
10) 이해주, 위의 책, 149쪽.
11) 이해주, 위의 책, 143~144쪽.
12) 오원철, 「한국형 경제건설 2」(기아경제연구소, 1996), 280쪽.

남는 돈벌이였기 때문이다. 국내 은행 금리는 25~30%, 사채 이자율은 60 ~70%였던 반면, 차관 이자율은 공공차관의 경우 3~4%, 상업차관 6~ 8%였으니 차관을 도입하는 것만으로 앉아서 돈을 벌 수 있었던 것이다.[13]

차관을 어떻게 잡을 수 있는가? 바로 여기에 '권력'과 '정치'가 개입 하였다. 당시 상공부 공업제1국장이었던 오원철의 증언에 따르면, "차관 으로 도입된 액수가 이 정도이니, 차관을 얻고자 붐비는 양상은 꼭 문전 성시(門前成市)라는 옛말 그대로이다. 이때의 유행어로 '새끼줄', '로프 줄', '파이프라인' 등이 생겼다. 어떻게 하면 고위층과 줄이 닿아 외자도 입을 하느냐 하는 데서 생긴 말이다."[14]

공사비의 10%는 무조건 정치자금

그러나 차관을 둘러싼 비리는 부정부패라고 하는 빙산의 일각에 지나 지 않았다. 군사정권은 5·16 직후부터 '부정축재자처리법'을 제정하는 등 '부패와의 전쟁'을 벌였지만, 그건 어느 정권이건 집권 초기에 벌이 는 '쇼'에 지나지 않았다는 것이 곧 분명해졌다. 나의 부정부패는 애국 (愛國)을 위한 것이고 너의 부정부패는 매국(賣國)이라는 이중 잣대를 구 사하였기 때문이다.

그래서 박 정권은 정치자금 모금을 위한 부정부패를 저지르면서도 당 당했고, 그 과정을 아예 반(半) 공식화했다. 1965년부터 공화당 재정위원 장을 맡은 김성곤은 재벌들에게 돈을 거둬 박정희에게 갖다 바치는 역할 을 했다. 김성곤이 거둬들인 자금 명세서는 박정희가 직접 결재를 했다. 돈을 거두는 건 정부가 발주하는 사업에서 무조건 10%를 정치자금으로

13) 이동현, 『이슈로 본 한국현대사』(민연, 2002), 173쪽.
14) 오원철, 『한국형 경제건설 2』(기아경제연구소, 1996), 280쪽.

떼 내는 방식으로 이루어졌다. 정부 발주 공사가 워낙 남는 장사이기 때문에 재벌들은 10%를 떼이면서도 서로 하겠다고 경쟁을 벌였고 박정희의 대리인인 김성곤에게 10%의 돈을 바치면서도 "앞으로 이런 기회를 자주 달라"는 식으로 고마워했다. 그래서 기업들로부터 돈을 뜯었다고 말썽이 날 일도 없었다. 그런 관행은 장려되었고, 전 관료 체제에 확산되었다.[15]

개발도상국가에서의 부정부패는 엘리트층의 결속, 자본 축적, 관료규제 돌파 등의 효과를 가져오기 때문에 경제개발에 유리하다는 주장은 따로 살펴볼 일이겠지만, 박정희가 외친 '증산·수출·건설'과 '일하는 해'라는 구호의 이면에 그런 부패 잔치판이 벌어졌던 건 분명한 사실이다.

설사 부정부패가 경제개발에 유리하다 하더라도 그건 "누구를 위한 경제개발인가?"라는 의문을 불러올 수밖에 없었다. 그래서 그 질문, 즉 빈부격차의 문제를 다루는 건 해선 안 될 금기가 되었다. 그건 반공법으로 엄단되었다.

예컨대, 65년 3월에 발생한 이른바 '송아지 사건'도 바로 그런 경우였다. 이는 64년 11월 대전방송국에서 방송된 〈송아지〉라는 방송극의 대본이 빈부격차 문제를 다뤘다고 해서 대전방송국 편집부장 김정욱이 반공법 위반으로 체포된 사건이었다. 검찰은 이 방송극이 "유산 계급에 대한 증오심을 북돋우어서 모순된 사회구조의 타파를 위한 무산계급의 봉기를 선동한 내용으로서, 공산주의의 기본적인 이론을 자연스럽게 전개·선전하고 그것을 실천하도록 자극시켜 북괴 및 공산계열의 상투적인 선전에 동조하고 북괴의 활동을 찬양·고무한 것"이라고 기소했다.[16]

북한의 존재는 늘 남한에서의 빈부격차에 대한 문제 제기 자체를 원천봉쇄할 수 있는 마법의 주문이 되었다.

---

15) 우종창, 〈"중정 신분증에 권총 차고 정치자금 날랐다": '박정희 정치자금 창구' 성곡 김성곤씨의 비서 '미스터 리' … 24년 만의 고백〉, 『주간조선』, 1995년 5월 4일, 42~46면; 조용중, 〈1971년 '10·2 항명파동'의 전말: 대정객 김성곤, 박정희에 항명하다!〉, 『월간조선』, 1995년 4월, 673쪽.
16) 박원순, 『국가보안법연구 2: 국가보안법적용사』(역사비평사, 1992), 72쪽.

로스토우: 한국 경제의 구세주

로스토우의 경제성장 5단계설

1963년 11월 22일에 암살당한 케네디의 뒤를 이어 집권한 린든 존슨 행정부는 64년 가을부터 사실상 중단상태에 빠진 한일회담을 재개하기 위해 '필사적인 노력'을 기울였다. 그건 아시아의 국제정세 변화 때문이었다. 64년 1월 중국-프랑스의 국교수립, 8월 4일 미국의 북베트남 폭격, 10월 16일 중국의 핵 실험 성공 등은 미국에게 한일(韓日) 두 나라를 묶어야 할 필요성을 더욱 크게 만들었다.

가장 중요한 건 미국의 베트남 개입이었다. 64년 8월 2일 미국 구축함 두 척이 북베트남 근해의 통킹 만에서 북베트남의 어뢰정과 교전한 사건이 발생했다. 미국은 구축함 매독스호가 공해 상에 있었는데도 북베트남의 어뢰정이 공격을 했다고 주장했지만, 훗날 이는 미국이 일부러 도발을 유인한 것으로 밝혀졌다. 8월 4일 존슨의 북베트남 폭격 명령이 떨어졌다.[17]

그런 상황에서 미국은 한일회담을 타결시키고자 애썼지만, 미국은 한일관계에 대해 무지하고 오만했다. 예컨대, 미국 민주당 상원의원 토마스 도드는 64년 9월 11일 의회에서 "시위에 참가하고 있는 학생은 한 명도 일본 통치 하에서 생활한 적이 없고 일본으로부터 개인적인 피해를 받은 적이 없다. 이러한 학생이 왜 화해를 맹렬히 반대하고 그들의 불만을 시위에 집중하고 있는지 이해할 수 없다"고 발언했다.[18]

이런 무지와 오만을 벗어나 한국인들에게 좀더 구미가 당기는 논리로 접근한 것이 바로 로스토우였다. 로스토우가 MIT 경제학 교수로 재직하던 58년에 낸 『경제성장의 제 단계: 반공산주의선언』은 큰 반향을 불러일으켰다. 그는 모든 사회를 전통적 사회, 과도적 사회, 도약의 과정에 있는 사회, 공업화 과정을 통한 성숙사회, 고도의 대량소비 단계에 달한 사회 등 5단계로 구분하고, 과도적 사회와 도약단계의 사회에서 근대화를 위한 정치적 지도력의 원천으로 군부를 지목했다.[19]

로스토우의 경제발전 단계설이 후진국 지도자들에게 던져주는 매력은 저개발 국가도 선진 국가처럼 발전할 수 있으며, 그것도 서구 선진 국가들이 수백 년을 통해 달성한 경제적인 번영을 저개발 국가들은 단기간에 달성할 수 있다는 '도약이론'이었다.

로스토우는 케네디에 의해 스카우트되어 대통령 국가안보 고문을 지내는 등 케네디 행정부의 정책 브레인으로 일했다. 로스토우가 케네디 행정부 초기에 작성한 〈군대의 역할에 관한 우리의 외교정책〉이라는 문서는 전근대적 생산관계로부터 자유롭거니와 혈기로 뭉쳐있는 농촌 출신 군인과 지식인의 결합에 주목했다. 로스토우는 일반적으로 후진국에

---

17) 『뉴욕타임스』 71년 6월 13일자는 미 국방부의 비밀문서를 입수해 매독스호는 북베트남 영해에 있었다고 폭로했다. 이원덕, 「한일 과거사 처리의 원점: 일본의 전후처리 외교와 한일회담」(서울대학교출판부, 1996), 246~247쪽; 김진국·정창현, 『www.한국현대사.com』(민연, 2000), 157~158쪽.
18) 이원덕, 위의 책, 246쪽.
19) 김정현, 〈60년대 근대화노선: 미국의 '문화제국주의'와 한국지식인〉, 『역사비평』, 제13호(1991년 여름), 181쪽.

서 군인은 과거의 생산관계와 연결돼 있지 않으며, 군대 내 교육을 통해 근대 자본주의적 기술과 생각의 수혜를 받은 사람들로 파악했다.[20]

"한국 경제는 이미 도약단계"

로스토우의 책은 1960년 진명출판사에서 『반공산당선언: 경제성장의 제단계』로 출간돼 국내에도 제법 널리 알려졌다. 『사상계』도 1, 2, 3월호에 걸쳐 로스토우의 글을 연재하였다. 박정희는 61년 11월 미국 방문 시 로스토우를 만나 밥을 먹기도 했다. 김종필도 미국 방문 시 로스토우를 두 차례나 만났다. 이제 존슨의 정책고문이자 국무성 정책위원회 위원장을 맡은 로스토우는 미국의 베트남전쟁에의 개입을 적극적으로 주장하면서 한일회담을 진전시키고자 했다.

로스토우는 그 목적으로 65년 5월 2일 한국을 방문하였다. 5월 3일 로스토우는 박정희를 만났고, 그 만남에서 깊은 인상을 받았다. 박정희는 과장급 이상 전 공무원을 중앙청 홀에 소집하여 로스토우의 강연을 듣게 했다. 그가 한 강연의 요지는 "한국은 이제 후진국의 늪에서 벗어났다. 한국 경제는 도약단계이다."[21]

그런 복음(福音)과도 같은 진단을 어찌 박정희만 반겼으랴. 5월 3일 로스토우는 서울대에서 1시간 40분 동안 '아세아의 경제개발'이라는 주제의 강연을 했다. 박태균은 로스토우의 강연에 대해 이렇게 말한다.

"5·16 쿠데타 주도자들로부터 1960년대의 중학생에 이르기까지 모든 사람들이 로스토우의 이론을 하나의 신앙처럼 받들었다. 1965년 내한한 로스토우가 서울대학교에서 그의 이론과 한국 경제의 현황에 대해

---

20) 박태균, 〈5·16 쿠데타와 미국: 비밀해제된 미국 문서를 중심으로〉, 『역사비평』, 제55호(2001년 여름), 73
   ~74쪽.
21) 오원철, 『한국형 경제건설 2』(기아경제연구소, 1996), 274쪽.

강연할 때 수많은 사람들이 강연장을 메웠다. 아마 1960년대를 통해 5·16 쿠데타 직후 김종필의 강연과 함께 가장 많은 사람이 동원된 강연 중의 하나였으리라."[22]

그는 많은 말을 했지만 그날 모인 1천500여 명의 청중에게 가장 와 닿았던 것은 "한국 경제는 이미 도약단계"라는 한마디였다. 그의 이론은 유행이 되었다. '도약이론'을 전제로 한 경제개발 논의가 풍성해졌다. 이는 "한국인들로 하여금 한국이 경제개발을 이룩하고 있다고 하는 신화 속에 살도록 하는 데 큰 영향을 미쳤다."[23]

그게 전부였는가? 아니었다. 로스토우는 박정희의 성장주의 정책을 칭찬하면서 한국 경제의 도약을 위해서는 계속적인 투자가 필요하기 때문에 한일 국교 정상화를 통한 일본 자본의 도입이 불가피하다고 역설했다.[24] 한일회담을 더 이상 방해하지 말라는 뜻이었다.

'개발독재 최고의 이론가'

박태균은 로스토우의 경제단계설은 기본적으로 미국·서구 중심의 경제이데올로기적인 성격을 가진 것이었다고 말한다. 박태균은 그 내용을 ①저개발 국가의 경제개발 계획만이 공산주의 이데올로기적 팽창을 막을 수 있는 유일한 방안이다. ②저개발국은 경제성장을 통해 미국과 선진 제국에 대해 호감을 갖게 될 것이다. ③저개발국의 경제개발 계획이 절대로 자기완결성을 가져서는 안 된다. ④자립적인 계획은 거부되어야 하며 세계 자본주의체제 속에 철저하게 편입될 수 있는 경제체제를

---

22) 박태균, 〈한국 경제발전론의 대부, 김영선과 박희범〉, 「참여사회」, 1997년 5·6월, 58쪽.
23) 박태균, 〈1950·60년대 경제개발 신화의 형성과 확산〉, 「동향과 전망」, 제55호(2002년 겨울), 98쪽.
24) 김정현, 〈60년대 근대화노선: 미국의 '문화제국주의'와 한국지식인〉, 「역사비평」, 제13호(1991년 여름), 183쪽; 임대식, 〈1960년대 초반 지식인들의 현실인식〉, 「역사비평」, 제65호(2003년 겨울), 327~328쪽.

지향해야 한다. ⑤이를 위해 외자의 적극적 도입, 수출주도형 발전, 불균형 성장론 등이 경제개발 계획에 도입되어야 한다 등으로 정리하였다.[25]

로스토우가 한국을 방문하기 직전인 4월에 일본을 방문했을 때 하네다공항엔 3천여 명의 대학생들이 격렬한 항의 시위를 벌였다. 학생들은 미국의 베트남 침략과 한일 국교 정상화를 일본 독점자본의 미 제국주의에의 종속이라는 관점에 입각하여 이를 '종속적 군사동맹 하에서의 미국 극동전략의 일환'으로 보았다.[26]

65년 9월 중국의 2인자인 임표(린뱌오)가, 중국은 "미 제국주의와 그 하수인들"을 패배시키기 위한 제3세계에서의 '인민전쟁' 즉 민족해방전쟁을 고무할 것이라고 선언하자, 로스토우는 그 말을 히틀러의 『나의 투쟁』에 비유하면서 "우리들은 베트남에서 중국 형태의 해방전쟁을 분쇄해야 한다. 그것을 분쇄하지 않으면 우리들은 타이와 베네수엘라와 그밖의 지역에서 그것과 다시 마주치게 될 것"이라고 맞받아쳤다.[27]

로스토우가 60년대 말 행정부에서 물러났을 때 많은 대학들이 그의 교수직 복귀를 거부하였다. 공격적인 베트남 정책을 비롯하여 그의 이론이 학자라기보다는 정책가, 그것도 마키아벨리적이고 호전적인 정책가의 면모를 풍긴다고 판단했기 때문이었을 것이다.[28]

그러나 바로 그런 이유 때문에 그의 이론이 더욱 한국에서 환영을 받았고, 또 한국의 '개발독재'에 큰 영향을 미쳤던 건지도 모를 일이었다. 세계에서 '개발독재 최고의 이론가'라 할 로스토우는 한국 경제의 도약을 꿈꾸는 박정희에겐 구세주와 같은 인물이었을 것이다.

---

25) 박태균, 〈한국 경제발전론의 대부, 김영선과 박희범〉, 『참여사회』, 1997년 5 · 6월, 58~59쪽.
26) 나카무라 후쿠지, 〈6 · 8 혁명, 현대사의 분수령: 일본 급진적 학생운동과 좌절〉, 『역사비평』, 제51호 (2000년 여름), 217쪽.
27) 김진웅, 『냉전의 역사, 1945~1991』(비봉출판사, 1999), 149~150쪽. 로스토우는 66년 10월 존슨의 방한 시에도 정책고문으로 수행하였으며, 17년 후인 83년에 또 한 차례 내한해 전국경제인연합회 회관에서 '제4차 산업혁명'과 관련된 강연을 하였다. 이 때에도 수많은 사람들이 몰려들었다.
28) 박태균, 위의 책, 58~59쪽.

한일 국교 정상화: '졸속·굴욕'이었나?

2·19 한일협정 기본조약 가조인

1965년 1월 9일 박정희는 내외신 기자회견에서 한일회담을 올해 안으로 가부간 매듭짓겠다고 선언했다. 박정희의 강력한 의지에 따라 1월 18일 한일 본회담이 속개되었다. 그 직전인 1월 7일 일본 측 수석대표 다카스키 신이치가 외무성 기자클럽에서 다음과 같은 '망언'을 하였지만 회담 타결에 급급한 박 정권은 이를 문제 삼지 않았다.

"일본의 조선 통치는 좋은 것이었다. 우리가 그들의 언어를 금지하고 일본식 이름을 강요한 것은 분명한 사실이다. 그러나 이러한 행위는 오로지 선의에서 비롯된 것일 뿐이다. 우리는 그들에게 진짜 일본인의 지위를 부여하려 한 것이다. 불행하게도 전쟁으로 우리의 노력은 좌절되었지만, 일본이 20년만 더 통치했더라면 오늘날의 한국은 훨씬 더 발전된 나라가 되었을 것이다."[29]

2월 19일 한일협정 기본조약이 가조인되는 날 대규모 시위가 발생해

경찰 4명과 시민 12명이 부상을 당했고, 75명이 연행되었다. 함석헌, 장준하 등 4명에겐 구속영장이 신청되었다. 대학 개학 이후 시위는 본격화돼, 3~4월 내내 시위와 단식 농성이 전개되었다.

4월 13일 시위도중 부상당한 동국대생 김중배가 이틀 후 사망하였다. 4월 16일 문교부는 "한일회담 반대시위로 정상수업이 어려운 서울시내 고교 이상의 학교는 4월 말까지 학교 책임자의 재량으로 임시휴교토록 하라"고 긴급 지시를 내렸다. 대부분의 대학들과 서울시내 65개 고등학교가 휴교에 들어갔다.[30]

4월 17일 '대일굴욕외교반대 범국민투쟁위원회'(64년 3월 6일에 발족)는 서울 효창공원에서 대규모 시민집회를 열었으며, 집회 후 인근 파출소를 점거하는 사태로까지 발전했다. 이 사태로 14명이 구속되었다. 이날 서울시내 3개 고교생 3천여 명도 서울시내에서 시위를 벌였다. 정부는 4·17 시위를 '폭동'으로 규정하였으며, 시위 학생에 대해 현역 징집영장을 발부하기 시작했다. 또 이날 서울대에서는 15일부터 단식농성에 들어간 학생 39명이 법대학장 유기천의 요청에 의해 동대문서에 연행되었으며, 단식농성 주동자 12명은 4월 24일자로 무기정학 처분을 당했다.[31]

4월 19일 서울대 문리대생 300여 명, 제주에서 300여 명, 4월 20일엔 서울대생 150여 명, 서강대생 500여 명, 전북대생 300여 명이 시위를 벌였다. 4월 21일 부산수산대생 200여 명은 평화선 문제를 거론하면서 "고기없는 어장에 어업근대화 필요없다"는 등의 플래카드를 들고 시

29) 다카스키는 자신의 발언 내용이 공산당에 의해 허위 보도되었다고 공식적으로 부인하였다. 개번 맥코맥, 〈일본사회의 심층구조와 '국제화'〉, 『창작과 비평』, 제22권 제2호(1994년 여름), 136~137쪽; 6·3 동지회, 『6·3 학생운동사』(역사비평사, 2001), 127쪽; 유병용, 〈박정희정부와 한일협정〉, 한국정신문화연구원 편, 『1960년대의 대외관계와 남북문제』(백산서당, 1999), 44~45쪽.
30) 6·3 동지회, 『6·3 학생운동사』(역사비평사, 2001), 128~132쪽.
31) 이종오, 〈반제반일민족주의와 6·3운동〉, 『역사비평』, 창간호(1988년 여름), 62쪽; 6·3 동지회, 『6·3 학생운동사』(역사비평사, 2001), 132쪽.

위를 벌였다. 4월 22일 경북대생 200여 명, 4월 26일 대구 계성고교생 1천500여 명, 외국어대생 300여 명이 시위를 벌였다.[32]

"분쇄하자 매춘외교 타도하자 매판자본"

5월 2일 박정희는 진해 비료공장 기공식에서 학생 데모의 비애국성, 언론의 무책임, 지식인의 옹졸함을 격렬하게 비난했다. "학생 데모는 애국이 아니며, 지식층은 용기 없고 옹졸하며, 언론인은 무책임하다"는 주장이었다. 박정희의 이 같은 비판이 실린 신문의 다른 면엔 한일 국교 정상화를 위해 방한(訪韓)한 로스토우가 박 정권을 칭찬한 내용이 실려 '미국의 권위'로 박정희의 주장에 무게를 더해주는 효과를 냈다.[33]

5월 4일 부산 시민 1만여 명이 부산시민궐기대회를 열었다. 조지훈은 『조선일보』 5월 5일자에 기고한 칼럼 〈그들은 과연 비애국적이며 무책임하고 옹졸한가〉를 통해 박정희의 사흘 전 비난을 반박하였다. 조지훈은 정치 지도자가 민중을 자극하고 그들을 적으로 만들어 새로운 장애를 일으킨다는 것은 결코 득책이 아니고 겸양과 아량으로 위의(威儀)를 앙양한다고 전제하면서, 박정희가 비난했던 학생, 언론, 지식인은 국민 여론의 정수이자 국운을 기대할 것이기에 함부로 그들의 비판을 폄하해서는 안 된다고 지적했다.[34]

5월 6일 광주고교생 1천여 명, 5월 7일 광주 숭일고교생 2천여 명, 5월 8일 광주 시민 3만여 명, 5월 12일 목포고교생 1천여 명이 시위를 벌였다.

5월 16일 박정희는 세 번째 미국 방문 길에 올랐다.(5월 27일 귀국) 5

---

32) 6·3 동지회, 『6·3 학생운동사』(역사비평사, 2001), 133~134쪽.
33) 김윤태, 〈한국의 보수주의자: 조지훈〉, 『역사비평』, 제57호(2001년 겨울), 45쪽.
34) 김윤태, 위의 책, 45쪽.

월 19일 박정희는 존슨과 2차 회담을 갖고 미국은 가조인된 한일협정을 환영한다는 요지의 공동성명을 발표하였다. 미국 방문 시 미 국무장관 딘 러스크와 논의하던 중 박정희는 "수교 협상에서 비록 작은 것이지만 화나게 하는 문제 가운데 하나가 독도 문제다. …… 그 문제를 해결하기 위해 그 섬을 폭파시켜 버리고 싶다"고 말했다.[35]

6월 12일 서울대 법대생 200여 명은 기존 시위 구호에 "한미행정협정 체결에 있어서 호혜평등을 관철하라"는 주장을 추가했으며, "분쇄하자 매춘외교 타도하자 매판자본"이라는 플래카드를 들고 시위를 벌였다.[36]

6월 18일 고대생 1천여 명, 서울대 상대생 300여 명이 시위를 벌였다. 한일회담 정식조인을 하루 앞둔 21일 서울시내 12개 대학 학생들과 대광, 숭실, 양정 등 3개 고교생 등 도합 1만여 명은 시위행진에 나섰다. 한일회담 조인 당일인 6월 22일에도 격렬한 시위가 벌어져 1천134명이 연행되었다.

6·22 한일협정 조인

'대일굴욕외교반대 범국민투쟁위원회'가 발족된 64년 3월 6일부터 15개월여에 걸쳐 치열한 반대 시위가 벌어졌지만, 65년 6월 22일 오후 5시 동경의 일본 수상 관저에서 양국 외무장관 이동원과 시이나가 서명함으로써 한일협정은 정식으로 조인되었다.

이 협정은 한일합방 등 구조약에 대해선 "are already null and void"라는 표현으로 합의했다. 유병용은 "구조약의 무효시점을 '이미'라고 애매하게 기술한 것은 식민지 지배의 합법성을 강변하는 일본의 입장

35) 〈박정희 "독도 폭파하고 싶다": 미, 한·일에 조기수교 강한 압력〉, 「경향신문」, 2004년 6월 21일, 2면.
36) 6·3 동지회, 「6·3 학생운동사」(역사비평사, 2001), 135~136쪽.

굴욕외교라는 비판라는 거센 비판에도 불구하고 한일협정은 조인되었다. 사진은 한일협정 비준서 교환 후 양국의 대표들이 축하를 하고 있는 모습이다.

을 수용한 것에 다름 아니다"며 "한국이 '이미'의 시점을 1910년으로 해석해 식민지 지배가 원천적으로 무효라고 주장하는 것과 달리, 일본은 식민지 지배는 합법적이었으나 1945년 일본의 패전으로 '무효가 되었다'고 말할 수 있게 했다"고 말했다. 일본은 과거사에 대해서도 "양국 간의 긴 역사 중에 불행한 기간이 있었던 것은 매우 유감인 일"이라는 외상 명의의 성명서 한 장으로 끝내고 말았다.[37]

이 협정에 의해 평화선이 철폐되었으며, 한국 측의 40해리 전관수역 주장이 철회되고 일본의 주장대로 12해리 전관수역이 설정되었다. 재일

---

37) 김용석, 〈다시쓰는 한반도 100년: 일, 5·16직후 먼저 국교정상화 의사타진〉, 『경향신문』, 2001년 11월 3일, 14면.

교포의 법적 지위 및 영주권 문제 등도 일본 정부의 임의적 처분에 맡겨지게 되었다. 문화재 및 문화협력에 관한 협정은 일제가 35년간 불법으로 강탈해간 모든 한국 문화재를 일본의 소유물로 인정해 버렸다. 정신대·사할린 교포·원폭 피해 등의 문제는 아예 거론조차 하지 못했다.[38]

독도 문제도 논란의 소지를 남겼다. 일본 측 협상 대표는 62년 9월 "독도는 크기가 히비야 공원 정도밖에 안 된다. 폭파라도 해 버리자"고 주장했고, 외상 오히라는 "국제사법재판소의 판단을 구하자"고 주장한 바 있었다. 당시 중앙정보부장 김종필은 "제3국에 조정을 맡기자"는 역제안을 해 논란거리를 남겼다. 조인 직전인 65년 4월에도 일본은 한국 정부에 "다케시마의 불법 점거에 관하여 엄중 항의 한다"는 문서를 보내 국교 정상화가 한국의 독도 지배를 인정한 것이 아니라는 점을 분명히 했다.[39]

한일협정 조인 소식이 전해지자 단식농성을 하던 서울대 법대생들은 단식 200시간의 기록을 남기고 자진해산했다. 끝까지 남아있던 64명의 단식 학생들은 전원이 '민족주체성 확립'이라는 혈서를 쓰고 난 뒤 눈물을 흘리며 해산식을 가졌다.[40]

그러나 아직 국회 비준절차가 남아 있었기 때문에 시위는 이후에도 계속되었다. 그 다음 날인 6월 23일에도 각 대학에선 계속 성토대회와 시위가 일어났다. 6월 29일 고대생 시위에선 "Yankee Keep Silent"라는 구호까지 등장했다.

6월 29일 연대 의대생들은 성토대회 후 '일제 상품 보이콧'을 범국민적으로 전개하자는 의견을 제창하였다. 이후 여러 대학과 고교에서 일본

---

38) 김삼웅, 『해방후 정치사 100 장면: 해방에서 김일성 죽음까지』(가람기획, 1994), 166쪽.
39) 김용석, 〈다시쓰는 한반도 100년: 일, 5·16직후 먼저 국교정상화 의사타진〉, 『경향신문』, 2001년 11월 3일, 14면.
40) 6·3 동지회, 『6·3 학생운동사』(역사비평사, 2001), 138~139쪽.

상품 안 사기 운동이 전개되었다. 7월 1일 연세대 단식 학생 230여 명은 연대 의대부속병원 앞에서 일본의 경제 침략을 분쇄하자는 뜻으로 일장기와 일본 상품 소각식을 가졌으며, 이날 시위를 벌인 상명여고생 500여 명도 "일제품은 아편이다"는 구호를 외쳤다.[41]

'일제 상품 보이콧 운동'은 "한일협정이 정식 조인되는 등 6·3 운동이 막바지에 접어든 긴박한 국면적 상황과는 다소 동떨어진 운동방식으로서 크게 확산되지는 못 했"지만,[42] 이후 운동에 다소의 방향 전환을 가져오는 효과를 초래했다.

8·14 한일협정 비준동의안 통과

7월 14일 밤, 공화당은 정부가 제출한 '한일협정 비준동의안'을 전격 발의했다. 각 사회단체는 비준 반대성명을 발표했다. 7월 31일 예비역 장성, 대학교수단, 종교인, 문인 등 3백여 명이 참가한 연대투쟁 조직인 '조국수호국민협의회'가 결성되었다. 이 협의회의 중심인물은 김홍일, 김재춘, 박병권, 박원빈, 백선진, 송요찬, 손원일, 이호, 장덕창, 조흥만, 최경록 등 11명의 전직 장성들이었다. 그리고 함석헌, 언론인 부완혁, 법조인 신태악 등의 지식인들이 동조세력으로 참여하였다.

당시 한일협정 비준 반대를 외친 단체로는 '대일굴욕외교반대 범국민투쟁위원회' '비준반대서명교수단' '무궁화애국총연합회' '6·3 동지회' 등 여러 개가 있었으나 박 정권이 가장 골치 아프게 생각한 것이 바로 조국수호국민협의회였다. 그 핵심 멤버들이 5·16 쿠데타 시 동지들이었기 때문이다.[43]

---

41) 6·3 동지회, 『6·3 학생운동사』(역사비평사, 2001), 141쪽.
42) 6·3 동지회, 위의 책, 141쪽.
43) 손정목, 『서울 도시계획 이야기: 서울 격동의 50년과 나의 증언 ④』(한울, 2003), 91쪽.

8월 11일 '대일굴욕외교반대 투쟁위원회'와 '조국수호국민협의회'는 '최대최선의 연합전선'을 펴기로 합의했다.[44] 그러나 바로 그날 밤 한일협정 비준안은 공화당의 날치기로 국회특별위원회를 통과했다. 8월 12일부터 서울시내 각 대학생들의 교내시위, 가두데모가 벌어졌지만, 8월 14일 오전 한일협정 비준동의안은 여야 간 심한 몸싸움 끝에 야당의원이 불참한 가운데 국회 본회의를 통과했다.

8월 14일 오후 조국수호국민협의회가 주최하는 강연회가 을지로2가에 있는 대성빌딩에서 개최되었다. 오후 5시경 강연회를 마친 시민과 학생 300여 명은 "한일협정의 국회비준은 완전무효"를 선언하고 을지로 입구를 통해 국회 앞으로 행진하였다. 이 시위대의 선두에 선 인물은 함석헌, 전 외무부장관 김홍일, 그리고 김재춘 등이었다.

8월 중순 이후 각급 학교가 개학하면서 반대시위는 다시 격화되었으며, 8월 23일부터 시위는 전국으로 확산되었다. 박 정권은 8월 20일 조국수호국민협의회가 작성한 팸플릿 〈위헌·매국의 한일협정〉 4만 부를 압수하였지만, 11명의 전직 장성들은 이에 굴하지 않고 8월 25일 아침 "한일협정 비준안을 여당 국회의원들만이 참석하여 기습 통과시킨 것은 당연히 무효화되어야 한다"는 내용의 성명서를 발표했다.[45]

8월 26일 박 정권은 서울시 일원에 위수령을 발동시켜 전방 6사단 병력을 서울 각 대학에 진주시켰다. 위수령 발동 전날 박정희는 특별담화를 통해 "학교 문을 닫는 한이 있더라도" 이 기회에 "데모 만능의 뿌리를 뽑겠다"고 위협했다. 이 특별담화 후 수백 명의 무장군인이 고려대에 난입해 여학생들까지 구타하고 도서관에 최루탄을 발사하는 사건이 벌어졌다.[46]

44) 6·3 동지회, 『6·3 학생운동사』(역사비평사, 2001), 146~147쪽.
45) 손정목, 『서울 도시계획 이야기: 서울 격동의 50년과 나의 증언 ④』(한울, 2003), 92쪽.
46) 이종오, 〈반제반일민족주의와 6·3운동〉, 『역사비평』, 창간호(1988년 여름), 63쪽에서 재인용.

8월 27일 청와대 대변인은 "앞으로 학생 데모가 계속되면 학원을 폐쇄하는 등 4단계 행정조치를 취하겠다"며 정부의 강력 대응 방침을 밝혔다. 바로 그날 문교부장관 윤천주가 해임되었고, 후임에 법무차관 권오병이 기용되었다. 서울대 총장 신태환도 면직되었다. 신태환은 "대학의 자율성을 침해하지 말라"는 사퇴 성명을 냈다. 후임엔 학생 탄압에 앞장섰던 법대 학장 유기천이 임명되었다. 이 조치에 항거해 서울대 전체 단과대 학장들이 총사퇴하였다.[47]

새 장관의 부임과 더불어 문교부는 각 대학에 데모 학생 엄중 처벌과 데모 선동 교수의 명단 제출 및 징계 등의 지시를 내렸다. 8월 27일 당일로 서울에서만 시위 주동 학생 12명이 제적되었고, 28명이 무기정학, 4명이 근신치분을 받았다. 이로써 데모 주동 혐의로 징계 처분된 학생은 60여명, 구속학생은 71명, 제적학생은 32명에 이르렀다.[48]

8~9월의 반대투쟁

8월 27일 오전 11명의 예비역 장성들은 〈국군장병에게 보내는 호소문〉을 발표하였다. 이들은 "군인은 애국하는 시민이나 학생에게 총을 겨누기를 거부하고 민족적 양심에서 군의 빛나는 조국 수호의 전통을 지켜달라" "군은 애국적 시위운동을 진압하는 데 이용되지 말고 조국 수호라는 본연의 임무로 돌아가라"고 호소했다.

이 성명이 문제가 돼 8월 28일 밤 예비역 장성들은 서울지검 공안부에 소환돼 조사를 받기 시작했다. 29일 새벽 2시 20분경 4명 구속, 4명 불구속 입건, 3명은 무혐의 처리되었다. 구속자는 김홍일, 박병권, 김재

---

47) 이종오, 〈반제반일민족주의와 6 · 3운동〉, 『역사비평』, 창간호(1988년 여름), 63쪽.
48) 6 · 3 동지회, 『6 · 3 학생운동사』(역사비평사, 2001), 149쪽.

춘, 박원빈, 불구속 입건은 손원일, 최경록, 백선진, 조홍만 등이었다. 송요찬, 장덕창, 이호 등은 이름만 빌려주었을 뿐 호소문 작성에 직접 관여하지 않았다는 이유로 무혐의 처리되었다. 호소문 내용 중 문제가 된 부분은 "이처럼 국가에 불행을 불러일으키는 집권자들이야말로 이적행위자이며 국민 단합을 파괴하는 반민족행위자이며 민주주의에 역행하는 반국가행위자라고 하지 않을 수 없다"는 내용으로, 이게 '출판물에 의한 명예훼손죄'에 해당된다는 것이었다.[49]

8월 29일 서울대생 400여 명은 교정에서 '전서울대학학원방위단'을 결성하였다. 학생들은 "정부가 나치나 파시스트 정권 하에서도 감히 하지 못하던 학원 강간을 다반사로 하고 있다"고 비난하고 "휴교조치엔 구국등교로, 괴뢰총장 임명에는 불승인으로 맞설 것임을 고한다"고 선언했다.[50]

9월 4일 정부는 고려대, 연세대에 무기휴업령을 내렸다. 64~65년에 걸쳐 일어난 한일회담 반대 시위운동의 마지막은 9월 6일이었다. 이날 서울대 상대에선 최루탄과 군화 화형식이 열렸다. 이 화형식에 대해 집권당 일각에서는 서울대 상대의 폐교 조치까지 거론하였다. 박 정권은 시위에 대해 '사전 처벌'이라고 하는 발본색원 작전으로 들어갔다. 서울대 문리대 학생운동의 본거지라 할 민족주의비교연구회는 해체되었고 김중태 등 14명은 구속 기소되었다. 서울대 법대 교수 황산덕, 김기선은 파면되었다. 그 이전 고려대에선 김성식, 이항녕, 김경탁 등이 정치교수로 몰려 쫓겨났다.[51]

---

49) 손정목, 『서울 도시계획 이야기: 서울 격동의 50년과 나의 증언 ④』(한울, 2003), 92쪽. 구속된 4명의 장성들은 8월 30일 '내란선동죄'로 기소되었다. 김홍일은 얼마 후 병보석으로 풀려났고, 나머지 3명은 10월 25일 보석으로 풀려 나왔다. 최경록은 미국 망명길에 올랐다가 66년 봄에 귀국해서 주멕시코대사, 주영국대사, 교통부장관, 유정회의원, 주일대사를 지냈다.

50) 6·3 동지회, 『6·3 학생운동사』(역사비평사, 2001), 148쪽.

51) 이종오, 〈반제반일민족주의와 6·3운동〉, 『역사비평』, 창간호(1988년 여름), 63쪽.

한일회담에 대해 비판적인 언론에 대한 테러도 감행되었다. 9월 7일 밤 11시 45분 경 『동아일보』 편집국장 대리 변영권의 보문동 집 대문이 폭파되는 사건이 일어났다. 근처에 군용 검은색 지프차가 서 있다가 폭발 후 사라진 것이 목격되었다. 1시간 뒤인 8일 새벽 0시 40분경엔 동아방송 제작과장 조동화의 성수동 집에 괴한들이 들이닥쳐 조동화를 강제로 차에 태운 뒤 장위동까지 끌고 가 노상에서 집단 구타하였다. 8일 오후에는 동아방송 부국장 최창봉의 집에 "가족들을 죽여 버리겠다"는 협박전화가 걸려왔다. 또 『동아일보』 기자 이채주의 집엔 북한에서 보낸 것처럼 된 불온문서 1장이 투입되었다. 군 특수부대의 소행임이 분명했지만 진상규명을 할 수는 없었다. 야당은 이 사건을 정치 테러로 단정하고 9월 18일 국회 차원의 특별조사위원회를 구성해 진상규명에 나섰지만 '특수기관원의 소행'이라는 결론만 내리는 걸로 그쳤다.[52]

이런 일련의 테러 사건으로 인해 한일회담 비판에 앞장섰던 『사상계』는 65년 10월호부터 편집위원 명단을 공개하지 않았다.

야당은 무얼 하고 있었던가?

이처럼 격렬한 반대 투쟁의 와중에서 야당은 무얼 하고 있었던가? 야당은 정식 조인을 앞두고 반대투쟁을 단일화하기 위해 민정당, 민주당이 통합하여 민중당을 만들었다. 6월 14일 민중당 대회에서 대표 최고위원엔 박순천이 선출되었다. 총 투표 994표 중 박순천 513표, 윤보선 460표, 기타 21표 등이었다. 윤보선은 예상을 뒤엎고 낙선하여 고문으로 물러났다.

---

52) 문철·이현두, 〈65년 본사 간부 2명 테러 전말: 군지프 타고 한밤 대문폭파─납치폭행〉, 『동아일보』, 1993년 7월 26일, 30면.

"윤씨의 패배는 원내 48석의 민정당이 16석의 민주당에 흡수된 형태의 누구도 예상치 못 했던 이변이었지만 표로 나타난 어쩔 수 없는 기정사실이었다."[53]

이는 '진산 파동의 후유증'인 동시에 강경파의 패배를 의미하는 것이었다. 굴욕외교 반대투쟁위원회 위원장으로서 대중운동을 주도해 온 윤보선은 국회에서의 비준 전에 한일협정에 반대하여 야당 국회의원 총사퇴를 주장하였었다. 이에 박순천은 반대하였다. 박순천을 지지했던 김대중의 반대 논리는 이런 것이었다.

"국회의원은 국회가 전장이 아닌가? 국회의원을 그만두고 무력에 의한 쿠데타라도 일으키려는 셈인가? 그것은 안 될 말이며, 또한 실제로 그런 실력행사를 할 수도 없다. 그럼에도 불구하고 국민이 우리에게 맡긴 막중한 위치를 버리는 것은 용서할 수 없다. 절대 반대한다."[54]

한일협정의 국회 비준 후 윤보선파에서 7명, 박순천파에서 1명이 국회를 떠났다. 민중당은 한동안 국회 출석을 거부하다가 10월 중순 국회 포기 등과 같은 기존 투쟁방법을 오도된 지도노선으로 규정짓고 국회로 복귀하였다.[55]

원칙적으로 한일 국교 정상화에 찬성하다 사쿠라로 몰리기까지 했던 김대중은 3억 달러라는 액수에 불만이었다. 국교 정상화를 조건으로 이승만 시절에는 20억 달러였고 장면 정권도 28억5천만 달러를 요구했었는데 3억 달러는 말이 안 된다는 것이다. 그래서 그는 국회에서 이런 주장을 하기도 했다.

"차라리 그럴 바에야 일본으로부터 한 푼도 받지 말자. 우리나라는 부

---

53) 이영석, 『야당 40년사』(인간사, 1987), 241쪽.
54) 김대중, 일본 NHK 취재반 구성, 김용운 편역, 『역사와 함께 시대와 함께: 김대중 자서전 1』(인동, 1999), 191쪽.
55) 이영석, 위의 책, 243쪽.

야당의원들은 한일협정 비준에 반대해 의원직 사퇴서를 제출했다.

유하진 않지만 그런대로 살아가고 있다. 때문에 아무 것도 받지 않아도 좋다. 청구권 따위는 일축해 버리는 편이 낫다. 일본으로부터 마음에서 우러나오는 진정한 사과를 받는다면 그걸로 족하다. 그리고 과거를 청산한 뒤 재출발하자."

김대중은 청구권 대신 무역역조 개선을 주장했다.

"우리 쪽이 한 푼도 받지 않는 대신, 무역을 1 대 1로 공평하게 하자고 한다면 일본인들도 분명 감동할 것이다. 무역 역조를 시정하는 것은 한국에 실리를 가져다 줄 것이며 무역이 활발해지면 국내 산업도 부흥한다. 우선, 한일 무역 수지는 3억 달러로는 메워질 수 없을 정도로 우리는 거액의 적자를 보고 있지 않은가? 게다가 그 3억 달러의 무상 경제협력 자금은 이번 협정에 의하면 매년 3천만 달러씩 10년간 균등 비율로 지불

하게 되어 있다. 그 10년간에 반쪽 무역의 격차는 30억 달러 이상에 달할 것이다. 우리가 그 30억 달러의 10분의 1을 받고 이것을 과거 청산 대금이라고 하는 것은 납득할 수 없다."[56]

'3억 달러 +α'는 너무 했다

이런 주장도 있다. 고려대 교수 조광과 장면 정부 때 민의원 의원으로 내무부 정무차관을 지낸 김영구의 대담이다.

> 김영구: 한일관계 정상화 교섭 때 장면 정부는 처음 일본에 배
> 상금을 100억 달러 요구했어요. 일본 정부가 깜짝 놀
> 라 "그 절반 정도면 안 되겠느냐"고 했습니다. 교섭 당
> 사자의 말을 들으니 50억 달러는 무난했고 아마 70억
> ~80억 달러는 받으리라고 생각했다는 겁니다. 그런
> 데 쿠데타 후 군사정권은 '3억 달러+α'에 합의했습니
> 다. 국민을 배신한 것이지요.
>
> 조 광: 이 문제가 밝혀져야 장면 정권의 진면목을 알게 됩니
> 다. 군사정부는 당장 하지 않으면 안 되니까 서둘렀고
> 국민에게 이 같은 인식이 있었기 때문에 그 반발로
> 6·3 사태가 일어난 겁니다.
>
> 김영구: 군사정부는 '3억 달러+α'를 받아서 기반을 닦았다지
> 만 민주당 정부를 그대로 두었더라면 50억 달러 이상
> 을 받아 경제를 더욱 발전시킬 수 있었습니다. 저는 지

---

56) 김대중, 일본 NHK 취재반 구성, 김용운 편역, 『역사와 함께 시대와 함께: 김대중 자서전 1』(인동, 1999), 192~193쪽. 이승만 정권 시절엔 1년에 1억 달러씩 36년을 곱해 36억 달러를 요구했다는 설도 있다.

금도 그것을 한(恨)으로 생각합니다.

조　광: 이는 특히 강조해야 할 부분입니다. 일본이 죽을 둥 살 둥 모르고 매달릴 때 고자세로 나가야 했는데 말입니다. 군사정부는 태생적인 취약성 때문에 열세의 입장에서 한일관계를 풀어나갈 수밖에 없었어요.[57]

100억 달러니 50억 달러니 하는 건 그 실현성이 별로 믿기지 않는 얘기지만, '3억 달러+α'가 너무 헐값이라는 비판은 무성하게 쏟아졌다. 이병주는 박정희가 한일협정을 감행한 것은 "한마디로 푼돈에 눈이 어두워 장기적인 안목을 가지지 못한 탓이고 한편 미국에 대해 '굿 보이'가 되고자 했던 때문"이라고 말한다.

"당시 일본은 이케다의 고도성장정책의 일환으로 한국 시장에 진출해야 할 절실한 필요를 느끼고 있었다. …… 좀더 지각 있는 정치가였다면 팽배한 굴욕외교 반대데모를 이용하여 유리하게 협정을 이끌어갈 수도 있었을 것인데 외려 계엄령까지 선포하여 일본에 영합했다는 것은 그 한 가지만을 보더라도 그가 한 나라의 지도자로서의 기량이 모자라다는 증거가 된다. …… 박정희는 이 한일협정에서 이승만 대통령이 국제적으로 욕을 먹어가면서까지 설정해 놓았던 '이승만 라인' 즉 평화선을 수월하게 포기하고 말았다. 어획기술에 있어서 낙후된 우리 어업이 그로써 얼마만한 손해를 보게 될 것인지조차 계산하지 않았던 것이 분명하다. 줄잡아 우리 어획기술이 발달할 때까지 10년 동안은 평화선을 고집해도 안 될 바가 아니었던 것이다. 보다 더 큰 문제가 있다. 일본 측의 계산으로 2차대전 때 일본군에 징용 · 징병된 한국인 출신의 군인 군속이 20여만 명이 된다. 이들에 대해 일본 정부가 자기들 국민의 전사자에 준한 배상

57) 조광 · 김영구, 〈제2공화국과 장면: 시리즈 결산 전문가 대담〉, 「대한매일」, 1999년 6월 15일, 6면.

을 한다면 1인당 1만 달러를 쳐서 20억 달러는 받아내야 하는 것인데 어느새 이 문제가 행방불명이 되어 버린 것이다."[58]

'백이숙제류의 민족주의'

당시 반대세력의 대응 방식에도 문제는 있었다. 홍석률은 당시 지식인들의 민족주의 담론은 현실적인 민족문제를 드러내고, 여기에 대한 대안을 제시하기보다는 다분히 감정적이고 윤리적인 차원에 그치는 양상을 보였다고 말한다.[59]

예컨대, 함병춘은 『사상계』 65년 6월호에 쓴 〈사라질 수 없는 평화선〉이라는 글에서 이렇게 말했다.

"민족이 1년이고 2년 동안 만이라도 커피를 안 먹는다든가 미군의 PX에서 나오는 물건을 안 쓴다든가 밀수해 온 다이야 반지를 안 산다든가 하는 식으로 일치단결하여 모은 돈을 가지고 우리 어업을 근대화해 볼 수는 없을까?"[60]

이열모는 『사상계』 65년 6월호에 쓴 〈반성 없는 세상: 청구권 문제의 비판〉이라는 글에서 이런 주장을 폈다.

"수양산에서 풀을 뜯어 먹으면서 육신을 보존할지언정 의가 아니면 취하지 말라는 저 백이숙제지렴(伯夷叔齊之廉)을 하나의 처세도로 삼음을 이상으로 하는 우리 민족이 개운치 못하게 생각하는 것은 60년 전의 우리나라를 에워싼 정세와 오늘의 그것과의 사이에 불길한 유사성이 아물거리고 있음을 발견하는 데 있다."[61]

---

58) 이병주, 『대통령들의 초상: 우리의 역사를 위한 변명』(서당, 1991), 153~154쪽.
59) 홍석률, 〈1960년대 지성계의 동향: 산업화와 근대화론의 대두와 지식인사회의 변동〉, 한국정신문화연구원 편, 『1960년대 사회변화연구: 1963~1970』(백산서당, 1999), 246쪽.
60) 홍석률, 위의 책, 244쪽에서 재인용.
61) 홍석률, 위의 책, 245쪽에서 재인용.

홍석률은 "위와 같은 지식인들의 백이숙제류의 민족주의는 박정희 정권의 정서적·문화적 민족주의가 은폐한 민족 문제의 본질을 과학적으로 비판하는 데는 한계가 있었다"고 말한다. [62)]

한일 국교 정상화의 과정과 결과가 '졸속·굴욕'이었다는 걸 인정하는 선에서 이를 강행한 박정희를 옹호할 수 있는 유일한 논리는 아마도 '타이밍'일 것이다. 65년을 넘겨선 안 될 절박한 이유가 무엇이었는가? 그 이유는 정녕 국익(國益)을 위한 것이었는가, 아니면 박정희와 그 일행의 이익을 위한 것이었는가, 그것도 아니면 둘 다인가?

---

62) 홍석률, 〈1960년대 지성계의 동향: 산업화와 근대화론의 대두와 지식인사회의 변동〉, 한국정신문화연구원 편, 『1960년대 사회변화연구: 1963~1970』(백산서당, 1999), 245쪽.

누가 '기회주의 지식인'인가?

또 5 · 16 미화에 동원된 4 · 19

1965년 4월 '4월혁명동지회'가 "사위어가는 4 · 19의 불길을 가연(加燃)시키고자" 출간한 『4월 혁명』이라는 책은 다시금 5 · 16을 미화하는 데에 4 · 19를 동원하였다. 이러한 미화용 동원의 주체가 '4월혁명동지회'라는 것은 4 · 19건 5 · 16이건 문제의 본질은 누가 지도자 노릇을 하느냐 하는 데 있었던 건 아닌가 하는 의아심을 갖게 하기에 족했다.

이 책의 제일 앞엔 박정희가 쓴 '신포구제(新布舊除)'라는 휘호가 등장한다. 낡은 것을 없애고 새 것을 선포한다는 뜻이다. 다음엔 국무총리 정일권이 쓴 휘호 '민족정기(民族正氣)'가 나온다. 그 다음은 조지훈의 시 〈터져오르는 함성〉이다.

"불의를 증오하고 저주하는 파도는/네 몸의 못자욱을/고발하리라 백일(白日) 아래/민주주의여!"

다음엔 국회의장 이효상의 발문, 문교부장관, 공보부장관의 추천문으로 이어진다. 운집한 군중, 흰 광목으로 싸여진 시신들, 통곡과 환호, 태극기를 들고 몸부림치는 청년의 사진들도 실려 있다. 제일 앞에 실린 글은 박종홍의 〈4 · 19 정신〉이다.

이 글에서 박종홍은 4 · 19는 청년학도들이 시작하고 '이어 군인들이 그 과업을 담당' 한 혁명이라고 주장했다. 군인들의 '5월 혁명' 이 '4월 혁명' 을 마무리 지었다는 것이 박종홍의 결론이다.[63]

'힘의 논리' 에 따른 변신

박종홍과 같은 대학교수들을 겨냥한 듯, 함석헌은 『사상계』 65년 5월호에 쓴 〈세 번째 국민에게 부르짖는 말〉에서 이렇게 말했다.

"나는 처음부터 5 · 16 반대하였습니다. 언론인도 밉지만 또 더 미운 것은 대학교수들입니다. 오늘날은 사실 신부 목사는 그리 힘 있는 것이 아닙니다. 신부 목사는 감정의 분야에서 세력을 가지고 있지만 그보다도 지성적인 현대인을 지배해 가는 것은 대학교수 층이라 할 것입니다. 그런데 그 교수들이 적지 않게 자기의 자리를 내버리고 칼자루에 몰려 혹은 돈에 팔려 군사정권에 고문이랍시고 나왔습니다. …… 그래 고문으로서 이 나라 일에 이바지한 것이 과연 뭐냐 한다면 양심을 가진 사람은 아마 대답할 말이 없을 것입니다."[64]

김진만은 『사상계』 65년 5월호에 쓴 〈지식인의 사회의식〉이라는 글에서 이렇게 말했다.

"5 · 16에서 오늘날까지의 4년간의 두드러진 특징은 과거 딴 지식인

---

63) 신형기, 〈용해와 귀속의 역사를 돌아보며: '자기' 없는 '우리들' 의 연대는 가능한가〉, 정희진 외, 『탈영자들' 의 기념비』(생각의나무, 2003), 53~54쪽.

64) 임대식, 〈1960년대 지식인과 이념의 분화〉, 한국사회사학회 엮음, 『지식변동의 사회사』(문학과지성사, 2003), 281쪽에서 재인용.

들과 같은 편에 서서 민생을 논하고 법을 두둔하고 민주주의를 해설하던 사람들의 일부가 군사정부와 그 뒤를 이은 정권에 참여함으로써 그리고 지식인들 중의 일부가 군사정권이 대표한 통치방식을 적어도 불기피한 것으로 생각하게 됨으로써, 언제나 야에 서서, 자유와 민권의 수호자로 자임해오던 지식인의 전통적인 자세에 균열이 생겼다는 것이다."[65]

나름대로 좋은 뜻이 있어서 정권에 참여한 지식인들이 많겠지만, 그들마저도 '힘의 논리'에 따른 결정을 내렸다는 건 부인하기 어려웠다. 달리 말해 박정희가 한국인의 인간성을 개조해야 한다고 외치는 논리에 따라 움직인 혐의가 있다는 것이다.

장면 정권 시절엔 그 무슨 일에건 목숨 걸 듯이 반대했던 인사들이 박정권 하에선 침묵하거나 지지를 보내는 것도 바로 그런 힘의 행사 방식에 민감하게 적응했기 때문이었을 것이다.

예컨대, 이제 중앙대의 교주로서 교육계의 지도자가 된 임영신의 한일회담에 대한 태도를 보자. 임영신은 장면 정권 때 한일 국교 정상화가 시도되자 "친일분자들의 망동과 일본의 흉계를 규탄한다"는 성명까지 발표해 가면서 결사반대의 전면에 나섰다. 그러나 임영신은 쿠데타가 일어나자 극찬을 보내면서 공화당에 참여했다. 한일협정 문제로 인한 국회의 파행에 대해선 오히려 야당을 규탄했다. 66년엔 중앙대 교주의 자격으로 "제3공화국의 기틀을 마련하고 오늘의 국가 민족의 안녕과 질서와 발전을 위해 눈부신 활동을 하는 김종필 의장님"에게 중앙대 명예박사 학위를 수여했다.[66]

---

65) 임대식, 〈1960년대 지식인과 이념의 분화〉, 한국사회사학회 엮음, 『지식변동의 사회사』(문학과지성사, 2003), 281쪽에서 재인용.
66) 박태균, 〈임영신: 이승만에 대한 애정과 반공의 신념〉, 반민족문제연구소, 『청산하지 못한 역사 1: 한국현대사를 움직인 친일파 60』(청년사, 1994), 122~124쪽.

박정희의 '기회주의 지식인' 비판

임영신도 지식인 그룹에 속하는 사람으로 본다면, 박정희가 원하는 모범적인 지식인상은 바로 임영신이었을 것이다. 65년 8월 356명의 교수들이 한일협정에 반대하는 성명을 발표했을 때 박정희는 그들을 "학생 데모를 영웅시하고 그들을 선동함으로써 자기가 입신출세 할 수 있는 기회가 주어지기를 은근히 바라는 기회주의 학자, 학생의 주장에 아부하고 그 감정에 영합하여 값싼 인기를 얻지 않고서는 자기의 무식과 무능을 감출 수 없는 사이비 학자, 신분이 보장됨을 기화로 삼아 책임도 지지 못할 망언으로 국민을 우롱하는 무책임한 학자들"이라고 매도하였다.[67]

한일협정에 대한 무조건적 반대가 옳은 정답일 수는 없었다. 그러나 반대했다는 이유만으로 졸지에 '기회주의'에서부터 '사이비'에 이르기까지 그런 험한 욕을 먹어야 한다면, 박정희를 비롯한 5·16세력이 예찬한 4·19정신은 과연 무엇이었단 말인가?

박정희가 원한 지식인상은 정권에 참여한 평가교수단이었다. 65년 7월에 발족한 평가교수단엔 남덕우, 박진환, 조동필 등 14명이 참여했지만, 그 수는 66년엔 60명, 70년엔 90명으로 늘어나게 된다. 그리고 이들 중 상당수가 박정희와 공화당을 긍정하고 예찬하는 방향으로의 정관계 진출을 하게 된다.[68]

67) 이상우, 「박정권 18년: 그 권력의 내막」(동아일보사, 1986), 320쪽.
68) 한용원, 「한국의 군부정치」(대왕사, 1993), 267쪽; 이상우, 「박정권 18년: 그 권력의 내막」(동아일보사, 1986), 311쪽; 홍석률, 〈1960년대 지성계의 동향: 산업화와 근대화론의 대두와 지식인사회의 변동〉, 한국정신문화연구원 편, 「1960년대 사회변화연구: 1963~1970」(백산서당, 1999), 201쪽.

학생운동 외면한 향토개척단

5 · 16에 대한 평가와 관련해 지식계에서 드러난 분열상은 학생들 사이에서도 그대로 나타났다. 학생들 사이의 5 · 16 지지는 향토개척단 운동으로 표출되었다.

5 · 16 쿠데타 1주일 만인 5월 23일 서울대 학생회는 5 · 16 지지선언을 발표했다. 그리고 6월 24일 서울대 향토개척단이 결성되었다.

"이토록 재빠른 학생들의 변신은 4월 혁명에서 충족되지 못한 요구가 5 · 16으로 채워질 수 있으리라는 학생들의 기대에 기인한 것이었다. 그러한 기대의 하나가 바로 향토개척단으로 표출된 것이다. 이 시기의 학생농촌운동은 군사정부의 재건국민운동 정책과 그 궤를 같이 하며 전개되었다."[69]

62년 1월 26일 서울대 향토개척단이 좀더 모양새를 갖춰 창단되자, 다른 대학들도 이에 호응하였다. 7월 12일 서울 소재 대학들의 학생 8천여 명이 하기 봉사활동에 들어가면서 향토개척단운동은 군사정부와 공존하게 되었다. 63년 각 대학에는 향토개발연구회, 농촌문제연구회, 농어촌문제연구회, 총학생회, 농촌봉사부, 4-H 연구회, 자진근로반 등이 조직되어 60년대 농촌운동의 전성기를 이뤘다.[70]

이들은 65년 한일협정 비준 반대데모가 격렬하게 일어날 때에도 오직 농촌만을 생각했다. 65년 7월 2일 서울대 향토개척단은 단원 1천여 명을 전국 50개 지구 농촌으로 파견하였다. 이재오는 서울대 향토개척단이 "학생운동의 열기를 완전히 식혀버리고 학생들 사이에 무력감만 조성"하였다고 주장한다.

---

69) 이재오, 『해방후 한국학생운동사』(형성사, 1984), 192쪽.
70) 이재오, 위의 책, 193쪽.

"어린 고등학생들까지 단식투쟁으로 교정에서 쓰러지고 있는데 서울대 향토개척단은 왜 1천여 명이나 되는 학생을 농촌으로 하향시켜 버렸을까? 6월의 운동을 7월로 승계시키는데 결정적인 제동을 건 이유는 무엇일까? 서울대 향토개척단뿐만 아니라 당시 '전국 농과대학 학생연합회', '전국대학 4-H 연구회 연합회', 각 대학 '총학생회 농촌부', 각 대학 '농촌문제연구회' 등은 하나같이 쓰러진 학우들을 뒤로 하고 농촌으로 앞을 다투어 내려가 버렸다. 이러한 운동은 당시 정부의 정책과도 일치했으므로 정부와 학교당국으로부터 모든 편의와 경제적 지원을 제공받았다. …… 시위에 지친 학생들의 낭만적 피신처로서 농촌은 그들에게 적당한 곳이었을지도 모른다."[71]

66년 3월 10일 숙명여대생 5천여 명이 관선이사 배격 등 6개 항목을 내걸고 학원자유화 투쟁에 돌입한 이래로 66년 학생운동의 큰 물줄기는 학원자유화 투쟁으로 흐르게 되었다. 66년 5월 10일 광주 20개 중고교생 2천여 명이 학생대회를 갖고 '학생헌장'을 선포했는가 하면, 6월 3일 서울대 문리대생들은 학원자유화 성토대회를 열기도 했다. 그러나 이때에도 향토개척단은 다른 방향으로 가고 있었다. 6월 10일 향토개척단은 창당 5주년 기념 개척제를 개최하는 등 학원자유화운동에 아랑곳하지 않고 향토 개척을 위해 일로매진하였다.[72]

71) 이재오, 『해방후 한국학생운동사』(형성사, 1984), 240~241쪽.
72) 이재오, 위의 책, 252~253쪽.

이승만의 사망

1961년 5월 29일 하와이로 망명했던 이승만은 한국을 떠날 때 영구 망명을 생각하진 않았다. 그는 한 달 정도 잠시 피하는 걸로만 생각했다. 하와이에서 이승만은 향수병에 걸렸다. 한국에 돌아오고 싶어 62년 3월 17일자 비행기표까지 끊어놓고, 3월 16일 '사과 성명'을 발표하기도 했다. 그러나 군사정권은 그의 귀국을 막았다. 3월 17일 박정희는 특별지시를 내렸다.

"AP 보도에 의하면 이승만 박사가 귀국에 앞서 사과문을 발표하였다 하는데 사과문을 발표하였건 아니하였건 정부의 허가가 없는 한 귀국하여서는 안 된다고 총영사에게 지시하라. 사과문을 발표하더라도 거기에 대하여 국민의 감정이 풀릴 시간적 여유가 필요하다."[가]

3월 18일자 신문들도 사설을 통해 이승만의 귀국을 반대했다. 『한국일보』는 "혁명재판이 진행 중이며 혁명정부에서 제정 공포한 정치활동정화법에 의해서 구 정치인들의 다수가 정치활동을 금지 당하게 될 심사업무가 개시되려는" 때라고 하는 시점을 문제 삼았으며, 『경향신문』은 "전비(前非)를 완전히 뉘우치지 못한" 걸 반대 이유로 제시했다.[나]

이승만이 하와이에서 고독에 몸부림칠 때 대통령 시절 그를 우상으로 받들던 수많은 사람들은 그를 철저히 외면했다. 군사정부에 찍힐까봐 이승만을 외면하기도 했겠지만, 이제 이승만에겐 더 이상 빨아먹을 단물이 없었다는 점도 작용했을 것이다. 군사정부에 다시 중용된 자유당 사람들은 이제 새로운 우상을 섬기기에 바빴다.

가) 조갑제, 『내 무덤에 침을 뱉어라 5: 김종필의 풍운』(조선일보사, 1998), 94~95쪽.
나) 선우학원, 『한·미관계 50년사: 알려지지 않은 이야기』(일월서각, 1997), 110쪽에서 재인용.

이승만 우상화의 가장 코믹한 사례는 아마도 이승만의 몰락을 불러온 3·15 선거일이 결정된 이유일 것이다. 3월 26일이 이승만의 만 85세 생일이라 선거일을 앞당겨 3월 15일로 잡았다는 것이다. 자유당 온건파로 국회 부의장이었던 이재학의 증언에 따르면, 강경파가 "노인을 기쁘게 해드려야 한다. 탄신일 이전에 당선시켜 드린 다음 탄신일을 거족적인 축일(祝日)로 하자"고 조기 선거를 밀어 붙였다고 한다.[다]

이승만은 90세가 되던 65년 7월 19일에 사망했다. 유해는 고국으로 돌아와 국민장을 거쳐 국립묘지에 안장되었다. 국장(國葬)으로 하자는 의견도 나왔지만, 이에 대해 『조선일보』 7월 24일자 사설 〈지금이 자유당 천하인가〉는 다음과 같이 강력 비판하였다.

"아무리 격정적이고 감상적이고 건망증이 심한 것이 한국의 국민성이라 할지라도 노정치가의 죽음을 애도하고 한 줄기 눈물을 흘려주는 따뜻한 국민들의 아량을 짓밟아, 그것을 미끼로 역사를 바꾸는 국가적 과오를 범해서야 말이 되겠는가. …… 집권 시에 무슨 악독한 짓을 해도 해가 가고 세월이 흐르면 잊어진다는 나쁜 전통으로 국가와 사회기강을 흐리게 하여 만일의 경우 그에 기대고 싶은 저의라도 없는 한, 국무회의는 문학소년 같은 감상을 단호히 버려야 한다."[라]

그러나 『조선일보』는 그로부터 약 30년 후엔 '이승만 우상화'에 앞장서게 된다. 프란체스카는 5년 뒤 영구 귀국하여 지내다가 92년 3월 92세를 일기로 사망했다.

이승만이 죽기 넉 달 전 하와이를 방문해 이승만을 만난 적이 있는 외무장관 이동원은 '인생무상'과 '권력무상'을 말한다.

"세월이 무서운 건지 인간이 무서운 건지 알 수 없지만 난 이 박사를

다) 조갑제, 『내 무덤에 침을 뱉어라 3: 혁명 전야』(조선일보사, 1998), 145쪽.
라) 조선일보사, 『조선일보 칠십년사 제1권』(조선일보사, 1990), 763~764쪽에서 재인용.

국민장으로 치러진 이승만 장례 행렬.

떠올릴 때마다 인생무상을 새삼 느낀다. 대통령이 되기 전 그의 모습은 아름다운 철학자요, 용기 있는 애국자의 얼굴이었다. 그러나 귀국 후 이기붕의 천거로 다시 만난 대통령 이승만의 모습은 크게 일그러져 있었다. 내 눈엔 온통 무능과 고집으로 뭉친 노인 같았다. 그러나 망명객의 몸으로 이역 땅에서 가쁜 숨을 몰아쉬는 모습은 또한 측은하기 이를 데 없었다. 내겐 충격과 충격의 연속 ……." 마)

충격과 충격의 연속은 후대에도 계속되었다. 박정희도 이승만과 비슷한 코스를 걸었기 때문이다. 박정희에게도 어느 시점엔 이타적인 애국심으로 충만하였겠지만, 점점 '권력 중독'에 빠지면서 자신을 국가로 생각하는 비극을 향해 치닫게 된다.

마) 이동원, 『대통령을 그리며』(고려원, 1992), 237쪽.

월남 파병: '맹호는 간다'

비둘기 부대의 파병

〈월남에 군사고문단 파견/고급장교 10여명으로 구성/단장엔 육군장성/건군 이래 처음/박창암 대령 등 어제 출발〉

『경향신문』 62년 5월 12일자 1면 톱기사 제목이다. 이는 월남 군사고문단 파견을 특종 보도한 기사였다. 박정희는 기사를 쓴 기자 김경래를 직접 불러 취재원을 밝히라고 추궁했다. 김경래는 취재원을 밝힐 수 없어 월남 대사관으로 둘러대 위기를 모면했다. 그러자 박정희는 "망할 놈의 미친놈들! 그토록 극비에 붙이기로 한 것을 일방적으로 터뜨리다니. 그러니까 그 나라가 그 모양 그 꼴이지"라고 욕했다고 한다.[73]

박정희는 월남 파병에 정권의 생명을 걸고 있었다. 그래서 61년 11월

---

73) 김경래는 그로부터 37년이 지나서야 취재원은 당시 박정희의 비서실장 이동원이었다고 밝혔다. 허용범, 『한국언론 100대 특종』(나남, 2000), 86~89쪽.

케네디를 만났을 때부터 월남 파병의 뜻을 밝혔던 것이다. 당시 미국은 내심 시큰둥하게 생각했지만, 64년 8월 통킹만 사건으로 상황이 달라졌다. 그에 따라 한국군의 월남 파병도 착착 단계를 밟아나가게 되었다.

64년 9월 11일 이동 외과병원(의무요원 130명)과 태권도 교관단(10명)이 월남으로 파견되었다. 64년 12월 19일 미국 대사 브라운이 미 대통령 존슨의 추가 파병요청을 박정희에게 전달하였다. 65년 1월 8일 각의에서 2천 명의 비전투부대(공병부대 등 군수병과)를 파견키로 의결하였다. 이미 비둘기부대 2천여 명은 편성을 완료하고 비밀리에 경기도 일원에서 훈련 중이었다.

이때부터 월남 파병에 대한 언론보도가 이루어지기 시작했다. 1월 26일 파병 동의안은 국회 본회의에서 찬성 106, 반대 11, 기권 8표로 통과되었다. 미 대사 브라운이 민정당 당수 윤보선과 민중당 당수 박순천 등 야당 지도자들을 설득하는 작업을 펼친 것이 주효했다.[74]

2월 9일 오후 2시 서울운동장에서는 3만여 군중이 모인 가운데 월남 파병 환송 국민대회가 열렸다. 박정희는 "건국 이래 처음 있게 되는 이 역사적 장거"라고 추켜세우면서 비둘기 부대원들을 '자유의 십자군'으로 찬양하였다. 무학여고생들의 환송노래와 만세 3창에 이어 시가행진이 벌어졌다.[75]

미국의 열렬한 박정희 환대

65년 5월 박정희는 미국을 방문했다. 한국군 전투부대 파병을 원했던 미국은 박정희에게 극진한 환대를 베풀었다. 외무장관 이동원은 5월 17

74) 김교식, 『다큐멘터리 박정희 3』(평민사, 1990), 106쪽.
75) 한홍구, 〈박정희 정권의 베트남 파병과 병영국가화〉, 『역사비평』, 제62호(2003년 봄), 125~126쪽.

일에 벌어진 미국의 환대에 대해 이렇게 말한다.

"10만 명을 헤아리는 환영 인파 사이로 박대통령은 리무진 방탄차를 타고 악대까지 앞세운 채 2마일의 카퍼레이드를 벌였다. 한마디로 최고의 예우였다. 또한 뉴욕시 5번가의 번화가에서 벌어진 오색 꽃가루 행사는 미국 건국 이래 정치가에게 베푸는 것으로는 다섯 번째라 했다. 2차 대전의 영웅 맥아더, 아이젠하워, 그리고 처칠과 대만의 손미령 여사에 이어 다섯 번째. 사실 이는 당시 미국이 얼마나 우리의 파병을 학수고대했는가를 보여 준 단편에 불과했다. 그만큼 당시 교섭에서 유리한 쪽은 우리였다."[76]

65년 7월 2일 1개 전투사단을 파월키로 각의에서 의결하였다. 며칠 후 박정희는 이동원의 제안에 따라 자신의 심복인 국회의원 차지철을 불렀다.

"임자가 월남 파병 반대 좀 하지. 대미교섭을 우리 쪽 의도대로 이끌려면 국내에서도 어느 정도 반대파가 있어야 하는데, 야당도 조용하고 언론이나 국민들도 파병에 반대하지 않고 임자가 적임자일 것 같아."[77]

'이동원 각본, 박정희 감독, 차지철 주연의 파병반대 공작'이 벌어졌다. 우직한 차지철은 강경한 파병 반대론을 펴다가 실제로 반대의 소신을 갖게 돼 나중엔 외무장관 이동원이 나서서 박정희가 걱정하니 자제하라고 말해야 했을 정도였다.[78]

임대식은 "이 우화 같은 사실은 파병 반대에 측근인 차지철을 동원할 정도로 파병 반대론이 미약했던 것을 의미한다. 친미·반공·성장주의 차원의 월남 파병론에 대한 반대가 지극히 위험시 되는 것이기도 했지만 파병론에 대응할 논리도 없었다"고 말한다.[79]

---

76) 이동원, 『대통령을 그리며』(고려원, 1992), 118쪽.
77) 이동원, 위의 책, 119~120쪽.
78) 이동원, 위의 책, 121~122쪽.

존슨은 65년 7월 25일자 편지에서 "현재 월남에 있는 병력 8만 명을 배 또는 그 이상으로 증가해야 된다는 것이 불가피하다"며 참전을 요청했다. 이에 박정희는 "한국 정부도 이미 사단규모의 전투 병력을 월남에 증파할 계획을 추진 중이며 늦어도 다음 달 국회 승인을 얻게 될 것"이라고 답했다.[80]

8월 13일 파병 동의안은 야당이 불참한 가운데 찬성 101, 반대 1, 기권 2표로 통과되었다. 파월한 2만여 명의 전투부대엔 해병 청룡부대를 모체로 하여 창설된 해병 제2여단과 육군 수도사단이 맹호부대라는 이름으로 선정되었다.

맹호·청룡부대 파병

10월 12일 여의도에서 30만 군중 환송 대회가 열렸다. 아직 마포대교가 부설되기 전이었는데, 정부는 이 행사를 위해 급히 마포와 여의도를 잇는 가교를 설치했다. 300마리의 비둘기와 3만여 개의 풍선이 하늘을 수놓았다. 여의도 행사장 주변 30리는 오색의 플래카드와 애드벌룬으로 장식되었다.

당시 박 정권이 내세운 파병의 명분은 6·25 때 입은 은혜에 대한 보은론과 더불어 '도미노 이론'이었다. 박정희는 환송 연설에서 "우리가 자유 월남에서 공산 침략을 막지 못한다면 우리는 멀지 않은 장래에 동남아세아 전체를 상실하게 될 것이며, 나아가서 우리 대한민국의 안전보장도 기약할 수 없다"고 단언했다. 여기에 '대한 남아론'이 가세했다. 박정희는 파월 장병들을 '화랑의 후예'라고 부르면서 '대한 남아의 기

79) 임대식, 〈1960년대 초반 지식인들의 현실인식〉, 『역사비평』, 제65호(2003년 겨울), 327쪽.
80) 정승욱, 〈68년 박정희 "북 공격" 요구 … 미서 "반대": 역대대통령 통치사료 1302건 발견〉, 『세계일보』, 2002년 1월 10일, 5면.

미국의 환심을 사기 위해 제안했던 월남 파병은 국내의 별다른 반대없이 추진되었다. 사진은 파월장병을 위한 환송퍼레이드.

개'를 만방에 떨치라고 말했다. [81]

파월부대는 1km에 걸친 대열로 행진을 하였으며, 여배우들은 장병들의 목에 꽃다발을 걸어 주었다. 라디오와 텔레비전에선 '청룡의 노래'와 '맹호의 노래'가 끊임없이 흘러 나왔다. 인기를 끌었던 건 '맹호의 노래'였다. 이 노래의 정식 명칭은 '맹호는 간다'였다.

"자유통일 위해서 조국을 지킵시다/조국의 이름으로 임들은 뽑혔으니/그 이름 맹호부대 맹호부대 용사들아/가시는 곳 월남땅 하늘은 멀더라도/한결같은 겨레마음 임의 뒤를 따르리라/한결같은 겨레마음 임의 뒤를 따르리라"

이 노래는 국민학생들이 가장 열심히 불러댔다. 방형남은 자신이 국

81) 한홍구, 〈박정희 정권의 베트남 파병과 병영국가화〉, 『역사비평』, 제62호(2003년 봄), 130쪽.

민학교에 다닐 때 월남파병 맹호부대의 군가 '맹호는 간다'를 무시로 부르고 다녔는데, 이 노래는 교과서에 나와 있는 노래와 교회에서 배운 찬송가 이외에 처음으로 익힌 '사제(私製) 노래'였던 것 같다고 술회했다.[82] 조정래의 『한강』에 따르면,

"자유 통일 위하여 님들은 가셨으니……, 그 이름 맹호부대 맹호부대 용사들아……. 가방을 둘러멘 국민학생 네댓 명이 목청껏 노래를 뽑아대며 군인들 같은 활갯짓으로 걸어가고 있었다. 아이들의 카랑카랑한 목소리에 실렸는데도 그 선율과 노랫말은 묘한 비장함과 우수를 자아내고 있었다. "왜 저 노래를 애들이 저렇게 불러대지? 라디오에서 밤낮으로 틀어대는 것도 지겨워 죽겠는데." 최주한이 짜증스럽게 말했다. "그야 당연하잖아? 우리가 어렸을 때 철없이 병정놀이 좋아했듯이 애들은 씩씩한 군인아저씨들이 월남에 싸우러 가는 게 신기한데다 학교에서 열심히들 가르치기까지 하잖아. 저건 어른들이 좋아하는 이미자의 〈동백 아가씨〉 못지않은 애들의 신종 유행가야."[83]

한국 민족주의 운동의 자기모순

65년 12월 22일 한국군이 퀴넌에서 12세 이하 어린이 22명, 여성 22명, 임산부 3명, 70세 이상 노인 6명 등 민간인 50명을 사살한 사건이 일어났지만, 이는 국내엔 알려지지 않았다.[84] 언론은 입을 다물고 있었다. 송건호는 당시 언론의 보도 태도에 대해 이렇게 말한다.

"월남 파병 문제는 이미 1964년 말부터 정계나 언론계에서 그 득실을 놓고 활발히 거론되고 있었다. 이러한 의논 과정에서 언론계의 대부분은

---

82) 방형남, 〈'아버지의 망령'〉, 『동아일보』, 2004년 3월 11일, A7면.
83) 조정래, 〈똥 퍼 아저씨〉, 『한강 4』(해냄, 2002년 초판 27쇄), 115쪽.
84) 김진국·정창현, 『www.한국현대사.com』(민연, 2000), 161~162쪽.

파병이 후일 한국에 오래오래 문제를 남길 것이라는 비판적 입장이 압도적으로 우세했고, 따라서 사적으로는 이 점에 있어 거의 일치했다. 그러나 이러한 파병 반대 여론이 신문에는 단 한번도 제대로 반영되지 못 했었다. 공개적으로 월남 파병이 앞날의 국가 이익으로 보아 이롭지 않으며 파병에 반대한다는 주장을 사설을 통해 명백히 밝힌 신문이 하나도 없었다. 단지 파병에는 이러저러한 문제점이 있다는 애매모호한 주장만이 있을 뿐이었다. 언론이 이미 양심과 독립을 제대로 지키지 못한 첫 번째 예였다."[85]

당시 『조선일보』 외신부 기자였던 리영희는 이렇게 회고했다.

"미국과 한국의 불세례로 매일 수없이 죽어가는 베트남인의 처지를 생각하면서 나는 매일 우울한 마음으로 신문사를 나섰다. 그리고는 가슴의 아픔을 달래기 위해서 집으로 돌아가는 길 어딘가에서 소주나 배갈을 마셔야 했다. 나는 베트남인을 위해서 아무 일도 할 수 없었다."

리영희는 그런 죄책감을 느끼면서 자신의 직장을 건 도전을 했다.

"내가 할 수 있는 일은 미국의 전쟁으로 변한 베트남 '반공 성전'의 철없는 나팔수가 되기를 거부하는 것이 고작이었다. 그 시기에 내가 만든 『조선일보』 국제 면은 전국에서 미국의 베트남 전쟁과 한국군 파병에 비판적인 유일한 지면이었다. 세계의 존경받는 지성인들이 미국의 베트남전쟁에 반대하는 발언을 조심스럽게나마 소개하는 데에 힘썼다. 서방 국가 통신들의 한국 군대의 잔학행위에 관한 기사도 자주 들어왔다. 그것도 공정하게 독자에게 알려야 한다는 나의 신문인적인 책임감은 그때마다 외부 압력에 부딪쳐 번번이 좌절하고 말았다. 이제는 고인이 된 당시의 편집국장 선우휘 씨는 나와 같은 평안북도 출신이었지만, 베트남전쟁과 관련된 신문 만들기에는 사사건건 나와 대립했다. 선우휘 국장에게

---

85) 송건호, 『한국현대언론사』(삼민사, 1990), 151~152쪽.

는 베트남전쟁은 '반공 성전'이었고, 나에게는 '사회 혁명'의 대전이었으며 베트남을 재지배하려는 외세에 대한 '민족적 저항'의 전쟁이었다."[86]

이종오는 정부와 한일회담의 진행과정에 대하여 비판적이던 야당계 언론, 『사상계』 등의 잡지도 월남 파병에 관해서는 비판적 관점을 거의 제기하지 않았다고 말한다.

"이에 대해 제기된 문제점은 파월의 대가를 미국에서 얼마나 확보해야 하느냐는 정도였다. 야당은 물론이고 학생운동을 위시한 사회운동에서도 이 문제를 비판적으로 제기하지 못하였다는 사실은 사회운동의 시대적 한계, 국제적 안목의 결여를 말해 준다. …… 이 월남 파병과 한일회담 반대운동의 관계를 볼 때, 이는 당시의 '민족주의운동'의 안목과 이론적 한계에 대하여 반성케 한다. 즉 '반공'과 '냉전체제'에 본질적인 비판이 없는 민족주의란 5·16과 마찬가지로 쉽게 반동이데올로기로 전락하거나 보수 야당과 보수 언론의 경우와 같이 무원칙하고 공허한 표어로 남게 마련이었다. 한일회담에 대하여 민족적 혹은 '민족주의적' 입장에서 반대운동을 전개하면서 '월남 파병'을 '자유의 십자군' 식으로 비판 없이 동의한다는 것은 크나큰 자기모순이 아닐 수 없었다."[87]

이마저도 굶주림 탓이었을까? 인간은 도대체 어느 정도 배가 불러야 자기모순의 함정에서 빠져나올 수 있는 걸까?

---

86) 리영희, 〈'광기의 베트남전쟁'을 회고하면서〉, 『한겨레 21』, 1995년 5월 4일자; 리영희, 『스핑크스의 코: 리영희 에세이』(까치, 1998), 252~253쪽에서 재인용.
87) 이종오, 〈반제반일민족주의와 6·3운동〉, 『역사비평』, 창간호(1988년 여름), 65~66쪽.

『중앙일보』 창간, 코미디 붐

이병철이 『중앙일보』를 창간한 이유

1965년 3월 1일 경희대와 고려대에 처음으로 신문방송학과가 신설된 것은 매체 산업의 외형적 발전을 시사했다. 경제개발과 함께 신문 시장 자체의 규모가 점점 커지면서 상업주의가 심화되는 변화가 일어났으며, 이와 같은 변화는 당당하게 상업주의를 표방하는 신문들의 창간으로까지 이어졌다.

1965년 5월 6일엔 약 10년 전의 『한국일보』에 뒤이어 당당하게 상업주의를 표방한 『신아일보』가 창간되었으며, 9월 22일엔 삼성 재벌에 의해 『중앙일보』가 창간되었다. 65년 10월 12일엔 『현대경제일보』,[88] 66년 3월 24일엔 『매일경제신문』이 창간되었다. 64년 7월 『소년동아일보』에

---

88) 이 신문은 일요 종합지 『일요신문』의 자매지로 나온 것인데, 원래는 63년 8월 15일 윤갑수가 발행한 『일간 스포츠신문』이 64년 10월 12일 『일간 경제신문』으로 제호를 바꿔 경제지로 전환하였던 걸 다시 『현대경제일보』로 개제(改題)해 나오게 된 것이다. 김민환, 『한국언론사』(사회비평사, 1996), 478~479쪽.

이어 65년 2월 『소년조선일보』도 창간되었다.

『중앙일보』는 다른 신문사에서 기자들을 스카우트 했는데, 이로 인해 가장 큰 타격을 입은 신문은 64년 사주 장기영의 경제부총리 입각으로 인해 하향세를 걷던 『한국일보』였다. 『한국일보』는 편집국 인원 25명과 업무·광고 분야 인원 상당수를 잃어 또 한 번 휘청거리게 되었다.[89]

이병철의 전기 『호암자전』은 『중앙일보』의 창간 배경을 이렇게 밝혔다.

"나는 4·19와 5·16을 거치며 단 한번 정치가가 되려 생각한 적이 있다. …… 기업 활동에서 얻은 수익으로 세금을 납부해 정부 운영과 국가 방위를 뒷받침하는 경제인의 막중한 사명과 사회적 공헌은 전적으로 무시되고 부정축재자라는 죄인의 오명까지 쓰게 됐다. 경제인의 힘의 미약함과 한계를 통감한 것도 정치가가 되려고 한 동기였다. 그러나 1년여를 숙려한 끝에 정치가로 가는 길은 단념했다. 올바른 정치를 권장하고 나쁜 정치를 못 하도록 하며, 정치보다 더 강한 힘으로 사회의 조화와 안정에 기여할 수 있는 방법은 없을지를 생각한 끝에 종합 매스컴 창설을 결심했다."[90]

이병철의 '중앙매스컴센터'

'정치'의 대용으로 '종합 매스컴'을 택한 이병철의 강력한 의지에 따라 삼성은 서울 서소문동에 '중앙매스컴센터'라는 10층짜리 현대식 건물을 건립했다. 65년 12월 1일을 기해 태평로 조선일보 건너편에 있던 '라디오 서울'(RSB), 한국은행 건너편 동화백화점에 있던 DTV, 그리고

---

89) 안병찬, 『신문발행인의 권력과 리더십: 장기영의 부챗살 소통망 연구』(나남, 1999), 366쪽.
90) 특별취재반, 〈중앙일보 '삼성' 감싸기: "한국비료 사카린밀수 사실과 다르다"〉, 『한겨레』, 2001년 4월 3일, 1면.

새로 창간된 『중앙일보』가 이 중앙매스컴센터에 모두 모였다.

삼성은 '종합 매스컴'에 어울리게끔 각 매체의 작명(作名)에도 신경을 썼다. 그래서 이미 65년 8월 2일, 『중앙일보』가 창간되면 중앙매스컴센터에 모인다는 전제하에 DTV와 RSB를 합쳐 주식회사 '중앙방송'으로 상호를 바꾸고자 하였다. 그 이후에 벌어진 작명(作名) 해프닝에 대해 김재길은 다음과 같이 말한다.

"그래서 DTV는 JBS-TV로 또 RSB는 JBS-라디오로 개명을 하게 된 것이다. 그러나 이렇게 이름을 바꾸고 보니 전혀 엉뚱한 곳에서 문제가 발생했다. 영어로 JBS라고 할 때는 KBS와 확실히 구별이 되지만 한글로 중앙방송이라고 하면 혼돈을 준다. KBS의 경우 단지 앞에 '국영'이라는 두 글자가 붙는다는 것뿐이지 실상은 JBS와 같은 중앙방송이 되는 꼴이었기 때문이다. 이 같은 호칭상의 혼돈이 생기고 또 당국의 간곡한 종용도 있어 1966년 7월 16일을 기해 다시 JBS는 역사 속으로 사라지고 만다. 1년도 못 되는 생을 영원히 마치고 사라진 것이다. 그리고 다시 동양방송이란 이름을 달게 되었다. 그렇다고 다시 DTV로 갈 수는 없었다. 동양방송의 'T' 자를 딴 TBC라는 호칭은 이렇게 탄생한 것이다."[91]

TBC(동양방송)은 66년엔 FM 라디오 방송을 '종합 매스컴'의 목록에 추가시켰다. 한국에서 FM 방송이 처음 시도된 것은 1963년이었다.[92] 이규일 등 3명은 1963년 7월 20일 서울FM방송 주식회사를 설립했으나 재정 사정이 어려워 개국 준비에 어려움을 겪었는데, 이 때문에 뒤늦게 허가를 받은 AFKN이 1964년 10월 1일을 기해 서울FM을 앞질러 FM 방송을 개시했다.[93]

---

91) 김재길, 『"KBS야, 너 참 많이 컸구나!"』(세상의창, 2000), 92~93쪽.
92) 세계 최초의 FM 방송은 1941년 5월 미국 내슈빌의 XWSM-FM이었으며, 독일은 제2차 세계대전 직후에, 일본은 1954년에 FM 방송을 시작하였다. 김성호, 『한국방송인물지리지』(나남, 1997), 214쪽.
93) 김성호, 위의 책, 219쪽; 김민환, 『한국언론사』(사회비평사, 1996), 544쪽.

서울FM은 65년 6월 26일부터 정규 방송에 들어갔지만 수신기가 널리 보급되지 못한 데 따른 경영난을 이기지 못하고 1966년 4월 4일 동양방송에 흡수되고 말았다. 동양방송은 한동안 허가 문제로 서울FM의 명칭을 사용하다가 같은 해 8월 15일부터 동양FM의 이름으로 방송을 내보냈다. 동양FM은 대구 한국FM과 제휴했으며, 동양 라디오도 광주의 전일방송, 군산의 서해방송과 제휴하여 방송망을 이루었다.[94]

5개 라디오 방송사의 코미디 경쟁

60년대 중반은 라디오의 전성시대였다. 65년 12월 20일을 기해 동아방송은 방송 시간을 아침 5시에서 새벽 2시까지 2시간 연장해 하루 21시간 방송을 시작했다. 이로써 심야 방송의 경쟁 시대가 열리게 되었다. 각 방송국의 심야 방송은 "심야 활동인구의 증가와 국민 생활습성의 변화에 따른 필수적인 조치였는데, 우리말 방송이 거의 안 들리는 공백 상태에서 팝송 위주의 AFKN 방송을 듣던 산업 현장이나 입시 준비에 밤을 새우는 젊은 층들에겐 가뭄 끝에 단비 격이 아닐 수 없었다."[95]

KBS, CBS, MBC, DBS, TBC 등 5개 라디오 방송사들은 제법 치열한 경쟁 체제에 접어들었다. 라디오 방송사들은 보도 프로그램뿐만 아니라 오락 프로그램 경쟁도 치열하게 전개했는데, 특히 상업 방송사들 간 코미디물 경쟁이 대표적인 것이었다. 『한국연감』 1965년판의 기록에 따르면,

"DBS에서 구봉서, 김희갑, 송해 등 코미디언을 업고 청취자들에게 인

---

94) 이후 많은 FM방송이 생겨났다. 1968년 2월 16일에는 부산문화FM이 개국했으며, 1970년에는 대구에서 한국FM이, 1971년 9월 19일에는 서울에서 문화FM이 개국했다. 김민환, 『한국언론사』(사회비평사, 1996), 544~545쪽.
95) 이윤하, 〈동아방송 18년 편성의 뒤안길〉, 한국TV방송50년위원회, 『한국의 방송인: 체험적 현장기록 한국 방송 1956~2001』(커뮤니케이션북스, 2002), 182쪽.

기를 모으자 MBC 측은 이에 도전을 하여 끝내 DBS로부터 구봉서를 탈취하고 다음에 송해도 끌어들여 배삼룡 등과 함께 강팀을 형성했다. 동양방송은 이에 경쟁하러 나서서 서영춘을 기르며 팬들의 인기를 제법 모았다."[96]

코미디의 인기가 높은 만큼 심의도 강화되었다. 64년 9월 23일 자율기관으로 재발족하게 된 방송윤리위원회는 코미디를 주 목표로 삼아, 10월 29일 코미디언 송해와 박시명을 1개월간 출연 정지시키도록 방송사에 권고했다. 65년엔 서영춘이 1년, 백금녀가 2년간 '출연금지' 라는 엄한 처분을 받았다.

백금녀의 경우엔 "먹을 것이 없는 애기 엄마가 아이들을 한강 다리로 데려가서, 한 아이를 발로 차서 물에 풍당, 또 한 아이를 발로 차서 물에 풍당 빠뜨린다"는, 대본에도 없는 얘기를 했다가 제재를 받았다.[97]

그러나 정치적으로 보자면, 코미디는 단연 박 정권 홍보의 우군이었다. 김재화는 "박정희는 코미디언을 의도적이었건 그렇지 않건 정권의 홍보 수단으로 철저히 이용했다"고 말한다.

"그의 1등 공신은 단연 코미디였으며, 전 국민 우민화 작전의 총사령관은 '배삼룡' 이었다. 배삼룡은 도시화되어 가는 시대에 촌뜨기로, 공업화되어 가는 세상에 거름 지고 가는 농사꾼으로, 찬란하게 서구화되어 가는 시절에 짚신 신고 나타난 꼴불견으로 박정희 정권이 펴는 모든 정책을 '역설적으로' 찬미했다. 박정희를 도운 또 한 사람은 '합죽이 김희갑' 이다. 그는 유려한 말솜씨로 라디오 토크프로그램에 단골 출연했다. 누군가가 현 사회 행태를 따지거나 각종 규범에 나타난 독소 조항을 건드리기라도 하면, '에이 모르는 소리' 라고 핀잔을 주었다. 당시 분위기

---

96) 최창섭, 『방송원론』(나남, 1985), 74쪽에서 재인용.
97) 정순일, 『한국방송의 어제와 오늘: 체험적 방송 현대사』(나남, 1991), 95~96쪽.

에서 이 말은 중앙정보부 취조실에서나 들을 수 있는 추상같은 호령 이상의 효과를 발휘했다. 누가 감히 소신대로 밀고 나가는 박정희에게 반기를 든단 말인가? 대중의 사랑을 한 몸에 받는 김희갑에게 먼저 제동이 걸리는 것이다."[98]

---

98) 지동욱, 박윤희 옮김, 『한국 대통령 8인 비극적 말로의 비밀』(사람의향기, 2003), 127쪽에서 재인용.

〈7인의 여포로〉·〈춘몽〉·〈저 하늘에도 슬픔이〉

1965년 이만희 감독의 〈7인의 여포로〉가 반공법에 걸려 이만희가 구속되는 사건이 발생했다. 이 영화는 한국전쟁 당시 북한군에게 잡힌 여자 포로들을 중공군이 강간하려 하자 인민군 수색대가 중공군을 쏘아 죽여 북쪽에서 쫓기는 신세가 되는 바람에 국군으로 귀순한다는 내용이었다.

일종의 반공영화였음에 틀림없으나, 북한군을 너무 멋있게 그린 게 문제가 되었다. 여자 포로들을 겁탈하려던 중공군을 사살해 버리는 북괴군 수색대 대장에 대해 여자 주인공들은 이런 찬사를 보냈다.

"장교님의 행위는 훌륭했어요. 참 멋진 남자야. 여자라면 누구나 사랑을 안 하고는 못 배길 거야."

이게 당국이 지적한 문제의 전부는 아니었지만, 문제 삼는 방식이 그런 식이었다는 것이다. 그래서 이 영화는 "감상적인 민족주의를 내세워 국군을 무기력한 군대로 그린 반면, 북괴의 인민군을 찬양하고 미군에게 학대받는 양공주들의 비참상 과장묘사, 미군 철수 등 외세 배격풍조를 고취하였다"는 죄목으로 단죄되었다.[가]

얼마 후엔 유현목 감독의 〈춘몽(春夢)〉이 외설죄로 고발당하는 사건이 일어났다. 문제가 된 장면은 주인공인 여인이 앞가슴 일부에 살색의 나일론 천을 두르고 나체로 음부를 노출시킨 채로 변태성욕자에게 쫓겨 계단 위층으로부터 아래 층계로 도망쳐 내려오면서 완전나체가 된 모습을 약 6초가량 촬영해 보여준 것이었다. 유현목은 3만 원의 벌금형에 처해졌다.[나] 그런데 이기우는 이 사건이 이만희의 〈7인의 여포로〉 사건과 관

가) 박원순, 『국가보안법연구 2: 국가보안법적용사』(역사비평사, 1992), 212쪽; 조희문, 〈레드·콤플렉스에서 벗어나는 방화〉, 『옵서버』, 1990년 8월호, 558쪽.

련된, 검찰의 보복이었다고 말한다.

"이만희 감독은 얼마 뒤 풀려났지만 불똥은 엉뚱한 곳으로 튀었다. 이 감독을 옹호했던 유현목 감독이 '동조자'로 찍혔다. 여론을 의식한 검찰은 유 감독에게 '음화(淫畵) 제조'라는 죄명을 덧씌웠다. 영화 〈춘몽〉이 여배우 박수정의 누드장면을 찍었다는 것. 이 장면은 자진 삭제됐으나 담당검사는 영화에 나오지도 않는 홍보용 스틸사진을 들이대며 다그쳤다." 다)

65년의 최대 화제작은 김수용 감독의 〈저 하늘에도 슬픔이〉였다. 이 영화는 어머니는 가출하고 병든 아버지 밑에서 동생들을 데리고 힘들게 살아가는 국민학교 4학년 소년가장 이윤복의 수기 『저 하늘에도 슬픔이』를 신봉승이 각색해 영화로 만든 작품이었다. 이 영화는 서울의 국제극장 한 곳에서만 30만 명의 관객을 동원하는 대기록을 세웠다. 라)

64년 11월 15일에 출간된 『저 하늘에도 슬픔이』는 출간 4개월 만에 5만 부가 나갔고, 일어와 영어로도 번역된 베스트셀러였다. 아동문학가 이오덕은 10년 후 이 책을 재평가하는 글에서 지도교사의 첨삭 지도가 지나쳐 "지도라기보다 교사의 일방적 수정이 가해진 것이 아닌가 하는 의심을 버릴 수 없다"고 지적하면서도 이런 평가를 내렸다.

"이 작품은 해방 이후 30년 동안에 나온 수많은 아동작품 중에서 단연 빛나는 높은 봉우리를 차지할 수 있으며, 또한 어른들이 쓴 대부분의 아동문학 작품들보다도 귀중하고 값있는 작품이 되고 있다." 마)

나) 팽원순, 『언론법제신론』(나남, 1989), 182~183쪽에서 재인용. 소장(消長)은 '쇠하여 사라짐과 성하여 자라 감'이라는 뜻이다.
다) 이기우, 〈'가위질' : 1965년 영화감독 이만희 구속〉, 『동아일보』, 2004년 2월 5일, A25면.
라) 김수용, 〈최고 흥행기록을 세우다〉, 『씨네21』, 1998년 1월 17일, 81면.
마) 이오덕, 〈동심의 승리 : 이윤복 일기 『저 하늘에도 슬픔이』에 나타난 동심론〉, 『창작과 비평』, 제10권 제4호(1975년 겨울), 175~180쪽.

"프로레슬링은 쇼다"

일본에서 활동하던 프로레슬러 '박치기' 김일이 65년 8월 6일 귀국함으로써 이미 '턱수염' 장영철의 활약으로 높은 인기를 누리고 있던 국내 프로레슬링계는 더욱 높은 인기를 누리면서 일대 지각변동을 겪게 되었다. 김일은 자신이 직접 외국 선수의 초청부터 흥행에 이르기까지 모든 걸 관장하면서 대회 규모를 국제적인 수준으로 격상시켰다. 그 결과, "한국의 프로 레슬링은 장영철이라는 생모의 밑을 떠나 김일이라는 양어머니의 보살핌을 받게 되었다."[가]

프로레슬링의 인기가 뜨거워지자 KBS는 65년 11월 8일 프로그램 개편시 〈TV 스포츠〉를 화요일 오후 7시 30분으로 옮기면서 '프로레슬링'을 분리하여 수요일 오후 7시 30분에 고정 편성하였다. 그러면서 11월 24일부터 27일까지 4일간 프로레슬링을 특집으로 편성하였다.

당시 프로레슬링의 폭발적 인기에 대해 이영만은 이렇게 말한다.

"프로레슬링이 있는 날이면 거리가 한산할 정도로 프로레슬링 인기가 폭발하던 때였다. 제법 큰 동네라고 해도 TV가 한 대 밖에 없던 시절이어서 동네아이들과 노인들은 저녁 먹기가 바쁘게 TV가 있는 집으로 꾸역꾸역 모여들었고 아무리 인심이 사나운 집주인이라도 그날만은 TV를 마루에 내놓고 구경을 할 수 있도록 했다. 이웃 사람들의 성화 때문에 못보게 할 수가 없었기 때문이었다. 이날은 다방 등도 손님들로 가득 찼다. 차를 마시기보다는 TV가 쏟아내는 스릴 만점의 프로레슬링을 보기 위해서였다."[나]

가) 김재길, 『"KBS야, 너 참 많이 컸구나!"』(세상의창, 2000), 87쪽.
나) 이영만, 〈'프로레슬링은 '쇼' 다' 인기 내리막: 장영철 이기기로 한 시합 일서 뒤집자 각본 들통〉, 『뉴스메이커』, 1994년 8월 18일, 78면.

65년 11월 27일 장충체육관. 이 날의 메인이벤트는 김일과 칼 칼슨의 대결이었으며, 이 경기에 앞서 세미파이널로 장영철과 일본의 오쿠마가 대결하였다. 장영철이 오쿠마의 허리꺾기에 걸려들어 신음하자, 갑자기 2~3명의 레슬러가 링 안으로 뛰어 들어가 장영철을 구해냈다. 졸지에 체육관은 개판이 되고 말았다.

오쿠마 측은 링에 난입한 레슬러들을 폭행 혐의로 고소하였다. 후배와 제자들이 다칠지도 모른다는 생각에 장영철은 폭탄선언을 하였다.

"오쿠마 측이 약속을 어겼다. 프로레슬링은 쇼다."

장영철과 천규덕이 키운 국내 프로레슬링은 재일교포 김일의 등장으로 더욱 인기를 얻게 되었지만, 김일의 인기가 장영철을 능가함에 따라 일본 측은 김일의 최강 이미지를 더욱 높이기 위해 장영철에게 게임에 지도록 요구했다. 장영철은 그 제안을 거절했다.

그날 경기는 장영철이 이기는 것으로 각본이 짜여졌는데, 오쿠마 측은 말을 듣지 않는 장영철을 희생시키기 위해 각본에도 없는 허리꺾기를 진짜로 해 쇼를 뒤집어버린 것이었다. 이미 이런 낌새를 느끼고 있던 장영철은 만일의 사태에 대비해 링 아래에 사람들을 동원시켜 놓았던 것이다.[다]

장영철의 폭로로 이후 프로레슬링의 인기는 내리막길을 걷다가, 10월 유신 이후 박정희가 김일 후원회를 적극 지원하고 나섬으로써 김일체육관이 건립되는 등 다시 붐을 맞게 된다.[라]

다) 이영만, 〈"프로레슬링은 '쇼' 다" 인기 내리막: 장영철 이기기로 한 시합 일서 뒤집자 각본 들통〉, 『뉴스메이커』, 1994년 8월 18일, 78~79면.
라) 정순일 · 장한성, 『한국 TV 40년의 발자취: TV프로그램의 사회사』(한울아카데미, 2000). 56쪽

제8장

'정경유착' 과 '한미유착'

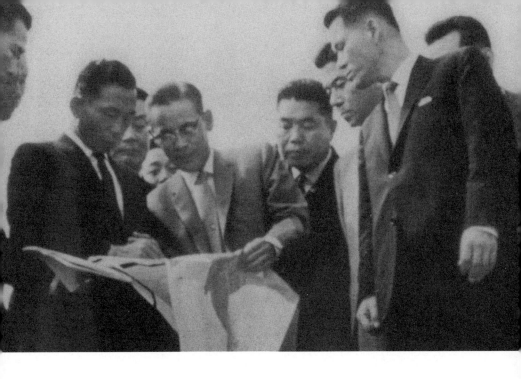

'주체외교'와 한미행정협정

'주체 외교'와 '기회주의 외교'

외무장관 이동원은 '주체외교'를 부르짖었다. 64년 8월경 주한 미 대사가 버거에서 브라운으로 바뀌었을 때의 일이다. 그때까진 신임 대사가 오면 외무장관이 공항에 마중 나가는 게 관례였다고 한다. 이동원은 '주체외교'의 필요성에 대해 죽이 잘 맞은 외무부 의전국장 윤호근과 의논해 자신은 공항에 안 나가고 의전국장만 내보내기로 결정했다. 그게 알려지자 대리대사를 맡고 있던 공사 돌티가 찾아와 강하게 항의했지만 이동원은 원래 계획대로 밀어붙였다. 공항에 나가 신임 미 대사를 영접한 국회의원들은 외무장관이 보이지 않는다고 힐난했다고 한다.[1]

이동원의 그런 '주체외교'가 얼마나 실속이 있었던 것인지는 알 수 없지만, 66년 2월에 '주체외교'는 작은 사건을 하나 일으켰다. 박정희가

---

1) 이동원, 『대통령을 그리며』(고려원, 1992), 80~83쪽.

말레이시아, 태국, 대만을 순방하고 귀국할 때 김포공항에서 일어난 일이다.

미국 대사와 미8군 사령관은 삼부요인이 늘어선 사열 중 앞쪽에 서서 기다리고 있었다. 의전국장 윤호근은 그들에게 각 국 대사들이 늘어서 있는 뒤쪽 줄을 가리키면서 그쪽으로 가 달라고 요청했다. 두 사람의 얼굴이 새빨개졌다. 브라운은 물러섰지만 유엔군 사령관 비치는 강력 항의하면서 버텼다. 비행기 도착할 시간이 다 되자 윤호근은 손으로 비치의 몸을 밀어 뒤쪽으로 보냈다.

"비치 사령관이 모욕을 당했다"는 소문이 미8군 영내에 퍼지면서 국회, 행정, 사법부 등 요로를 통해 압력이 들어왔다. 윤호근의 사임을 요구하는 목소리까지 들렸다. 이 소리는 박정희의 귀에까지 들어가 이동원이 호출되었다.

박정희는 윤호근에 대한 인사 조치를 지시했다. 박정희는 이동원의 해명을 듣고도 윤호근을 파면시키라는 지시를 거둬들이지 않았다. 이동원은 모든 걸 자신에게 맡겨 달라고 요청하고 다음날 브라운과 비치를 만나 양해를 구했다.

그래도 박정희는 "그건 그쪽의 얘기고 ……, 이유야 어찌됐든 일이 커진 만큼 우리 측도 확실한 제스처가 있어야 하지 않소"라고 말했다. 여러 에피소드로 인구에 회자되던 박정희의 반미(反美) 기질과는 너무도 다른 태도였다. 박정희의 뜻이 워낙 완강해 윤호근은 스웨덴 참사관으로 쫓겨났다. 윤호근은 눈에 이슬이 맺히면서 이동원에게 이렇게 말했다고 한다.

"전 그래도 이 장관께선 민족의 자존심이 있는 줄 알았는데, 실망했습니다."[2]

---

2) 이동원, 「대통령을 그리며」(고려원, 1992), 83~86쪽.

박정희의 외교 자세엔 기회주의가 강하게 배어 있었다. 이는 66년 9월 대선과 캘리포니아 주지사 선거에서 패배한 리처드 닉슨이 서울을 방문했을 때에 그를 박대한 것에서 잘 드러났다. 닉슨을 잘 대해주라는 이동원의 간곡한 호소에도 불구하고 박정희는 닉슨을 만나줄 필요조차 없는 퇴물이라는 식으로 얕잡아 보고 함부로 대했다. 그러다가 68년 미 대선에서 닉슨이 대통령에 당선되는 걸 보고 기겁을 하게 된다. 이동원은 한국 정부의 "손님 대접은 어제와 내일이 없는 오늘뿐"이라고 개탄했지만,[3] 그런 기회주의적 처세술의 주된 책임은 박정희에게 물어야 할 일이었다.

한미행정협정 체결

수십 년 후에도 마찬가지이지만, 60년대 중반 미국을 향해 '민족의 자존심'을 지키긴 매우 어려운 일이었다. 한일 국교 정상화로 일본에 대한 '민족의 자존심'도 내버린 마당에 이른바 혈맹(血盟)이라는 미국을 상대로 '민족의 자존심'을 부르짖을 사람은 적어도 엘리트층에선 매우 희귀했다. 엘리트층에 편입되기 위해서라도 친미적이어야 했고, 심지어 반미 기질을 갖고 쿠데타를 일으킨 지도자마저도 친미적인 자세를 취하지 않으면 견뎌내기 어려운 게 당시의 현실이었다.

무엇보다도 미국이 원조를 중단하겠다고 협박하면 벌벌 떨어야 했다. 그걸 잘 아는 미군들은 그야말로 안하무인(眼下無人)이어서 미군 범죄는 끊이지 않고 계속 되었다. 62년 6월 한미행정협정 체결을 요구하는 고려대생과 서울대생의 시위로 미국은 협상에 응하긴 했지만 무성의로 일관했다. 그로부터 3년이나 걸려 65년 5월 18일에서야 초안이 마련되었다.

---

3) 정진석, 『총성 없는 전선: 격동의 한·미·일 현대 외교 비사』(한국문원, 1999), 25쪽에서 재인용.

그러나 이 초안은 모든 1차 재판 관할권을 미국 쪽에 넘겨주도록 규정해 학생들과 미군기지 노동자들의 반발이 거세지자 정부는 재협상을 통해 초안의 굴욕적인 조항을 수정했다. 66년 7월 8일에 협상이 마무리 되어, 7월 9일 조인이 이루어졌다. 10월 14일 국회의 동의를 거쳐 67년 2월 9일에 발효되었다.

한미행정협정의 정식명칭은 '대한민국과 아메리카 합중국 간의 상호방위조약 제4조에 의한 시설과 구역 및 대한민국에서의 합중국 군대의 지위에 관한 협정'이며, 정확하게 말하자면 '주둔군 지위에 관한 협정' 또는 소파(SOFA: Status of Forces Agreement)였다.

한미행정협정의 31개 조항은 별 문제가 없었으나 3건의 부속문서는 본 협정의 내용을 뒤엎는 자동포기조항을 통해 미군의 형사재판권에 대한 실질적인 관할권을 보장해주는 등 불평등한 내용이 많았다. 이에 대해 한홍구는 이렇게 말한다.

"1965년의 초안에서 미군에 완전히 보장해 준 재판관할권이 형식적이나마 한국 쪽에 넘어올 수 있었던 것은 학생 등의 시위도 영향을 끼쳤지만, 한국군의 베트남 파병에 대해 미국이 선심을 쓴 것이라 할 수 있다. 지금 입장에서 볼 때 소파는 엄청난 불평등 조약이지만, 베트남 파병이라는 피의 대가로 한국은 미군의 '무법천지'를 적어도 외형상으로나마 벗어날 수 있었다. 미군 범죄는 1967년 이후 해마다 적을 때는 1천100여 건, 많을 때는 2천300여 건이 일어났는데, 1967년 이전에는 통계조차 없다. 다만 관련자들의 증언에 의하면, 소파 채택 이후 미군 범죄가 현격하게 줄어들었다고 하니 미군 범죄가 그동안 얼마나 심각했는지를 미루어 짐작할 수 있을 뿐이다."[4]

---

4) 한홍구, 『대한민국사: 단군에서 김두한까지』(한겨레신문사, 2003), 233쪽.

미국의 한국 지식계 장악

미국은 한국에게 있어서 구세주와 다를 바 없는 존재였으며, 이는 박정희를 지지하는 사람이건 반대하는 사람이건 모두 다 공유하고 있는 기본적인 자세였다. 그 점에선 심지어 장준하와 같은 투쟁적이고 지사적인 지식인마저도 다를 바 없었다.

장준하는 64~65년 70여 차례의 대중연설로 한일굴욕외교 반대투쟁의 선봉에 섰었다.[5] 뒤이어 그는 월남 파병 반대에도 앞장섰지만, "그러나 그는 여전히 양 사태의 저변에 있는 미국의 의도에 대해서는 침묵하는 친미주의자로 머물렀다."[6]

로스토우가 한국 경제개발의 구세주처럼 환영받던 65년 한국 사회에선 그것과 전혀 상반되는 작은 에피소드가 하나 있었다. 고려대의 아세아문제연구소가 주최한 '아시아의 근대화 문제' 국제심포지엄에 참석했던 한 독일 학자는 이렇게 말했다.

"나는 한국 사회에 와서 한국의 근대화 문제에 관한 한국 정치학자들의 논의를 들을 수 있으리라 기대했다. 그러나 유감스럽게도 한국 정치학자들이 한국 문제에 관해 사용하는 개념들은 내가 '고도의 소비사회'가 구가되고 있는 미국에 와 있는 것이 아닌가라는 착각을 불러 일으켰다."[7]

그건 아세아문제연구소 자체가 미국의 자금 지원에 의해 운영되고 있던 사실과 무관치 않았을 것이다. 비단 아세아문제연구소뿐만 아니라 당시 그리고 그 이후 계속 한국의 대학 부설 연구기관들은 미국 대학 및 재

5) 박경수, 『장준하: 민족주의자의 길』(돌베개, 2003), 338~339쪽.
6) 임대식, 〈1950년대 미국의 교육원조와 친미 엘리트의 형성〉, 역사문제연구소 편, 『1950년대 남북한의 선택과 굴절』(역사비평사, 1998), 184~185쪽.
7) 김정현, 〈60년대 근대화노선: 미국의 '문화제국주의'와 한국지식인〉, 『역사비평』, 제13호(1991년 여름), 186쪽.

단의 재정지원을 받으면서 성장해 왔다.

가장 대표적인 친미(親美) 연구소는 57년 6월에 창립된 고려대의 아세아문제연구소였다. 미국 전략국(Office of Strategic Services: OSS) 출신의 미국통인 고려대 교수 김준엽의 주도로 창립된 아세아문제연구소는 미국 재단의 막대한 재정지원을 유치하였다. 61년 김준엽은 미국의 포드재단을 방문해 연구자금을 요청했는데, 포드재단은 62년 28만5천 달러를 지원했다. 62년 10월 아세아문제연구소는 고려대 총장 유진오, 한국학술원 회장 이병도, 미 대사 버거 등이 참석한 가운데 '포드재단 원조자금에 의한 특수연구 시무식'을 개최하기도 했다. 또 아세아문제연구소는 67년부터 3년간 '공산권 연구와 한국 통일문제' 연구에 20만 달러를 지원받는 등 포드재단의 연구비 원조는 교환교수 파견을 포함해 계속 이루어졌다.[8]

자연과학이라면 모를까, 사회과학 분야의 연구소가 미국의 자금지원을 받는 한 미국에 대한 비판의 목소리를 내기는 어려운 일이었다.

---

8) 김정현, 〈60년대 근대화노선: 미국의 '문화제국주의'와 한국지식인〉, 『역사비평』, 제13호(1991년 여름), 185쪽.

서민호 구속 사건

황용주의 필화 사건 이후 통일논의는 완전 금기가 되었다. 그러나 67
년에 있을 제6대 대통령선거와 제7대 국회의원 선거를 앞두고 5·16 이
후 지하로 잠적했던 혁신계를 재규합 하려는 움직임이 일기 시작하면서
통일논의가 다시 일기 시작했다.

그 선두주자가 민주사회당 발기를 선언하고 나선 서민호였다. 그는
65년 한일협정에 반대해 사퇴한 의원 중의 한 사람이었다. 66년 5월 10
일 민사당은 발기인대회를 갖고 서민호를 당 대표최고위원으로 선출하
고, 서신교환과 기자·문화인 교류 등 남북간의 부분적 교류를 당의 통
일정책으로 채택한 발기취지문을 발표하였다.

5월 27일 창당준비 확대대회에서 서민호는 한일협정의 폐기, 주월 한
국군의 철수 등을 주장하는 동시에 "내가 만약 집권한다면 북한의 김일
성과 국제기구를 통하거나 해서 면담, 대결할 용의가 있다"고 발언하였
다. 1주일 후인 6월 3일 서민호는 반공법 위반 혐의로 구속되었다.[가]

재판부는 남북 교류론과 월남 파병 반대 부분에 대해서는 무죄를 인
정했으나, 김일성과의 면담 부분에 대해서는 "반국가단체의 수괴를 자신
과 대등한 위치로 끌어올림으로써 반국가단체인 북괴를 합법 정부인 대
한민국과 동등하게 취급했다"는 이유로 유죄를 인정했다.[나]

서민호는 국시 재검토의 필요성을 제기하였다. 그는 "정부가 내세우
고 있는 반공국시는 저차원의 이념이다. 우리나라의 국시는 헌법 전문
(前文)과 제1조에 명시되어 있는 바와 같이 곧 민주주의인 것으로 해석된

___

가) 이상우, 『박정권 18년: 그 권력의 내막』(동아일보사, 1986), 221쪽.
나) 66년 12월 27일 서울형사지법(판사 신남식)은 서민호에게 징역 2년, 자격정지 2년의 실형을 언도하였다.
박태순·김동춘, 『1960년대의 사회운동』(까치, 1991), 285~286쪽.

다"고 말했다. 따라서 남북한의 혈연·친지 간에 의사가 상통될 수 있는 비정치 서신의 교환, 각종 운동경기의 실시, 언론인 및 문화인의 교류는 국시에 위배되는 것도 아니며 위험도 아니라는 것이다. 혁신계에서도 "남북한의 서신교환이나 언론인 교류 등에 관한 제의가 국시위반이라고 한다면 도대체 우리나라 국시의 정확한 정의는 무엇이냐"는 '국시논쟁'을 들고 나왔다.[다]

이런 문제 제기에 답하겠다는 듯, 박정희는 6월 8일 충남 유성에서 가진 기자회견에서 이렇게 말했다.

"남북통일 문제는 70년대 후반에 가서 본격적으로 논의될 것으로 본다. 일부 정치인이 무책임한 발언을 한다고 통일이 되는 것도 아니고 인기 정책으로 그런 발언을 하는 것은 북괴에 이익만 주는 것이지 우리에게는 아무런 도움이 될 수 없다. 김일성은 6·25 도발 전범이므로 이들 집단과 논의한다는 것은 언어도단이다. 이 전범들이 물러나고 새 민족세력이 등장할 때는 그들과 이야기할 수 있을 것이다."

이어 박정희는 6월 25일에 행한 연설에서 '선건설 후통일론'을 재확인하였다.

"혁신을 가장한 용공사상, 민족애로 분장한 회색 통일론, 또는 분별없는 남북교류론 등은 국민을 현혹하고 통일을 위한 우리의 노력에 혼란만을 가져올 뿐 아무런 도움이 되지 못한다. 우리의 모든 지혜와 노력을 한데 모아 서두르고 있는 조국근대화 작업과 자립경제 건설이야말로 통일을 위한 진취적 계획이며, 국토통일은 자립과 근대화의 중간목표가 달성된 연후에 비로소 가능하다."[라]

다) 이상우, 『박정권 18년: 그 권력의 내막』(동아일보사, 1986), 221쪽.
라) 이상우, 위의 책, 223쪽.

한국비료 사건: 박정희와 이병철의 합작 음모

『중앙일보』에 대한 견제 심리?

1966년 5월 24일, 부산세관은 삼성이 경남 울산에 공장을 짓고 있던 한국비료에서 사카린 2천259포대(약 55톤)를 건설자재로 꾸며 들어와 판매하려던 걸 적발하였다. 당시 사카린은 값이 비싼 설탕 대신에 식료품의 단맛을 내는 데 쓰이던 주요 원료였다. 부산세관은 1천59포대를 압수하고 벌금 2천여만 원을 매겼다. 이게 세칭 '한국비료 사카린 밀수' 사건의 시발이었다.

『경향신문』 9월 15일자 특종 보도로 이 밀수사건이 세상에 폭로되자, 신문들은 일제히 비분강개조의 비판을 쏟아냈다. 『동아일보』 9월 16일자 사설 〈삼성재벌의 밀수〉는 이렇게 주장했다.

"밀수, 그것은 곧 망국이다. 나라의 경제를 좀먹고, 나아가 나라를 망치는 흉악 중에서도 가장 가증스럽고 끔찍스러운 범죄 …… 또한 5·16 이후 이 망국행위를 근절키 위해 특별입법으로 '특정범죄가중처벌법' 까지 만들어 어떤 밀수항목에는 사형을 언도한 일까지 있다."[9]

『동아일보』 9월 17일자에도 〈대재벌이 밀수를 했다: 특혜밀수의 정치 파장〉 〈국민 분노케 한 파렴치〉 등과 같은 기사들이 실렸다.

이병철의 장남 이맹희는 거의 모든 언론이 이 사건으로 45일간 "삼성을 무차별 융단폭격"했다면서, 여기엔 『중앙일보』에 대한 견제 심리도 작용했다고 주장한다. 사건 발생 전 『중앙일보』 사장 홍진기가 신문 발행인들의 모임에서 한 다음과 같은 발언이 그들의 심기를 건드렸다는 것이다.

"신문도 어차피 상품이다. 그러므로 자율경쟁에 맡겨야 한다. 앞으로 『중앙일보』는 가격을 자유롭게 결정할 것이다. 비싸게 팔 수도 있지만 공짜로 돌릴 수도 있다. 부수는 무한정 늘려갈 것이다."

게다가 당시 삼성이 전주제지를 인수해 신문용지의 자체 수급이 가능해졌다는 점도 작용해, 평소 『중앙일보』가 삼성의 막강한 자금 지원 하에 공격적 경영을 하는 것에 불만이 많았던 신문들이 이 사건을 계기로 보복을 가하였다는 것이다.[10]

이와 관련, 이병철도 3년 후인 1969년 2월 14일 삼성그룹 전 임원들에게 다음과 같이 말했다.

"지금 생각해보면 정치적으로 누군가가 작용을 많이 한 것 같은 느낌이 들기도 합니다. 누가 했는지 그것은 말할 필요조차 없습니다. 아마 우리 『중앙일보』가 미워서 그렇게 된 것이 아닌가 생각됩니다. 그때 보니까 주로 신문이 동원되었으니 신문을 동원시킨 장본인이 있겠지요. 『중앙일보』를 보면 다른 신문이 10년이 걸려서 20만 부를 발행하게 되어도 큰 성공이라도 말하고 있었는데 우리는 1년 만에 30만 부 이상을 발행하

---

9) 특별취재반, 〈중앙일보 '삼성' 감싸기: "한국비료 사카린밀수 사실과 다르다"〉, 『한겨레』, 2001년 4월 3일, 1면.
10) 이맹희, 『묻어둔 이야기: 이맹희 회상록』(청산, 1993), 156쪽.

고 있었습니다. 『중앙일보』가 너무나 빨리 발전되는 바람에 다른 신문은 모두 그것을 시기했을 것입니다. 그러니 '차제에 이걸 없애버리자' 그렇게 된 것 같기도 합니다. 그때 『중앙일보』가 넘어지지 않은 것이 당시의 형세를 회상해 볼 때 이상한 일입니다. 1주일만 두들겨도 없어질 것이 명약관화한데 1년을 계속 맞아도 『중앙일보』가 건재한 것이 이상하다는 말도 들어 왔었습니다."[11]

'중앙 매스컴'의 삼성 지원사격

그러나 피장파장이었다. '미움'과 '시기'에 의한 언론권력의 동원과 보복은 이병철도 즐겨 쓰는 수법이었다. 누가 더 힘이 센가 하는 약육강식(弱肉强食)의 이전투구(泥田鬪狗), 그게 진실이었다. 이병철이 위와 같은 말을 한 지 얼마 되지 않아 이병철의 동양방송과 『중앙일보』도 언론권력으로서의 횡포를 유감없이 부린 사건이 일어나는데 그게 바로 1969년 4월에 일어난 '미원-미풍 조미료광고 방송사건'이었다.

이 '한국비료 사카린 밀수' 사건에서도 『중앙일보』는 삼성을 옹호하는 지원사격에 나섰다. 『중앙일보』는 9월 16일자 3면에 〈사카린 밀수보도 사실과 다르다〉는 제목 아래 "직원 개인의 비행이다. 기재 도입에 부당 삽입. 즉각 적발 자진 신고했다. 이미 5월에 의법 조치" "불미한 행위 회사선 몰랐다"고 보도했다.

『중앙일보』는 다음날에도 7면에서 부산 세관장의 말을 빌어 "정당한 절차 따라 처벌했다. 밀수품 아니며 내 책임 하에 처리"했다고 주장했다. 같은 날 사설 〈기업과 언론의 사회적 책임〉은 "이번의 사카린 원료 밀수 사건도 정확한 경위가 이미 관계기관에 의해 발표됐거니와 왜곡되거나

---

11) 정진석, 『한국 현대언론사론』(전예원, 1985), 436쪽.

사카린 密輸報道

事實과 다르다

職員個人의 非行이

이미 5月에 依法조치

機材導入에 不當挿入 즉각摘發·自進申告

不美한行動 會社선몰랐다

「韓肥」저도 해명

밀수사건이 사실과 다르다는 내용으로 한국비료 측의 해명을 담은 1966년 9월 1일자 『중앙일보』.

무분별한 흠이 없지 않은 세론이 비생산적이고 인심을 쓸모없이 자극하는 방향으로 흐르지 않게 되기를 바라마지 않는다"고 주장했다.[12]

『중앙일보』 9월 19일자 1면엔 〈벌과금은 한비와 무관〉, 7면엔 〈양벌죄 적용 불가 재수사 필요없다/한국비료는 관계없고 부산세관 처분도 적법〉이라는 제목의 기사가 실렸다. 이날 자 사설 〈재벌이란 무엇인가〉는

---

12) 특별취재반, 〈중앙일보 '삼성' 감싸기: "한국비료 사카린밀수 사실과 다르다"〉, 『한겨레』, 2001년 4월 3일, 1, 3면.

이런 주장을 폈다.

"재벌과 밀수를 등식적으로 규정한다든지 심지어는 재벌과 밀수, 그리고 정부가 일련의 관계를 갖는 함수관계에 있는 것처럼 여론이 비등되고 있는 데는 논리의 비약과 사회체제의 부정이란 측면이 내포되어 있는 것이므로 이러한 방향으로 일반적인 사고가 굳어질 때 파생될 문제를 그대로 간과해서는 안 될 것으로 생각한다."[13]

동양텔레비전과 동양라디오까지 나서는 등 삼성 비호에 전 '중앙 매스컴'이 총동원되었다. 9월 18일 아침 9시 30분에 방영된 〈일요응접실〉이라는 교양프로그램에서는 『중앙일보』 논설위원 신상초, 서울대 교수 김기두를 출연시켜 비호 방송을 하였으며, 그날 저녁 7시 〈석양의 데이트〉라는 프로그램에선 이대 출판부장 정충량, 황성모, 『중앙일보』 논설위원 김승한, 경희대 교수 박경화 등의 지식인을 출연시켜 한국비료 밀수행위를 비호하였다.[14]

물론 이들 중엔 삼성보다는 박 정권에 더 문제가 있다는 생각에서 나선 이들도 있었지만, 중앙 매스컴의 일방적인 삼성 비호에 대한 여론은 좋지 않았다. 그런 여론에 편승하여 박정희는 9월 21일 재벌과 언론의 완전 분리 방안을 연구하라는 지시를 내렸다.

"이번 삼성 사건을 보고 재벌이 언론을 독점해 사물(私物)시 하는 폐단을 막을 필요성이 있다. 재벌과 언론기관의 완전분리, 특정인에 의한 언론기관의 독점소유 배제를 위한 법적 조치를 연구하라."

박정희의 지시는 경영과 편집의 분리, 신문과 방송의 겸업 금지 등의 내용을 뼈대로 하는 '언론의 공익성 보장을 위한 법률안' 제출 움직임으로까지 발전했지만, 그건 박정희의 진심은 아니었다. 박정희가 원한 건

---

13) 특별취재반, 〈중앙일보 '삼성' 감싸기: "한국비료 사카린밀수 사실과 다르다"〉, 『한겨레』, 2001년 4월 3일, 3면.
14) 김해식, 『한국언론의 사회학』(나남, 1994), 204~205쪽.

자신에 대한 복종이었지, 제도적인 공정성 확보가 아니었다. 그래서 박정희의 지시는 동양방송의 사과방송과 출연자의 1개월간 방송출연 금지 정도로 마무리되고 말았으며, 그 어떤 제도적 변화도 이뤄내지 못했다.[15]

김두한의 인분 세례 사건

삼성에게 정작 큰 사건은 9월 22일 국회에서 일어났다. 그날 대정부질문 첫 발언자로 민주공화당 이만섭이 나섰다.

"여러분이 아시다시피 이병철 씨가 천인공노하게도 사카린을 밀수해온 국민을 격분시켰습니다. 그러나 국회는 서울시의 육교가 어떠니 저떠니 하면서 시간을 허비했습니다. 이런 중차대한 때에 여야 총무단은 무얼 하고 있습니까. 나는 이것이 불만입니다. 이병철 씨를 왜 구속하지 않습니까. 법정 최고형을 적용해야 합니다. 부산세관장은 왜 잡아넣지 않습니까. 그 사람은 직무유기를 하지 않았습니까. 지금 정부에서 수사하는 것을 보면 송사리만 잡는다는 인상을 주고 있습니다."

뒤이어 민중당의 김대중도 이병철의 즉각 구속을 주장하며 이만섭의 주장을 거들었다.[16]

뒤이어 김두한이 올라왔다. 그는 흰 보자기에 싼 두 개의 통을 들고 책상 위에 올려놓았다. 그는 자신의 항일투쟁, 반공투쟁 경력 등을 소개한 뒤에 이렇게 말했다.

"5·16 군사혁명을 일으킨 현 정권이 민주주의를 파괴하고 또 국민의 참정권을 박탈하는 것까지는 용서할 수 있으나, 전 국민의 대다수를 빈곤으로 몰아넣고 몇 놈에게만 특혜조치를 주고 있는 건 용서할 수 없습

---

15) 특별취재반, 〈중앙일보 '삼성' 감싸기: "한국비료 사카린밀수 사실과 다르다"〉, 『한겨레』, 2001년 4월 3일, 3면; 김해식, 『한국언론의 사회학』(나남, 1994), 205쪽.
16) 이만섭, 〈나의 이력서: 사카린 밀수사건①〉, 『한국일보』, 2002년 7월 30일, 27면.

니다. 대통령이 여기 나왔다면 한번 따지고 싶지만 없으니 국무총리를 대통령 대리로 보고, 또한 총리와 장관들은 3년 몇 개월 동안 부정과 부패를 합리화한 피고로 다루겠습니다."

김두한은 이어 "배운 게 없어서 말은 잘 할 줄 모르지만, 다른 사람이 할 줄 모르는 행동은 잘 할 수 있습니다"라고 말하더니 들고 온 통을 들고 국무위원석으로 다가갔다. 그는 "이것은 재벌이 도둑질 해 먹는 것을 합리화시켜 주는 내각을 규탄하는 국민의 사카린이올시다"라고 외치면서 통에 든 걸 뿌렸다. "똥이나 처먹어, 이 새끼들아. 고루고루 맛을 봐야 알지."

총리 정일권, 경제기획원 장관 장기영, 재무장관 김정렴, 법무장관 민복기, 상공장관 박충훈 등 국무위원들은 미처 피할 틈도 없이 인분을 뒤집어쓰고 말았다. 그 인분은 파고다공원 화장실에서 가져온 것이었다. 나중에 왜 하필이면 파고다공원 화장실의 인분을 가져 왔느냐는 검사의 질문에 김두한은 이렇게 답했다.

"파고다공원에는 말이요, 일본놈들과 싸우던 우리 민족의 얼이 담겨져 있단 말이요! 3·1 독립운동을 일으킨 우리의 선열들의 넋이 깃들어 있는 곳이 바로 파고다공원이 아니겠소. 일본놈들에게 또 다시 경제 침략을 당하는 짓들을 하고 있으니까 내가 의분을 참지 못해 파고다공원의 오물을 퍼오게 해서 이것을 국무위원을 향해서 뿌린 것이오."

김두한의 인분 세례에 국민은 박수를 쳤지만 국회 분위기는 해도 너무 했다는 것이었다. 김두한은 제명을 당했다. 정일권 내각은 인분 세례에 항의해 일괄 사표를 제출하였으며, 박정희는 이 사건을 개탄하는 특별공한을 국회에 보냈다. 이 사건의 여파로 법무장관 민복기, 재무장관 김정렴이 해임되었다.[17]

---

17) 이만섭, 〈나의 이력서: 사카린 밀수사건②〉, 「한국일보」, 2002년 7월 31일, 27면.

실패로 돌아간 이병철의 '오리발 작전'

큰일 났다고 생각한 이병철은 사건 당일인 9월 22일 서둘러 기자회견을 갖고 한국비료의 국가 헌납과 자신의 경제계 은퇴를 발표했다. 이병철은 "외자 5천만 불과 내자 20억 내지 30억이 투입된 거대한 규모의 한비가 500만 원 내지 1천만 원 때문에 밀수를 했겠는가는 상식의 판단에 맡긴다. 그러나 한비 관계 밀수 사건에 대해 무어라고 말할 수 없을 정도로 절실한 책임감을 느끼고 국민 여러분들에게 사과드린다"고 밝혔다.[18]

대검찰청은 9월 24일 이병철의 차남인 상무 이창희를 구속하고, 10월 6일 수사결과를 발표하는 것으로 이 사건을 마무리 지었다. 헌납각서까지 썼던 이병철은 도중에 각서 내용을 부인하는 한편 사카린 밀수 사건이나 헌납 사건은 정부와 일부 과격한 언론이 만든 조작극이라고 주장해 물의를 빚기도 했다.

당시 중앙정보부 감찰실장이었던 방준모는 이병철의 그런 '배짱' 또는 '오리발 작전'이 '박 대통령과의 밀착' 때문이었을지도 모른다며, 이병철의 '배짱'을 돌려놓기 위해 중앙정보부가 개입한 사실을 털어 놓았다. 방준모는 이병철을 불러 이렇게 겁을 주었다고 한다.

"저는 정보와 여론수집 차 민중 속에 뛰어드는 시간이 많습니다. 이 회장님에 대한 국민의 원성이 대단합니다. 시내 아이스크림점을 도산케 하고, 골동품에 투자하며, 외국에서 소모품만 수입해서 돈을 벌어 우리나라를 더욱 가난하게 만드는 매판자본가라는 비난이 시내에 쫙 퍼져 있습니다. 다시 혁명이 일어나면 종로 네거리에 끌어내어 처단해야 한다는 말까지 떠돌고 있습니다. 이번에 한비공장을 건설함으로써 생산업에 손대셨는데, 사카린 밀수 사건이 터져 삼성의 이미지가 더욱 엉망이 되었

---

18) 정운현, 『호외, 백년의 기억들: 강화도조약에서 전두환구속까지』(삼인, 1997), 152쪽.

습니다. 이런 여론은 중앙매스컴을 아무리 동원해도 지울 수 없는 깊은 상처들입니다."[19]

그런 압력과 더불어 헌납 교섭을 맡았던 부총리 장기영이 해임되자, 이병철은 개각 1주일 만인 67년 10월 11일 자신의 지분인 한비 주식 51%를 국가에 헌납하는 백기를 들었다.[20]

삼성의 2천억 원대 밀수

이 사건으로 인해 삼성 직원들은 정보부 등에 끌려가서 고춧가루 고문과 전기 고문을 받는 등 된통 당해야 했다.[21] 그러나 이 사건의 주범은 따로 있었다. 이병철의 장남 이맹희는 회고록에서 이 사건은 박정희와 이병철의 공모 아래 정부기관들이 적극 감싸고 돈 엄청난 규모의 조직적인 밀수였다고 주장했다. 자신이 사카린 밀수를 현장 지휘했다고 밝힌 이맹희는 이렇게 말했다.

"65년 말 시작된 한국비료 건설 과정에서 일본 미쓰이는 공장 건설에 필요한 차관 4천200만 달러를 기계류로 대신 공급하며 삼성에 리베이트로 100만 달러를 줬다. 아버지는 이 사실을 박 대통령에게 알렸고, 박 대통령은 '여러 가지를 만족시키는 방향으로 그 돈을 쓰자'고 했다. 현찰 100만 달러를 일본에서 가져오는 게 쉽지 않았다. 삼성은 공장 건설용 장비를, 청와대는 정치자금이 필요했기 때문에 돈을 부풀리기 위해 밀수를 하자는 쪽으로 합의했다. 밀수 현장은 내가 지휘했으며, 박 정권은 은밀히 도와주기로 했다. 밀수를 하기로 결정하자 정부도 모르게 몇 가지

19) 문일석, 「KCIA 비록(秘錄)-X파일 1: 중앙정보부 전 감찰실장 방준모 전격증언」(한솔미디어, 1996), 199, 206~207쪽.
20) 특별취재반, 〈중앙일보 '삼성' 감싸기: "한국비료 사카린밀수 사실과 다르다"〉, 「한겨레」, 2001년 4월 3일, 3면; 정운현, 「호외, 백년의 기억들: 강화도조약에서 전두환구속까지」(삼인, 1997), 152쪽.
21) 이맹희, 「묻어둔 이야기: 이맹희 회상록」(청산, 1993), 140쪽.

욕심을 실행에 옮기기로 했다. 이 참에 평소 들여오기 힘든 공장기계나 건설용 기계를 갖고 오자는 것이다. 당시 밀수 총액은 요즘으로 치면 2천억 원에 해당했다. 밀수한 주요 품목은 변기 · 냉장고 · 에어컨 · 전화기 · 스테인리스판과 사카린 원료 등이었다."[22]

당시 대검 특별수사반의 부반장으로 이병철을 수사했던 이택규는 "6년 뒤 한비 공장 앞마당에서 양변기와 전화기 등 묻혀 있던 수입품이 무더기로 쏟아져 나왔다"고 증언했다.[23]

이는 밀수품의 판매가 여의치 않았다는 걸 말해준다. 양변기의 경우, 부유층은 외제 화장실 양변기를 사용하고 있었지만 국내 생산품은 전무하던 상태였다. 그래서 양변기 하나에 외국에서는 3만 원이면 구입할 수 있는 걸 한국의 암시장에선 15만 원이었다. 그러니 양변기를 밀수하면 5배 장사가 가능했다. 그러나 그건 어디까지나 이론이었다. 삼성이 1차로 양변기 100개를 남대문 암시장에 풀었더니 가격이 10만 원으로 떨어졌다. 스테인리스판도 조금만 물량을 내놓아도 가격이 그런 식으로 떨어졌다. 냉장고, 에어컨도 마찬가지였다. 이는 그만큼 국내 시장 규모가 작았다는 걸 의미하는 것이었다.[24]

당시 중앙정보부장이었던 김형욱의 증언이다.

"그 품목들이 사카린은 물론 표백제, 전화기 제품, 수세식 변기, 심지어 목욕하는 욕조에 이르기까지 1만여 가지에 달하고 있었다. 울산 현장에서 나의 요원들이 조사를 시작하자 이병철 측은 당황하여 물건들을 모래사장에 묻기도 하고, 바다에다 버리기도 하면서 난리를 치고 있는 것을 나는 손바닥을 들여다보듯 환히 파악하고 있었다. 이병철 측은 그중

---

22) 특별취재반, 〈중앙일보 '삼성' 감싸기: "한국비료 사카린밀수 사실과 다르다"〉, 「한겨레」, 2001년 4월 3일, 3면에서 재인용.
23) 허용범, 「한국언론 100대 특종」(나남, 2000), 99쪽.
24) 이맹희, 「묻어둔 이야기: 이맹희 회상록」(청산, 1993), 142~143쪽.

일부를 황급히 미쯔이물산 측에 되돌려 보내려고까지 했는데 미쯔이 측이 이를 거절하자 처분 못한 물건들을 홍콩으로 다시 밀수출 하려다가 우리 요원들에게 덜미를 잡히기도 하였다."[25]

박정희의 배신

이맹희의 증언에 따르자면, 한국비료는 박정희-이병철 합작사업이었다. 한국비료를 대선용으로 구상한 박정희는 67년 대통령 선거 전에 한국비료를 꼭 완성시켜 줄 것을 이병철에게 요구했고, 그 목표 달성을 위해 사실상 밀수에 같이 뛰어든 것이었다.[26]

그러나 종국에 박정희는 이병철을 배신했다. 박정희가 공식석상에서 "재벌 밀수는 반국가 행위"라고 말했을 때부터 박정희는 이미 그런 결심이 섰을 것이다. 9월 20일경 이병철은 이맹희에게 "맹희야, 정치한다는 사람들 믿지 마라"고 말했다고 한다.

"이상한 눈치를 채고 내가 '박 대통령과 무슨 이야기가 있었습니까?'라고 물었더니 아버지 입에서는 평생 듣지 못한 말이 나왔다. 박 대통령을 두고 한 욕설이었다. 아버지가 입 밖에 내는 욕설이라는 것이 '나쁜 사람'이라는 정도를 넘지 않는다고 알고 있는 나로서는 당황할 정도로 심한 표현이었다. '너무 약고 의리가 없다'는 내용을 담은 표현이었다고만 해두자. 아버지가 전하는 내용에 의하면, 처음 밀수를 제안한 것도 박 대통령이었고 밀수의 진행 상황도 뻔히 알고 있는 상태에서 박 대통령이 한비 사건에 대해서 모른 척 하기 시작했다는 것이다. 더욱이 그 밀수의 목적도 정치자금의 마련을 위한 것이 아니었던가?"[27]

---

25) 김경재, 「혁명과 우상: 김형욱 회고록 ②」(전예원, 1991), 169~170쪽.
26) 이맹희, 「묻어둔 이야기: 이맹희 회상록」(청산, 1993), 131쪽.
27) 이맹희, 위의 책, 160~161쪽.

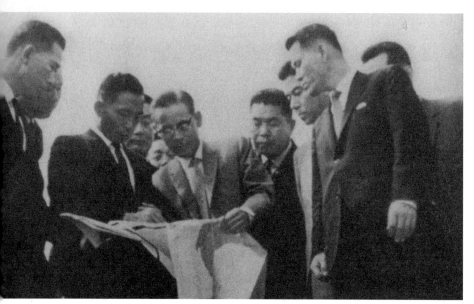

1965년에 한국비료 울산부지를 둘러보는 박정희와 이병철(바로 옆).

이맹희는 박정희의 배신과 아버지의 은퇴에 대해 이렇게 말했다.

"정치인의 입장에서 그렇게 태도를 바꿀 수밖에 없었던 사정은 이해할 수도 있었지만 당시 박 대통령의 태도는 너무나 냉혹했다. 아버지는 당시 56세에 불과했다. 아직 기업을 은퇴할 나이는 아니었다. 아니 한창 기업을 성장시키고 활동할 연세였다. 그러나 정권에 대한 실망감 외에도 여러 가지 요인들이 아버지를 젊은 나이에 은퇴하도록 몰아치고 있었다. 일단 최고 실권자인 박 대통령의 신임이 떨어졌다고 소문이 나자 갖가지 규제와 압력이 삼성에 가해지기 시작했다. 대표적으로 정치자금에 관한 문제가 그러했다. 그동안 정치자금에 대해서는 입도 벙긋하지 않았던 숱한 정치인이 삼성에 손을 벌리기 시작했다. 정치판은 냉혹하다는 느낌을 지나서 추잡하게 느껴질 정도였다. 강한 자에게는 한없이 약하고 약한 자에게는 한없이 강한 면을 보여주고 있었다."[28]

그러나 '강한 자에게는 한없이 약하고 약한 자에게는 한없이 강한' 건 대기업들도 마찬가지였다. 특히 삼성이 그랬다.

조갑제는 "만약 이맹희가 이런 고백을 1966년 당시에 했더라면 아무리 강력한 박정희 정권이라 하더라도 무너졌을지 모르겠다는 생각이 들 성도로의 충격적인 내용이다"고 말한다.[29] 그러나 66년의 한국 사회는 그런 고백이 가능했던 시대가 아니었다. 권력 실세에 대한 암살 음모마저 여러 건 기획되었던 당시 상황에서 그런 고백을 하려는 사람은 고백하기 전에 쥐도 새도 모르게 죽임을 당했을 게 뻔하다.

"박정희야말로 밀수 왕초"

시간이 흐르면서 신문들도 잠잠해졌다. 계속 이의를 제기할 수 있는 사람은 학생들과 일부 민주화 투사들뿐이었다. 66년 9월 27일 서울대생들은 삼성재벌 밀수규탄 성명서를 발표했다. 10월 8일 서울대 법대생 250명은 밀수규탄 성토대회를 열었다.

10월 15일 민중당은 대구 수성천변에서 '특정재벌 밀수진상폭로 및 규탄국민대회'를 개최했다. 이 대회에서 장준하는 "박정희야말로 우리나라 밀수 왕초다" "존슨 대통령이 방한하는 것은 박정희 씨가 잘났다고 보러 오는 것이 아니라 한국 청년의 피가 더 필요해서 오는 것이다"라고 말했다.[30]

10월 17일 서울대 문리대 '반(反)밀수재벌 학생투쟁위원회'는 "민족의 피를 빤 이병철을 즉각 구속하고 민족적 대죄를 진 악덕재벌의 재산을 몰수하라. …… 조국의 경제적 질서를 도괴시키고 살쪄가는 밀수의

28) 이맹희, 『묻어둔 이야기: 이맹희 회상록』(청산, 1993), 166쪽.
29) 허용범, 『한국언론 100대 특종』(나남, 2000), 99쪽에서 재인용.
30) 정진석, 『한국 현대언론사론』(전예원, 1985), 230쪽.

아성과 미쓰이를 비롯한 일본 상사를 즉각 추방하라"는 내용의 결의문을 채택했다.[31]

10월 26일, 대구에서의 발언 때문에 장준하가 구속되었다. 무엇보다도 "박정희야말로 우리나라 밀수 왕초다"라는 말이 박정희를 분노케 했을 것이다. 그건 진실이었기 때문이다. 장준하는 두 달 후인 12월에 석방되었고, 이듬해의 공판에서 징역 6월에 집행유예를 선고받았다.

---

31) 이재오, 『해방후 한국학생운동사』(형성사, 1984), 253쪽.

김두한의 배후엔 김종필이 있었나?

김두한의 인분 세례 사건은 김종필 배후설로 이어졌다. 사건 직후 청와대에서의 만찬에서 중앙정보부장 김형욱은 박정희에게 "각하, 이번에 김두한이 오물을 뿌린 것은 김종필이가 시켜서 한 짓이 틀림없습니다"라고 말했다.

"그럴 리가 있나. 김 부장이 잘못 알았겠지."

"틀림없습니다. 사카린 밀수 사건을 처음 보도한 것이 『경향신문』인데, 그건 JP계열인 김용태 의원이 정보를 흘려주었기 때문입니다. 그리고 김두환이 형무소에 갈 때도 역시 JP계열인 김택수 의원이 5만 원짜리 수표를 건네주었습니다. 또 그날 연설 내용을 보더라도 이후락 부장 등은 심하게 공격하면서도 김종필은 동정하는 투였습니다."

청와대 비서실장 이후락도 김형욱의 편을 들어 주었다. 그러자 박정희도 "그렇다면 김 부장이 김두한이를 끝까지 다그쳐서 자백을 받아 내"라고 말했다. 그 자리에 있었던 이만섭은 나중에 박정희를 독대해 결코 그렇지 않다고 반론을 폈다.

"오늘 이야기는 사실과 전혀 다릅니다. 『경향신문』 기사는 울산지국에서 올라온 것이고, 김택수 의원이 돈을 건네 준 것은 사식이라도 사 먹으라고 인간적인 정리에서 준 것입니다. 김택수 의원이 본래 인정이 많은 사람 아닙니까. 김 의원은 누구한테 사주를 받아 연설할 그런 인물이 아닙니다."

그러나 이때에 김종필 견제의 필요성을 강하게 느끼고 있던 박정희는 이만섭의 직언을 받아들이지 않았다. 오히려 좋은 기회라고 생각했을 것이다. 박 정권 핵심부의 권력투쟁의 와중에서 억울하게 당한 건 김두한이었다. 이만섭은 이렇게 말한다.

"김두한 의원은 이후 중앙정보부에 끌려가 말 못할 고초를 겪었다. 몇 달 뒤 을지로의 화정이라는 음식점에 들렀다가 김두한 의원 부부와 마주쳤을 때 나는 눈을 의심해야 했다. 몸이 수척해진 건 그렇다 치더라도 옛날의 그 당당하던 기개를 찾아볼 수 없었다. 얼마나 심한 고문을 당했던지 내 눈빛조차 피할 정도였다. 말도 또렷하지 않았다. 순간 마음이 아파 눈시울이 뜨거워졌다. 김두한 의원은 그래도 고집이 있어 7대 국회의원 선거 때 수원 화성에서 출마했으나 떨어지고 말았다. 그후 시름시름 앓다가 세상을 떠났다. 더 큰 일을 할 수 있는 사람이 폭력에 짓밟혀 어처구니없이 말년을 망친 것이다. 그를 생각하면 지금도 안타까움을 가눌 길이 없다."가)

_____

가) 이만섭, 〈나의 이력서: 사카린 밀수사건③〉, 「한국일보」, 2002년 8월 1일, 25면.

존슨의 방한(訪韓): 광적인 환영

미 부통령 험프리의 방한(訪韓)

미국은 65년 10월 말부터 한국군 2만 명 추가 파병을 요청했다. 이는 한국으로선 제4차 파병이었다. 이를 위해 미국 부통령 험프리가 66년 1월 1일 방한했다. 존슨의 친서를 휴대한 험프리는 노골적으로 파병을 통사정했고 박정희는 수락했다.

그런데 2월 7일 하와이 호놀룰루에서 미국과 월남이 한국엔 한마디의 상의도 없이 두 나라만의 정상회담을 열었다. 미국 다음으로 많은 병력을 보낸 한국을 무시하다니! 박정희는 노발대발했다. 외무장관 이동원은 "각하, 이번 기회에 이걸 트집 잡아 한 건 올리는 게 좋겠습니다"라고 제안했다. 이동원의 제안에 따라 박정희는 미 대사 브라운을 불러 지금까지의 약속을 없었던 걸로 하자고 통고했다.[32]

---

32) 이동원, 『대통령을 그리며』(고려원, 1992), 130~133쪽.

깜짝 놀란 미국은 2월 22일 다시 험프리를 파견했다. 이 두 번째의 방문에서 험프리는 역사에 길이 남을 '미사여구(美辭麗句) 성명'을 발표하였다.

"우리는 우방이며 우리는 친구다. 오늘의 한국은 미국과 한국을 합친 것만큼이나 강하고, 오늘의 미국은 한국과 미국을 합친 것만큼 강하다. 북한이 남침을 강행하면 우리는 이것을 미 본토에 대한 침공으로 간주하여 즉각 응징할 것이다. 미국은 한국 땅에 단 한 사람의 미군이 거주하더라도 1억9천만 전 미국인이 한국에 함께 살고 있는 것으로 간주한다."

훗날(70년 2월) 미 상원 외교위원회의 사이밍턴 청문회에서 상원 외교위원장 풀부라이트는 이 성명을 가리켜 "미국 역사상 일찍이 들어본 적 없는 미사여구로 가득찬 것"이라고 비아냥거렸다.[33]

그러나 그럴 만한 사연이 있었다. 이동원이 '한 건 올리려' 했던 건 미 의회의 동의를 얻어야 출병이 가능한 한미방위조약을 '미 의회의 동의 없이'로 바꾸는 일이었다. 그러나 험프리는 그건 곤란하다며 거절했다. 험프리는 월남 파병 문제로 아쉬운 소리를 하러 온 처지에 그 정도의 '한 건'도 들어주지 못한 게 마음에 걸려 그런 허황된 립서비스를 베푼 것이었다. 이동원에 따르면, "비록 미사여구의 사탕발림일지라도 험프리는 한국을 떠나며 신문에 크게 떠벌리고 감으로써 국내의 분위기를 고무시켰던 것이었다."[34]

'용병 시비'만 낳은 '브라운 각서'

험프리가 다녀간 지 닷새 후에 국무회의는 추가 파병안을 의결하였

---

33) 한홍구, 『대한민국사 02: 아리랑 김산에서 월남 김상사까지』(한겨레신문사, 2003), 79~80쪽.
34) 이동원, 『대통령을 그리며』(고려원, 1992), 134쪽.

다. 박정희는 파병안의 국회통과를 앞두고 66년 3월 7일 미 대사 브라운을 통해 한국군 장비 현대화, 차관 제공, 장병의 처우개선 등 14개항의 선행조건을 제시해 이른바 '브라운 각서'를 받아냈다.[35]

당시 한국군이 베트남에서 받는 월급은 미군의 6분의 1, 필리핀이나 태국군의 4분의 1 수준이었다. 사병들은 심지어 자기 나라 땅에서 싸우는 남베트남 정부군보다 못한 보수를 받는 형편이었다. 그래서 험프리가 방한 중이던 66년 2월 22일 한국부인회는 미군 수준의 "처우개선이 완전 보장되지 않는 한 월남전선에 국군 증파는 절대로 반대한다"는 성명을 발표하기도 했다.[36]

그러나 한국군의 처우개선 요구와 이에 호응한 '브라운 각서'는 박 정권이 처음에 내세운 파병의 명분과는 많이 다른 것이어서 한국군이 미국의 용병(傭兵)이 아니냐는 '용병 시비'를 낳게 된다. 게다가 외무장관 이동원과 브라운이 교환한 '브라운 각서'는 나중에 제대로 지켜지지도 않아 한국이 뒤통수를 맞는 꼴이 돼 버리고 말았다.[37]

제4차 파병안은 3월 20일 국회를 통과하였다. 국회에서 반대표는 단두 사람(박종태 반대, 서인석 결석)뿐이었다. 66년 8월 백마부대가 파병되었다. 제1야당인 민중당 대표 박순천은 66년 9월 베트남을 시찰하였다.[38] 박순천은 베트남 시찰 후 다음과 같은 내용의 글을 발표하였다.

"탄손누트 비행장에 내려 베트남의 땅에 높은 국기게양대에 태극기가 휘날리는 것을 본 순간 나는 감격의 울음을 터뜨리고 흐르는 눈물을 금할 수가 없었다. 비행기가 공항에 접근하면서 비옥한 베트남의 땅이 눈

35) 정승욱, 〈68년 박정희 "북 공격" 요구 … 미서 "반대": 역대대통령 통치사료 1302건 발견〉, 『세계일보』, 2002년 1월 10일, 5면.
36) 한홍구, 〈박정희 정권의 베트남 파병과 병영국가화〉, 『역사비평』, 제62호(2003년 봄), 129쪽.
37) 김교식, 『다큐멘터리 박정희 3』(평민사, 1990), 119~120쪽.
38) 박순천은 65년 7월 여야 영수로서 박정희와 청와대에서 회담을 가진 이후로는 대(對)정부 태도가 눈에 띄게 부드러워졌다. 이상우, 『박정권 18년: 그 권력의 내막』(동아일보사, 1986), 175쪽.

아래 펼쳐지는 것을 보면서 나는 역사상 침략만 받았던 우리 민족이 수천만 리 남의 나라 땅에 군대를 파견한 위업에 가슴의 고동을 금할 수가 없었다. 이 비옥한 땅이 우리의 것이면 얼마나 기쁜 일이겠나 하고 생각하였다."[39]

여야(與野)가 죽이 잘 맞았다. 66년 10월 베트남을 방문하고 돌아온 박정희는 "우리는 이제 새 시대 새 역사의 무대에서 영광스러운 주역"으로 "과거의 인종과 굴욕에서 탈피, 어엿한 주권 성년국가로서 발전"했다고 주장했다.[40]

박정희와 존슨의 '사랑 나누기'

미국 대통령 존슨의 방한은 10월 31일로 예정돼 있었다. 앞서 말했듯이, 장준하는 10월 15일 "박정희야말로 우리나라 밀수 왕초다" "존슨 대통령이 방한하는 것은 박정희 씨가 잘났다고 보러 오는 것이 아니라 한국 청년의 피가 더 필요해서 오는 것이다"라고 말했다가 10월 26일에 구속되었다.

존슨을 형님처럼 받드는 박정희에게 그런 비난은 용납하기 어려운 것이었으리라. 두 사람은 베트남 파병으로 맺어진 혈맹(血盟), 아니 혈우(血友)관계였다. 외무장관 이동원은 박정희와 존슨의 관계를 '사랑 나누기'로 표현했다.

"박 대통령은 아홉 살이나 많은 존슨을 형님처럼 대하며 따뜻한 정을 느꼈고 존슨 또한 작고 패기에 찬 박 대통령이 자신의 마음을 이해해 주는 데 감동을 받았다. 아무튼 당시 청와대의 표정은 건국 이래 가장 화평

39) 리영희, 『역설의 변증: 통일과 전후세대와 나』(두레, 1987), 206쪽.
40) 한홍구, 〈박정희 정권의 베트남 파병과 병영국가화〉, 『역사비평』, 제62호(2003년 봄), 131쪽.

하지 않았나 기억된다. 물론 당시는 미국이 재채기 시늉만 해도 우린 감기약을 삼켜야 했던 때이긴 하지만 워낙 박 대통령과 존슨이 가깝게 지내자 외교가에선 '서울은 워싱턴의 뒷골목'이란 소리까지 나돌 정도였다."[41]

국가 원수들의 관계가 '형님 아우' 하는 개인적인 관계일 수는 없었다. 한미 밀월관계는 베트남 파병 건으로 맺어진 한미유착(韓美癒着)이었다. 그건 한국비료 사건에서 나타난 정경유착과 비슷한 성격의 유착이었다. 이 두 가지 유착 모두 배신의 요소를 안고 있었다.

박정희는 존슨 환영을 위해 1억5천만 원을 투입했다. 양국 국기 100만 개, 국화 5만여 송이가 준비되었다. 거구인 존슨을 위해 홍콩에서 특제 대형 침대가 긴급 공수되었다. 한양대에서 존슨이 묵을 워커힐 뒤편 빌라까지 이틀 밤을 새워 자갈길을 포장도로로 바꾸었다. 이는 그야말로 "도깨비 방망이만이 가능한 일을 존슨을 위해 뚝딱 해치운 셈"이었다.[42]

손정목은 이렇게 회고한다.

"한국전쟁 이후로 미국은 한국 최대의 맹방이었고 따라서 미국 대통령이 방한할 때는 언제나 범정부적인 환영 행사가 대대적으로 전개되었다. 특히 입국할 때, 김포공항─서울시청 앞까지의 거리에 동원되는 환영 인파는 지금 냉정하게 돌이켜보면 오히려 수치스러울 정도로 광적인 것이었다. 그중에서도 특히 존슨 대통령이 방한한 1966년 10월 31일~11월 2일까지의 2박 3일간은 만 30년이 더 지난 지금까지 한 편의 화려한 연극무대처럼 잊혀지지 않는다."[43]

그 '화려한 연극무대 만들기'의 전말은 이랬다.

포스터 5만 장, 대형 아치 11개, 대형 탑 19개, 현판 7개, 대형 플래카

41) 이동원, 『대통령을 그리며』(고려원, 1992), 149~150쪽.
42) 이동원, 위의 책, 151쪽.
43) 손정목, 『서울 도시계획 이야기: 서울 격동의 50년과 나의 증언 ②』(한울, 2003), 119쪽.

드 9개도 준비되었다. 시청 앞 광장에는 30만 명이 넘는 인파가 집결해 2시간 넘게 질서정연하게 기다리고 있었다.

"시청 정문 앞에 동시로 64계단으로 이루어진 넓은 단상이 마련되었다. 단은 평화대라는 이름이 붙여졌고 계단에는 미모의 아가씨들이 늘어서 있었다. 300~400평이나 되는 평화대 주위는 수백 개의 국화꽃 화분으로 덮여 있었다. 시청 건물 상단에는 박 대통령과 존슨 대통령의 대형 초상화가 걸렸고 하늘에는 특별히 크게 만든 태극기·성조기가 나부꼈다."[44]

"정부도, 350만 서울 시민도 미쳤다"

존슨이 김포공항에 첫발을 내디딘 것은 31일 오후 3시 2분. 약 20분간의 환영 절차를 마친 일행이 공항을 출발한 것은 3시 25분. 김포에서 시청 앞까지 24km의 길은 환영 인파로 메워져 있었다. 존슨이 도착하는 31일은 월요일이었지만 오후 시간은 학교, 관청, 은행, 회사 등 모든 기관이 임시휴무하기로 국무회의에서 결정하였다. 총 동원 인원은 학생 100만, 시민 155만, 공무원 20만 명 등 모두 275만 명이었는데, 아무리 적게 잡아도 200만 명 이상이 동원된 건 확실했다. 당시 서울 인구가 350만 명이었는데 말이다.[45]

김포공항-용산 삼각지-시청 앞 광장에 이른 양쪽 연도에 늘어선 학생과 시민은 양국 국기를 열광적으로 흔들어댔다. 양국 국기 이외에도 존슨의 얼굴 만화가 그려진 도화지, 나무판자, 피켓의 물결이 넘실거렸다. 이걸 어찌 그냥 지나칠 수 있으랴.

---

44) 손정목, 『서울 도시계획 이야기: 서울 격동의 50년과 나의 증언 ②』(한울, 2003), 120쪽.
45) 손정목, 위의 책, 119쪽.

방문국마다 반미구호를 들어야 했던 존슨은 한국인의 열렬한 환대에 감격해 마지않았다.

"존슨이 탄 전용차는 멈추고 또 멈추어야 했다. 아홉 번이나 차에서 내려 환호하는 시민에 답례를 했다. 꼬마를 안고 입을 맞추었고 환영하는 시민들과 기념촬영도 했다. 그가 시청 앞 광장에 도착한 것은 공항 출발에서 1시간 40분이 지난, 5시 3분이었다. 경찰군악대의 '텍사스의 황색장미'가 울려 퍼졌고 3천 명 합창단이 경쾌한 '아리랑'을 불렀다. 한복차림의 여고생 20명이 꽃가루를 뿌리는 가운데 존슨 대통령은 평화대에 마련된 옥좌에 앉았다. 환영식은 정확히 35분이 걸렸다. 존슨 대통령의 연설은 정확히 13분이 걸렸는데 시민들은 열두 번 박수를 치며 환호성을 울렸다. 존슨 대통령에게는 생애 최고의 날이었다."[46]

존슨은 입이 귀밑까지 벌어져 "오늘은 내 생애 최고의 날이오. 사실 난 한국민들이 이토록 뜨겁게 날 사랑할 줄 미처 몰랐소. 만일 이런 경험도 없이 후일 은퇴를 했다면 난 무척 초라하고 슬펐을 것이오"라고 말했다.[47]

---

46) 손정목, 『서울 도시계획 이야기: 서울 격동의 50년과 나의 증언 ②』(한울, 2003), 123~124쪽.

그럴 만도 했다. 존슨이 다른 나라에서 환영을 받고 왔다 해도 한국의 열광적인 환영에 감격했을 터인데, 그는 전 세계적으로 일고 있던 반전 (反戰) 무드의 주 목표가 돼 있던 인물이 아닌가. 손정목은 이렇게 말한다.

"김포공항에 도착할 때까지의 존슨 일행은 결코 유쾌하지만은 않았다. 이미 미국 국내에서는 베트남 파병을 반대하는 기운이 팽배해 있었다. 호주에서도 필리핀에서도 말레이시아에서도, 존슨의 비행기가 내리고 뜨는 지역마다 반미 구호가 나붙었고 '존슨 고 홈!(Johnson Go Home!)'을 외치는 대학생들의 시위가 이어졌다. 31일 오전 말레이시아 쿠알라룸프르 공항을 떠날 때는 학생 · 시민들의 시위가 아주 격화되었고 그것을 보면서 비행기 트랩에 오르는 존슨 내외의 뒷모습은 보기가 민망할 정도로 축 처져 있었다고 보도되고 있다."[48]

오직 한 나라, 한국만은 존슨을 뜨겁게 껴안은 것이다. 그러니 존슨이 "오늘은 내 생애 최고의 날이오"라고 감동할 만한 일이었음에 틀림없다. 손정목은 존슨의 방한에 보낸 한국인들의 열광적인 환영에 대해 이런 결론을 내렸다.

"정부도 미쳤고, 350만 서울 시민도 미쳐 있었다."[49]

'기생파티 중독증'

박정희와 존슨의 관계는 너무도 화기애애해 음담패설까지 주고받을 정도였다. 존슨이 외무장관 이동원을 칭찬하자 박정희는 이동원이 "낮의 외교도 잘하지만 밤의 외교는 더욱 능숙"하다고 받았다. 존슨의 눈이 동

47) 이동원, 『대통령을 그리며』(고려원, 1992), 151쪽.
48) 손정목, 『서울 도시계획 이야기: 서울 격동의 50년과 나의 증언 ②』(한울, 2003), 123쪽.
49) 손정목, 위의 책, 120쪽.

그래지자 박정희는 "난 마누라한테 꽉 잡혀 있는데 이 장관은 밤만 되면 무법자지요"라고 한마디 더 거들었다.

결국 이야기는 기생파티로 빠졌다. 붙임성 좋은 이동원이 기생파티 해보지 않겠느냐고 제안하자 존슨은 그거 좋다고 찬성했다. 그래서 방한(訪韓) 마지막 날 숙소에서 가까운 워커힐 별채에서 기생파티를 존슨에게 열어주기로 약속했다.

그런데 그날 밤 눈치를 챈 존슨의 아내 버드가 존슨의 곁을 떠나지 않고 지키는 바람에 영 여의치 않았다. 몸이 단 존슨이 이동원 핑계를 대고 잠깐 나가서 할 이야기가 있다고 하자, 버드는 자신이 옆방에 가 있을 테니 여기서 이야기 하라고 고집을 부렸다. 결국 존슨의 기생파티는 실패로 돌아가고 말았다.[50]

'기생파티 중독증'이라고나 할까? 박 정권은 존슨을 수행한 백악관 기자들에게도 그 서비스를 베풀다가 큰 망신을 당했다. UPI 통신 기자인 메리멈 스미스가 자기 방에 들어온 여자를 보고 기겁을 해 문명자에게 도움을 요청한 것이다. 문명자의 증언이다.

"다음날 홍종철 공보부장관을 찾아 바로 들이댔다. '홍 장관, 왜 이리 나라 망신을 시켜요? 백악관 기자단에 여자를 붙여요?' 홍종철은 '김형욱 부장이 한 일'이라며 쩔쩔맸다. 나는 말했다. '이것 봐요. 신문이나 주간지라면 또 몰라도 통신사 기자들이 밤에 여자하고 놀 새가 있는 줄 알아요? 밤에라도 대통령이 뭐 할지도 모르고 밤새 타이프 치느라 잠도 못 자는 사람들한테 여자를 들여보내 어쩌겠다는 거요?' 홍 장관은 '진심으로 사과한다'며 어쩔 줄을 몰라 했다. 기자에게 여자를 붙여 주는 나라가 이 지구상에 또 있을까. 그것이 바로 나의 조국이라니."[51]

---

50) 이동원, 「대통령을 그리며」(고려원, 1992), 155~156쪽.
51) 문명자, 「내가 본 박정희와 김대중」(월간 말, 1999), 88~89쪽.

'서울은 만원이다'

서울 시민의 3분의 1이 무허가 주택 거주

소설가 이호철은 66년 2월 8일부터 11월 26일까지 250회에 걸쳐 『동아일보』에 소설 〈서울은 만원이다〉를 연재하였다. 이후 서울은 계속 '초만원'으로 내달렸다. 박 정권은 상징 조작을 통해 농민을 끔찍이 생각하는 척 하였지만, 경제정책 자체가 농업을 희생으로 한 공업화 위주였기 때문에 농촌에서 도시로의 대탈출이 일어나고 있었다. 1966년에 이르러 도시 수는 32개, 도시 인구는 33.6%에 이르렀다.[52]

예나 지금이나 늘 그랬지만, 한국은 무슨 분야에서건 1극(極) 사회였다. 도시화마저도 서울이라고 하는 1극 중심으로 이루어지고 있었다. 서울 인구는 1955년 157만(전체 인구의 7%)이던 것이, 60년에 244만(10%)

---

52) 조이현, 〈한옥에서 아파트로〉, 한국역사연구회, 『우리는 지난 100년 동안 어떻게 살았을까 1: 삶과 문화 이야기』(역사비평사, 1998), 198쪽.

으로 늘었다. 1960년대의 서울 인구 증가율은 매년 10%대를 기록했다. 65년 말 서울 인구는 347만 명, 66년 말엔 380만 명에 이르렀다.

그런 갑작스러운 도시 인구 집중으로 인해 야기된 가장 큰 문제는 주택 문제였다. 60년까지 주택 부족률은 40% 미만이었지만 66년엔 50%로 급증하였다. 주택당 인구수도 58년 8.8명에서 66년 10.5명으로 늘었다.[53]

서울의 주택난이 가장 심각했다. 농촌에서 무작정 상경한 사람들은 대부분 안정된 일자리를 찾지 못한 채 서울 변두리에 판자촌을 형성하고 집단으로 거주했다. 66년을 기준으로 서울시 인구 380만 명 가운데 3분의 1에 해당하는 127만 명이 무허가 주택에 거주하고 있었다. 이철용은 소설『꼬방동네 사람들』에서 당시의 판자촌을 이렇게 묘사했다.

"마장동과 용두동 사이를 잇는 하천 변에 자리를 잡고 움막을 쳤다. …… 몇 집만이 움막을 치고 살던 곳이 어느 새 수백 세대의 천막촌으로 변해갔다. 몇 년 사이에 큰 동네가 생긴 것이다. 천막과 움막을 차차 판자조각으로 막고 덮고 하더니 점점 온 동네가 판잣집으로 꽉 들어찼다. 가끔 단속반이 와서 구둣발로 부수고 차고 갔지만 소용없었다. '미나리꽝'이라는 동네가 생긴 것이다. 제멋대로 터를 잡아 집을 짓는 바람에 골목길이 반듯하지 못하고 꾸불꾸불 뱀 기어가는 것처럼 중구난방이었다. 밤이면 석유등잔으로 불을 밝히고, 물은 골목 입구와 샛물목에 펌프를 장치해 지하수를 사용했다. 몇 집이 어울려 돈을 모아 펌프를 장만한 것이다. 하룻밤만 자고 나면 판잣집이 몇 채씩 늘어나고 사람들로 붐볐다."[54]

53) 장세훈, 〈도시화, 국가 그리고 도시 빈민: 서울시의 무허가 정착지 철거 정비정책을 중심으로〉, 한국 사회사연구회, 『현대 한국자본주의와 계급문제』(문학과지성사, 1988), 125쪽.
54) 박은숙, 〈도시화의 뒤안길, 달동네 사람들〉, 한국역사연구회, 『우리는 지난 100년 동안 어떻게 살았을까 2: 사람과 사회 이야기』(역사비평사, 1998), 162~163쪽에서 재인용.

아직 아파트의 시대는 아니었다

60년대는 아직 아파트의 시대는 아니었다. 62년 12월 1일 최초로 마포아파트가 준공되었지만, 인기가 없어 11월 21일 입주 신청 시 전체 세대 수의 3분의 1인 160세대 신청에 머물렀다. 임대료가 비싸다는 이유도 작용했지만 아파트의 삶이 불편하다는 것이 주된 이유였다.

당시 사람들은 온돌도 없고 장독대를 둘 데가 없다는 등 아파트의 단점만 지적하기에 바빴다. 게다가 범죄까지 들끓었다. 『한국일보』 63년 11월 30일자는 "서울시내에서 가장 화려한 마포아파트. 그러나 방범조직과 시설이 '제로'이어서 벌써 두 건의 강도 살인 사건이 여기서 일어났다"며 "이젠 무서워 못 살겠소"라는 주민의 말을 제목으로 뽑아 보도했다.[55]

마포아파트를 배경으로 한 영화가 제작되는 등 차츰 아파트에 대한 인상이 달라지긴 했지만, 라이프스타일을 하루아침에 바꾸긴 어려운 일이었다. 당시 직접 아파트 내의 생활 실태를 시찰했던 대한주택공사 이사장 장동운은 "신문지를 휴지처럼 쓰고 생리대를 변기통에 쳐놓고 하다가 보니까 양변기가 막히는 등 첫 경험인 아파트 생활에 희비극도 많았습니다"라고 회고했다.[56]

윤치영이 일을 하지 않은 이유

서울시장 윤치영이 66년 3월 31일에 사임하고 그 후임으로 부산시장 김현옥이 4월 4일에 임명되었다. 윤치영은 시정목표로 "명랑한 서울, 깨

---

55) 이승호, 『옛날 신문을 읽었다 1950~2002』(다우, 2002), 46~50쪽.
56) 조갑제, 『내 무덤에 침을 뱉어라 5: 김종필의 풍운』(조선일보사, 1998), 81~82쪽.

끗한 서울, 살기 좋은 서울"을 내걸었지만, 사실상 아무 일도 하지 않았다. 그러나 역설적으로 서울 인구 집중의 관점에서 보자면 김현옥보다는 윤치영이 더 나은 인물이었다.

윤치영은 자신이 열심히 일 하지 않는 나름대로의 이유를 갖고 있었다. 그는 서울시 국정감사 때 어느 국회의원이 서울시 도시계획의 부진함을 비판하자 이렇게 답했다.

"좋은 말씀입니다. 나도 좋은 도시를 만들 줄은 압니다. 그런데 서울시는 아무런 도시계획 사업도 하지 않고 있는데도 이렇게 많은 인구가 전국에서 모여들고 있습니다. 만약에 내가 멋진 도시계획을 해서 서울시가 정말로 좋은 도시가 되면 더욱더 많은 인구가 서울에 집중될 것입니다. 농촌 인구가 서울에 모여들지 않게 하기 위해서도 서울을 좋은 도시로 만들어서는 안 됩니다. 내가 서울에 도시계획을 하지 않고 방치해 두는 것은 바로 서울 인구 집중을 방지하는 한 방안입니다."[57]

64년 2월 6일 국회 내무위에서 나온 윤치영의 답변은 논란을 불러 일으켰다.

"서울시의 현재 인구는 약 350만 정도입니다. 해마다 30만 명의 인구가 증가합니다. 광주시 인구수와 맞먹는 인구가 매년 늘어가고 있습니다. 이 인구 증가를 막아야 합니다. 지방에서 서울로 진출해 올 사람은 각 도지사의 사전허가를 받고 서울에 들어오기 전에 다시 서울시장의 허가를 받는, 그런 입법조치를 연구해 주십시오. 그런 법률이라도 만들지 않으면 누가 서울시장을 해도 마찬가지입니다."[58]

이 엉뚱한 발언은 속기록에서 손질이 되긴 했지만 배석한 기자들에 의해 보도되었다. "지방민의 서울 이주를 허가제로 하는 입법"이라는 내

---

57) 손정목, 『서울 도시계획 이야기: 서울 격동의 50년과 나의 증언 ④』(한울, 2003), 180쪽.
58) 손정목, 위의 책, 181쪽.

용으로 언론에 의해 대대적으로 보도되었다. 윤치영의 서울 인구 집중에 대한 신경질적인 반응은 시골 사람을 깔보는 오만함에서 비롯된 발언이 긴 했지만, 이 발언을 계기로 박 정권은 서울 인구 집중에 관심을 기울여 64년 9월 22일 박 정권은 최초로 '대도시 인구집중방지책' 을 발표하게 된다.[59]

그러나 훗날의 역사가 말해주지만 서울로 인구를 유인하는 '구조' 를 그대로 둔 채 아무리 구제를 가해봐야 그건 부질없는 일이었다. 게다가 '개발' 을 자신의 신앙으로 삼은 신임시장 김현옥의 무서운 추진력은 서울 인구 집중 요인에 하나를 더 보태는 결과를 초래했다.

김현옥 : 불도저 중의 불도저

전 시장 윤치영은 68세 고령이었던 반면, 김현옥은 40세의 젊은이였다. 김현옥은 군 출신으로 박정희를 뺨칠 정도로 '군사작전식 개발 의욕' 에 충만한 사람이었다. 그는 이미 부산시장으로 있을 때부터 별명이 '불도저' 였다.[60]

김현옥은 "행정은 정열이다"는 좌우명을 내세울 정도로 일에 미친 사람이었다. 그는 자신의 행정이 '정열 행정' 으로 표현되기를 바랐다. 그러나 그의 행정은 정열 이상의 것이었다. 너무나 거칠고 저돌적이었다.[61]

김현옥의 서울시장 부임 1개월째 되던 날 『동아일보』 66년 5월 3일자 '횡설수설' 란은 〈불도저 3인조〉라는 제목 아래 부총리 장기영은 금메달 격, 문교장관 권오병은 은메달 격, 그리고 "새로이 동메달 격으로 등장한 김 시장도 어지간한 불도저다"라고 평했다.

59) 손정목, 『서울 도시계획 이야기: 서울 격동의 50년과 나의 증언 ④』(한울, 2003), 182쪽.
60) 손정목, 위의 책, 252쪽.
61) 손정목, 위의 책, 301쪽.

이에 대해 손정목은 이렇게 말한다.

"그후 김현옥 불도저는 점점 더 위력을 발휘하여 마침내 금·은·동 모두를 독점해 버릴 정도로 큰 불도저가 되었다. 김현옥 시장 부임 1년 후쯤에는 장기영, 권오병은 이미 불도저로 불러지지도 않았었다. 김현옥 불도저 때문에 앞을 달렸던 두 개 불도저가 훨씬 뒤처져 보일락말락해 버린 것이었다."[62]

김현옥은 부임 첫 해인 66년에는 교통 소통에 주력해 지하도 공사와 육교 공사, 도로 확장 공사를 대대적으로 벌였다.[63] 아니 그는 내내 교통 문제에 집중함으로써 사실상 인구 유인 효과를 만들어 내고 있었다.

---

62) 손정목, 『서울 도시계획 이야기: 서울 격동의 50년과 나의 증언 ③』(한울, 2003), 78쪽.
63) 손정목, 〈남기고 싶은 이야기들: 한강 개발 계획〉, 『중앙일보』, 2003년 9월 22일, 31면.

『경향신문』경매, 기자 테러

박정희가 시킨 중앙정보부의 음모극

1965년 초, 박정희, 김종필, 김형욱이 모인 자리에서 야당 노선을 걷는 신문을 줄여야 한다는 합의가 이루어졌다. 박정희는 김형욱에게 『경향신문』을 정부 소유로 만들라는 지시를 내렸다. 그러나 그 일은 쉽지 않았다. 이제는 야당 인사가 된 전 중앙정보부장 김재춘이 『경향신문』 인수에 나서는 일까지 벌어지면서 '김재춘 암살 공작'이 추진되는 등 우여곡절이 많아 1년 이상의 시간이 걸렸다.[64]

1966년 1월 25일 은행 부채 4천600만 원을 갚지 않았다는 이유로 『경향신문』이 경매 처분되어 기아산업 대표이던 김철호에게 넘어갔다. 물론 이는 중앙정보부가 개입한 음모극이었다.

---

64) 문일석, 『KCIA 비록(秘錄)-X파일 1: 중앙정보부 전 감찰실장 방준모 전격증언』(한솔미디어, 1996), 16~17쪽.

『경향신문』은 63년 5월 23일 천주교 재단에서 떨어져 나와 이준구가 실질적 사주 겸 사장으로 등장하였는데, 이준구는 1965년 4월 반공법 위반 혐의로 구속되었다. 그 와중에 저질러진 『경향신문』의 경매 처분은 한일회담 진후로, 특히 언론윤리위원회법 파동 시 『경향신문』이 강력하게 저항한 것에 대한 박 정권의 보복 조치였다. 송건호는 『경향신문』의 경매 처분 음모에 대해 다음과 같이 말한다.

"그 당시에는 각 신문사마다 은행 빛이 없는 신문사가 없었다. 『경향신문』은 오히려 은행 빛이 적은 편이었으며, 재정적으로 특별히 어려운 처지에 있지도 않았다. 더욱이 은행 측은 부채의 이자나 원금의 일부를 갚으려고 해도 이를 받아주지 않았고, 심지어 대표 이사의 개인 예금의 인출까지도 거부했으며, 기관원이 매일같이 5, 6명씩 편집국에 몰려와 신문 제작을 방해·간섭하였다. 또한 경매 처분에 단독으로 응찰을 하여 낙찰된 기아산업은 이미 경영난으로 은행 관리 하에 있었다. …… 정부 비판지로서 적지 않은 흑자 경영을 하고 있던 『경향신문』은 1967년 선거를 앞두고 기업주가 구속되어 있는 상태에서 권력의 압력을 받고 소유를 포기하지 않을 수 없게 되었다. 국회에서는 야당인 김상현 의원이 '이번 『경향신문』 사건은 아무리 보아도 단순히 채권자와 채무자 사이에 빚어진 매매 행위라기보다 선거를 앞두고 정치권력이 개입한 언론 탄압 행위라는 증거가 뚜렷하다'고 주장하면서 그 증거품으로서 신문사 간부와 모 기관원 간부 사이에 오고간 대화 내용의 비밀 녹음테이프를 제시했으나 이러한 증거 제시에도 불구하고 『경향신문』은 마침내 경매 처분되었다. 한국 언론사상 전무후무한 권력의 이 같은 언론 탄압에 대해 언론계는 마치 남의 일 보듯이 방관하고 있었다. …… 『경향신문』이 김철호의 손으로 넘어가기가 무섭게 신문 내용은 친정부 논조로 급변했고, 박 정권은 여기에 자신을 얻고 점차 본격적인 언론 탄압의 손을 뻗치기 시작했다."[65]

당시 중앙정보부장이었던 김형욱의 주장에 따르면, 김철호는 얼마 후 이후락에게 불려가 『경향신문』 주식의 50%를 박정희에게 상납하라는 압력을 받고 그렇게 했으며, 그로부터 1년 후엔 또다시 이후락에게 불려가 박정희의 명령이라며 『경향신문』을 신진자동차의 김창원에게 넘겨주라는 압력을 받았다. 그래서 『경향신문』은 또 김창원에게 넘어가게 된다. 『경향신문』은 나중엔 결국 문화방송과 같이 박정희의 친위(親衛)언론으로 기능하게 된다.[66]

'부정부패의 국유화'

『조선일보』는 66년 4월 5일자부터 〈부정부패를 추방하자: 우리는 탁류 속에 밀려가고 있다〉는 캠페인성 기사를 연재하였다. 온 사회에 부정부패의 악취가 진동하고 있었으니 캠페인을 벌일 만도 했다. 4월 5일자 사설은 "장관이나 국회의원이 오직(汚職)을 저질렀다면 총살이라도 할 만한 엄숙한 결의를 하고 국민을 이끌어가야 한다"며 이런 주장을 폈다.

"부정부패로 살찐 이들은 우리의 이런 말을 무력한 원견성(遠犬聲: 멀리서 개가 짖는 소리)으로 비웃고 있을지 모르겠고, 부정부패의 반석에 깔려 아예 체념해 버린 동포들(에겐) 희한한 제언처럼 들릴지 모르겠으나 격동하는 국제 정세와 태동하는 젊은 세대의 터질 듯한 욕구불만을 종으로 횡으로 재 본다면 반드시 우리 사회는 어떤 획기적인 결단이 없어서는 안 될 절박한 단계에 도달하고 있음을 우리는 전체 국민에게 비격(飛檄: 급히 격문을 올림)하지 않을 수 없는 결론에 도달한 것이다."[67]

박 정권은 부정부패 척결을 내세워 집권한 만큼 크게 반길 만한 기사

65) 송건호, 〈박정희 정권하의 언론〉, 송건호 외, 『한국언론 바로보기』(다섯수레, 2000), 292~294쪽.
66) 김경재, 『혁명과 우상: 김형욱 회고록 ②』(전예원, 1991), 282~283쪽.
67) 조선일보사, 『조선일보 칠십년사 제1권』(조선일보사, 1990), 775~776쪽에서 재인용.

였음에도 불구하고 박 정권의 반응은 전혀 그렇지 않았다. 아니 박정희야말로 부정부패의 총사령관인데다 정권 차원에서 '부정부패의 국유화'를 추진하고 있는 마당에 부정부패를 저지른 고위 관리들을 총살한다면 남아날 자가 없다는 걸 너무도 잘 알기 때문이었을 것이다.

"이 연재 기사가 나가자 일대 소란이 벌어졌다. 그날 저녁 당장 공보부장관에게서 전화가 오고 남산 중앙정보부 담당관이 허겁지겁 달려왔다. 이 기사에 정권 타도의 의미가 담겨 있다고 판단한 정부는 세무 사찰과 은행 융자금 회수, 신문용지 배당 중단 등 강력 대처로 나왔다. 이 사태는 결국 주필인 최석채가 박정희를 만나 '깨끗한 정치와 사회를 만들자는 뜻입니다'라고 설득해 무마할 수 있었다."[68]

아픈 곳 건드리면 테러

박 정권 잘 되게 하자는 기사에 대해서도 그런 호들갑을 떨 정도로 박 정권은 이미 부정부패의 깊은 수렁에 빠져 있었다. 그 아픈 곳을 건드리는 기사에 대해선 정체불명의 테러가 동원되었다.

66년 4월 25일 『동아일보』 기자 최영철은 박정희를 비판한 〈소신은 만능인가〉라는 기사로 인해 자택 가까운 골목길에서 괴한 두 명에 의해 테러를 당했다. 다음날 새벽 최영철의 집으로 돌과 함께 흰 봉투가 날아 들어왔는데, 그 속엔 "펜대를 조심해라. 너의 생명을 노린다"는 협박장이 들어 있었다. 5월 13일 『동아일보』 편집국장 앞으론 "최영철 기자를 퇴직시키라. 만일 어기면 당신 일가족에 위험이 있다. 우리 뒤를 밀어주는 사람이 있다"는 내용의 협박 편지가 배달되었다.[69]

---

68) 조선일보사, 『조선일보 역사 단숨에 읽기 1920~』(조선일보사, 2004), 128쪽.
69) 송건호, 『한국 민족주의의 탐구: 송건호 평론선』(한길사, 1977), 231쪽.

6월 9일 민주당 소속 의원 박한상이 자택 앞길에서 괴한 2명으로부터 폭행을 당했으며, 7월 20일 밤엔 『동아일보』 정치부 차장 권오기가 괴한 으로부터 테러를 당했다. 권오기는 자택 앞길에서 괴한 두 명으로부터 폭행을 당해 전치 10주의 상처를 입었다. 12월에도 『강원일보』 기자가 군복을 입은 괴한에 의해 납치되는 사건이 벌어졌다.

67년 선거를 앞두고 잇따라 벌어진 테러로 인해 언론계는 공포 분위 기에 휩싸였다. 국회에서 이 문제를 야당이 추궁하자 당국의 책임자는 시치미를 떼고 "단순한 노상강도가 아닌지 추측하고 있으나 다른 가능성 도 알아보겠다"고 딴전을 피웠다.[70]

'세계속의 한국'에 굶주린 한국인

MBC는 63년부터 지방 방송망을 형성해, 63년 8월 대구, 대전, 64년 6월 광주에 직할국을 개설하였다. 68년엔 마산, 진주, 강릉, 목포, 제주 로까지 방송망을 넓히게 된다.

66년경 방송사들은 스포츠에 가장 큰 관심을 쏟았다. 특히 국제 스포 츠 경기는 '스포츠 민족주의'를 자극해 폭발적인 인기를 누리곤 했다.

66년 6월 25일 한국사상 첫 세계 권투 타이틀 매치인 김기수의 챔피 언 도전전이 장충체육관에서 열렸다. 텔레비전 중계는 KBS, 라디오 중 계는 MBC가 맡았는데, 이는 "MBC에게 100%에 가까운 청취율을 가져 다 준 기록적인 중계방송이었다."[71]

전인권의 증언이다.

"1966년, 그러니까 내가 초등학교 3학년 때의 일이다. 김기수 선수가

---

70) 송건호, 『한국현대언론사』(삼민사, 1990), 153쪽.
71) 임택근, 『방송에 꿈을 심고 보람을 심고』(문학사상사, 1992), 247쪽.

이탈리아의 벤베누티를 꺾고 대한민국 역사상 최초로 프로복싱 세계챔피언에 오른 일이 있었다. 당시 그것은 2002년의 월드컵 4강처럼 국가의 위상을 높인 역사적 사건이었다. 그날은 아버지 친구인 유승근 아저씨도 우리 집에 오셨다. 15라운드 사투 끝에 김기수 선수가 '이겼다!' 라는 판정이 내려지자, 아저씨는 약간 울먹이면서 '여보게, 드디어 우리나라에도 세계 챔피언이 탄생했어!' 라고 말했다. 그러자 아버지 역시 감격한 듯 '정말 기분 좋은 일이군. 우리 나가서 한잔 하세!' 라고 말하며 아저씨와 함께 집 밖으로 사라졌다."[72]

이 에피소드는 당시의 한국인들이 '세계 속의 한국' 에 굶주려 있다는 걸 잘 말해주고 있다. 박 정권은 그걸 놓치지 않고 '세계 속의 한국 경제' 라고 하는 국가주의적 상징 조작을 통해 국민의 지지를 얻고자 했다.

첫 세계 챔피언이 된 김기수가 북한에서 아버지를 따라 월남해 구두닦이를 하는 등 역경을 딛고 '인간 승리' 를 이뤘다는 것이 알려지면서 한동안 '김기수 신드롬' 이 일어났다. 김기수의 인간승리는 만화소재로도 활용돼 스포츠 만화를 융성시킨 한 계기가 되었다.[73]

---

72) 전인권, 「남자의 탄생: 한 아이의 유년기를 통해 보는 한국 남자의 정체성 형성과정」(푸른숲, 2003), 31~32쪽.
73) 손상익, 「한국만화통사 하(下): 1945년 이후」(시공사, 1998), 176쪽.

'하숙생'과 '동백아가씨'

1960년대 중반의 가요계는 이미자와 최희준의 시대였다.

65년 말 최희준이 전남 여수 중앙극장에서 공연할 때 앙코르로 〈하숙생〉 요청이 들어왔다. "사실 제가 아직 가사를 다 외우지 못했습니다. 죄송합니다." 〈하숙생〉은 KBS의 라디오 드라마 주제곡이었는데, 이 드라마가 나간 지 겨우 5~6일이 지난 시점이라 최희준은 아직 가사를 외우지 못한 상태였다.

김호길 작곡, 김석야 작사의 〈하숙생〉은 최희준이 극장 공연에서 앙코르로 이 노래를 세 번이나 부른 적도 있을 정도로 대인기를 누렸다. 한 여자가 변심한 애인에게 복수하는 내용을 다룬 이 노래는 이후 최희준의 대표곡이 되었다.[가]

"인생은 나그네길 어디서 왔다가 어디로 가는가/구름이 흘러가듯 떠돌아 가는 길에/정일랑 두지 말자 미련일랑 두지 말자/인생은 나그네길 구름이 흘러가듯/정처없이 흘러서 간다"

〈하숙생〉은 정진우 감독, 김지미, 신성일 주연의 영화로도 만들어졌다.

1964년에 발표된 한산도 작사, 백영호 작곡, 이미자 노래의 〈동백아가씨〉는 66년 초까지도 최고의 인기 가요로 군림하였다.

"헤일 수 없이 수많은 밤을/내 가슴 도려내는 아픔에 겨워/얼마나 울었던가 동백 아가씨/그리움에 지쳐서 울다 지쳐서/꽃잎은 빨갛게 멍이 들었소"

가) 최희준, 〈남기고 싶은 이야기들/인생은 나그네길: 내 대표곡 '하숙생'〉, 『중앙일보』, 2002년 9월 12일, 21면.

그런데 66년 초에 이 노래가 갑자기 금지곡으로 묶였다. '왜색가요'라는 이유에서였다. 이 노래가 설사 '왜색가요'라 하더라도 대통령부터 술만 마시면 일본 노래와 일본 시를 애창하는 판국에, 그것도 64년에 발표된 노래를 왜 이제 와서 문제 삼았던 걸까? 이영미는 그 정치적 함의에 대해 다음과 같이 말한다.

"필자는 당시 정권이 대중적인 트로트 가요의 금지 처분이란 충격적인 사건을 사회적 여론 몰이의 도구로 사용했다는 생각이다. 즉 한일수교에 대한 여론의 반대가 거세어지자 정권 측에서는 자신들이 국익을 위해서 어쩔 수 없이 한일수교를 한 것이라는 사실을 대중적으로 설득력 있게 보여줄 필요가 있었고, 당시에 가장 인기 있었던 대중가요 '동백아가씨'(이 음반은 1년 만에 백만 장 판매를 돌파하고 있었다)를 보란 듯이 왜색가요란 딱지를 붙여 금지함으로써 자신들이 민족적이라는 점을 강조하려고 했던 것이라고 생각한다. '동백아가씨'의 금지는 한일수교 직후인 1966년 초였다. 이후 '섬마을 선생님'(1967년 발표)과 '기러기 아빠'(1969년 발표)의 금지에 이르면 '동백아가씨' 금지에 대한 당혹스러운 여론에 대해 정부가 오기를 부려 아예 이를 기회로 삼아 가요 금지 조치로 사회적 영향력을 발휘하려는 시도를 밀어붙인다는 느낌이 강하다. 이미자의 '기러기 아빠'의 금지 이유는 왜색이 아니라 '곡·창법이 지나치게 비탄적'이었는데, 정부가 권장하는 건전가요와는 사뭇 다른 분위기의 비애스러운 노래를, 그것도 남녀 간의 사랑 때문이 아니라 부모 잃은 아이들의 이야기를 소재로 한 노래를 금지함으로써, 근대화 드라이브의 사회적 분위기를 강화하고자 한 것으로 보인다."[나]

66년 3월 해외에서 활동하던 패티김이 귀국하면서 가진 '패티김 리사이틀' 이후 '리사이틀 붐'이 일어났다. 그 전엔 '스테이지' '공연' '무대' '밤'이란 타이틀이 유행이었으나, 그후 무조건 '리사이틀'이라는 딱지가 따라 다녔다.[다]

나) 이영미, 『한국 대중가요사』(시공사, 1998), 177~178쪽.
다) 선성원, 『8군쇼에서 랩까지』(아름출판사, 1993), 264~265쪽.

제9장
'정치 공작' 과 '국가 테러'

분지(糞地) 또는 '똥땅' 사건

반공법의 위력

1967년 어떤 사람이 "남한에서는 쌀값이 수시로 변하고 농촌에서는 돈만 있으면 물건을 얼마든지 살 수 있고, 돈 있는 사람은 잘 살고 돈 없는 사람은 못 산다"고 말했다가 군사상 기밀 누설로 인정되어 구속되었다.[1]

그게 바로 반공법의 위력이었다. "돈 있는 사람은 잘 살고 돈 없는 사람은 못 산다"는 자본주의 사회의 뻔한 진리마저도 그걸 발설하는 한 군사상 기밀을 누설하는 걸로 간주되었던 것이다.

『현대문학』 65년 3월호에 실린 남정현의 〈분지〉도 바로 그 반공법의 그물에 걸려들었다. 분지(糞地)는 '똥땅'이란 뜻이다. 홍길동의 10대손인 홍만수가 어머니의 영전에 하소연하는 형식을 취한 1인칭 독백체의

---

1) 김창석, 〈『한겨레21』은 국가기밀?〉, 『한겨레21』, 1997년 7월 31일, 31면.

풍자적 기법으로 쓴 소설이었다. 아버지는 독립운동가로 행방불명되었고, 어머니는 해방이 되자 미군 환영대회에 나갔다가 미군에게 성폭행당해 정신이상으로 죽었다. 남매 만수와 분이는 고아가 되었다. 임헌영에 따르면,

"고아 남매는 외가에서 자라던 중 6 · 25로 헤어져 만수는 입대했다가 제대했으나 살 길이 없는 절망 속에서 스피드 상사의 현지처가 된 누이동생 분이를 만나 미 군수물자 장사를 하면서 지낸다. 이런 딱한 처지의 만수에게 친구들은 도리어 매부인 스피드 상사에게 미국과 통할 수 있는 길을 열어달라고 빽을 써대는 현실을 저주하며 만수는 썩어빠진 정치를 규탄하나 그보다 더 견디기 어려운 것은 누이 분이의 고통이었다. 밤마다 스피드 상사는 본국의 본처와 비교하면서 분이의 육체적인 결함을 들어 온갖 욕설을 퍼부어 대며 학대했기 때문이다. 대체 미국 여인들의 육체는 얼마나 황홀하기에 저러가하고 고심하던 중 스피드의 본처 비취가 한국으로 오자 만수는 그걸 확인하고 싶어졌다. 만수는 한국을 안내해 주겠다는 구실로 비취를 향미산으로 데려가 정중하게 분이의 처지를 설명하면서 그녀에게 육체를 보여줄 것을 요청하자, 그녀는 다짜고짜 만수의 뺨을 후려갈겼다. 절호의 기회를 놓치지 않으려고 만수는 그녀의 배 위를 덮치고 앉아 속옷을 찢어 황홀한 육체를 확인할 수 있었다. 그러나 만수의 손에서 헤어난 비취는 돌연 '헬프 미!'를 외치며 산 아래로 내려가 도움을 청했는데 ……."[2]

풍자적일망정 이 소설에서 가장 비극적인 대목은 아마도 그처럼 딱한 처지의 만수에게 미국과 통할 수 있는 길을 열어달라고 빽을 써대는 현실일 것이다. 당시엔 미군 부대와 통할 수 있는 쥐꼬리만한 줄이라도 사

---

2) 임헌영, 〈변혁으로서의 문학과 역사/남정현의 '분지' ①: 민족자주 열망한 민중희원 소설화〉, 「대한매일」, 1999년 5월 20일, 15면.

람들의 부러움을 받는 권력이었다는 걸 어찌 부인할 수 있으랴. 소설 중간엔 바로 그런 현실에 대한 혐오를 담은 직설적인 비판도 등장한다.

"이 견딜 수 없이 썩어빠진 국회여, 정부여. 나 같은 것을 다 빽으로 알고 붙잡고 늘어지려는 주변의 이 허기진 눈깔들을 보아라. 호소와 원망과 저주의 불길로 활활 타는 저 환장한 눈깔들을 보아라. 너희들은 도대체 뭣을 믿고 밤낮 없이 주지육림(酒池肉林) 속에서 헤게모니 쟁탈전에만 부심하고 있는가. 나오라. 요정에서 호텔에서 관사에서. 그리고 민중들의 선두에 어서 몸소 아스팔트에 배때기를 깔고 전 세계를 향하여 일대 찬란한 데몬스트레이션을 전개할 용의는 없는가. 진정으로 한민족(韓民族)을 살리기 위해서 원조를 해줄 놈들은 끽소리 없이 원조를 해주고 그렇지 않는 놈들은 당장 지옥에다 대가리를 처박으라고 전 세계를 향하여 피를 토하며 고꾸라질 용의는 없는가. 말하라, 말하라."[3]

남정현의 구속

이 소설은 아무 문제없이 그냥 넘어갔다. 그런데 2개월여 후, 북한의 『통일전선』 5월 8일자에 이 소설이 전재되면서 문제가 생겼다. 남정현은 5월 어느 날 중앙정보부에 끌려가 "이 소설은 북괴의 누군가가 써서 건네준 것일 터이니 그 접선 내용을 밝히라"는 추궁을 받으면서 엄청난 고문을 당했다. 남정현은 7월 7일에 공식 구속되었는데, 북한은 『조국통일』 7월 8일자에 또 〈분지〉를 실었다.

『조선일보』 7월 13일자에 남정현의 구속에 항의하는 글을 쓴 백낙청과 원고를 청탁한 문화부장 남재희도 중앙정보부에 끌려갔다. 7월 중순에 나온 『현대문학』 8월호는 다음과 같은 사과문을 게재했다.

---

3) 남정현, 〈분지〉, 『현대문학』, 제526권(1998년 10월), 177쪽.

"본지 지난 3월호에 발표된 남정현 씨의 소설 〈분지〉는 본지의 부주의로 인하여 게재된 것으로서 이로 인하여 사회의 물의를 일으킨 데 대하여 정중히 사과하는 바이다."[4]

검찰에 송치된 남정현은 7월 24일 구속적부심에서 풀려나긴 했으나 1년 뒤인 66년 7월 23일에 반공법 위반 혐의로 불구속 기소되었다. 검사의 기소 요지는 "반미 사상을 부추겨 북괴의 대남적화 전략의 상투적 활동에 동조한" 작품이라는 것이었다.

1967년 2월 문학평론가 이어령은 법정에 피고인 측 증인으로 출두했다. 변호인 한승헌은 "이 소설은 반미적인가"라고 물었다.

"이 소설은 우화적 수법으로 쓴 것이므로 친미도 반미도 아니다."

"이 작품이 북한 공산 집단의 주장에 동조했다고 공격받고 있는데."

"달을 가리키는데 달은 보지 않고 손가락만 보는 격이다. 남 씨가 가리키는 달은 주체적인 한국 문화이며, '어머니'로 상징되는 조국이다. 장미 뿌리는 장미꽃을 피우기 위해서 있는 것이다. 설령 어느 신사가 애용하는 파이프를 만드는데 그것이 쓰여졌다고 해서 장미 뿌리가 파이프를 위해서 자란다고 말할 수는 없다."

그러자 검사가 물었다.

"나는 이 소설을 읽고 놀랐는데 증인은 용공적이라고 보지 않는가."

"나는 놀라지 않았다. 병풍 속의 호랑이를 진짜 호랑이로 아는 사람은 놀라겠지만 그것을 그림으로 아는 사람은 놀라지 않는다."

"증인은 반공의식이 약해서 이처럼 증언하는 것이 아닌가."

"나의 저술과 나를 비평하는 글들이 그 점에 대한 증거가 될 것이다."[5]

---

4) 임헌영, 〈변혁으로서의 문학과 역사/남정현의 '분지' ②: '북한인사 작품'으로 몰아 심한 고문〉, 「대한매일」, 1999년 6월 9일, 14면에서 재인용.
5) 한승헌, 「불행한 조국의 임상노트: 정치재판의 현장」(일요신문사, 1997), 102쪽.

홍만수는 비취를 겁탈했는가?

남정현은 훗날 이어령의 증언에 감사의 뜻을 표하는 글에서 당시를 다음과 같이 회고했다.

"당시엔 지금보다 더욱 반공이란 것이 우리 사회를 지탱하고 있는 절대명제로 평가받던 때라, 남보다 좀 잘 살아보고 싶어 하는 사람 중엔 반공 문제를 가지고 당국과 시비가 붙어 있는 사건엔 가능한 한 참견하기를 지극히 꺼려하던 시절이었으며, 또한 공안 사건 관련자들에 대해 요즘처럼 무슨 양심수니 민주인사니 하는 칭호도 보편화되어 있길 않았으며, 민족의 존엄과 민주주의를 위해 헌신하는 재야의 민주단체들도 요즘처럼 그렇게 큰 조직을 가지고 노출되어 있지 않던 시기였음을 감안할 때 더욱 그렇다. 특히나 '분지 사건'은 반미 문제가 주된 쟁점이 아니었던가. 그런즉 여야를 막론하고 '반미는 곧 용공이다'라는 등식이 별다른 거부감이 없이 통용되고 있으리만큼 철저하게 친미 일변도로만 경색되어 있던 당시의 제도권의 분위기로 미루어보아, '분지 사건'의 증인으로 평론가 이어령이 법정에 출두했다는 그 사실 자체만을 가지고도 사회의 일각에서는 일종의 예기치 않은 사건으로, 그리고 큰 충격으로 받아들이는 추세였다. 그리하여 당시 우리 변호인들이 이어령 증인에게 거는 기대는 실로 대단한 것이었다. (중략) 이어령 증인의 증언대로 소설 〈분지〉는 소설로서의 그 본분을 거역한 일이 없는데도 불구하고, 결국 예의 그 검사는 〈분지〉에게 징역 7년형을 구형하고 말았다. 그러니까 〈분지〉는 논리적인 대응에는 이겼지만, 폭력적인 대응에는 지고 만 셈이다."[6]

검찰의 공소장은 홍만수가 비취를 겁탈한 것으로 간주했다. 겁탈 여

---

6) 남정현, 〈분지 사건과 이어령의 용언술〉, 『64가지 만남의 방식: 서정주에서 장영주까지』(김영사, 1993), 50, 54쪽.

소설 〈분지〉로 반공법위반 혐의를 받았던 남정현 씨가 재판후 법정을 나서고 있다.(앞줄 왼쪽에서 두번째)

부가 중요한 쟁점이 되었다. 이에 대해 임헌영은 이렇게 말한다.

"홍만수가 비취 여사를 어떻게 다뤘느냐는 문제는 이 소설에서 가장 중요한 대목인데, 그는 '정말 그녀의 하반신을 한번 관찰함으로써 저의 의문을 풀고 싶었을 뿐, 그 외의 아무런 흉계도 흑막도 없었다'고 소설에는 묘사되어 있다. 더 자세히 살펴보면 홍만수가 그녀에게 '옷을 좀 잠깐 벗어 주셔야 하겠습니다'며 그 이유를 '밤마다 곤욕을 당하는 분이의 딱한 형편을 밝히고' '단 하나인 누이동생의 건강을 보살피자면 부득불 나는 여사가 지닌 국부의 그 비밀스러운 구조를 확인함으로써 그 됨됨이를 분이에게 알려주어, 분이가 자신의 육체적 결함이 어디에 있는가를 자각케 하여 그 시정을 촉구하는 방향으로 나가야 하지 않겠느냐는 오빠로서의 입장을 확실히' 했다."[7]

검찰은 법정 최고형인 7년 징역에 7년 자격정지를 구형했으나, 67년 6월 28일 1심 언도는 징역 6개월, 자격정치 6개월로 낮추고 선고를 유예했다. 『현대문학』은 33년 후인 98년 10월호에 다시 〈분지〉를 실었다.

---

7) 임헌영, 〈변혁으로서의 문학과 역사/남정현의 '분지' ③: 줄거리까지 왜곡 '이적'으로 몰아〉, 『대한매일』, 1999년 6월 16일, 14면.

이수근: 그는 2중 간첩이었는가?

중앙통신 부사장의 북한 탈출

판문점이 생긴 이래 군사정전위 본회의를 취재하러 나왔던 공산 측 기자가 탈출 월남해 온 사건은 두 번이었다. 59년 1월 27일 96차 본회의 때 『프라우다』 평양 주재기자 이동준의 탈출과, 67년 3월 22일 242차 본회의 때 중앙통신 부사장이며 판문점 출입기자 이수근(당시 44세)의 탈출이 바로 그것이다.

이수근은 북한에서 탈출해 세상을 깜짝 놀라게 만들더니, 1년 10개월 만에 다시 남한을 탈출해 세상을 또 한번 깜짝 놀라게 만들었다. 분단이 낳은 비극이었지만, 워낙 숨겨진 비밀이 많던 세상이라 이수근 사건은 수많은 유언비어를 양산하였다.

처음에 이수근은 어떻게 북한을 탈출했던가. 이수근은 UPI 기자인 김용수에게 미리 탈출 의사를 밝히고 유엔군 측 막사로 살짝 들어와 미군 사병 복장을 하고 식사 운반차량으로 판문점을 빠져 나왔다. 그래서 이 사건은 UPI가 독점 특종을 하였다. 격투와 총격과 차단봉을 박차고 질주하는 탈출 차량 등 드라마틱한 요소들이 많아 이 사건은 세계적인 관심을 끌었다.

귀띔으로 사건을 예감하고 있었던 동양방송 기자 김집은 다른 기자들과 같이 철수하지 않고 기자실 한구석의 전화박스에 숨어 있다가 현장을 목격했다. 그래서 국내 언론사 가운데엔 동양방송 라디오가 특종을 했다. 그러나 동양방송의 특종은 기자들은 물론 중앙정보부 요원들도 현장에서 철수한 상태에서 이루어진 것이었기 때문에 책임문제를 낳게 했다.

중앙정보부 요원들은 김집에게 철수명령을 어기고 남았기 때문에 반공법과 국가보안법을 위반했다고 협박했다. 곧 타협안이 제시되었다. 중앙정보부가 남으라고 해서 남았다고 이야기하라는 것이었다. 김집은 그 제안을 받아 들였는데, 이 때문에 나중에 '사쿠라설'에 휘말려 들었다. 중앙정보부는 언론계 간부급 인사들을 초청한 정세 브리핑에서 "이수근 사건 때 동양방송의 김집 기자를 판문점에 남게 한 것은 정보부의 공작"이라고 말했기 때문이었다.[8]

이수근은 이중 간첩?

이수근은 왜 북한을 탈출했나? 그는 통신기사의 편집과정에서 실수를 해 김일성으로부터 경고를 받고 불경으로 몰려 신변의 위협을 느꼈다는 것과 김일성 독재에 염증을 느꼈기 때문이라는 두 가지 이유를 댔다.

이수근은 68년 9월 모 교수와 결혼하는 등 남한에 정착해 행복한 나날을 보내고 있었다. 그런데 언제부턴가 이수근에 대해 이상한 소문이 돌기 시작했다. "이수근이 화장실에서 이빨을 딱딱거리면 전파가 나간

---

8) 김집, 〈기자실 야화: 이수근 사건과 반공법〉, 『대한언론인회보』, 1991년 12월 31일, 4면.

체포 후 서울로 압송되고 있는 이수근.

다"이수근의 눈 속에는 카메라가 장치되어서 눈을 깜박거리는 순간마다 사진이 찍힌다" "이수근은 이중간첩이다"는 소문이었다.[9]

북한 정보를 좀 얻을 수 있을까 해서 이수근을 면담했던 미 버클리대 정치학 교수 로버트 스칼라피노도 이수근의 언동이 의심스럽다고 중앙정보부에 이야기해 줄 정도였다.[10]

69년 1월 27일, 이수근이 서울을 탈출했다. 그날 박정희의 중앙정보부 초도순시 때문에 감시 요원이 잠시 철수한 틈을 타 가발과 콧수염으로 위장한 채 아무도 모르게 서울을 빠져나간 것이다. 우여곡절 끝에, 이

9) 김문, 『장군의 비망록 I: 격동의 현대사를 주도한 장군들의 이야기』(별방, 1998), 363쪽; 문일석, 『KCIA 비록(秘錄)-X파일 2: 중앙정보부 전 감찰실장 방준모 전격증언』(한솔미디어, 1996), 212쪽.
10) 김경재, 『혁명과 우상: 김형욱 회고록 ②』(전예원, 1991), 246쪽.

수근은 1월 31일 캄보디아 프놈펜으로 향하던 비행기의 중간 기착지인 월남 사이공의 탄손누트공항에서 체포되었다. 69년 2월 14일 중앙정보부는 "끈질긴 추적 끝에 홍콩을 경유, 북한으로 가려던 이수근을 체포했다"고 발표했다.[11]

이수근은 위장귀순자이자 이중간첩으로 발표되었다. 그러나 한국 수사당국의 그런 발표를 전해 듣고 이수근 체포에 결정적인 기여를 한 미국 CIA 관계자들은 웃었다고 한다. 이수근의 탈출 동기는 국내기관의 압력을 견디지 못해, 즉 중앙정보부가 자신을 '이중간첩 혐의'로 몰아가려는 압박을 느꼈기 때문이었다는 것이다.[12]

이수근은 '여자 사냥'의 천재?

반면 중앙정보부 감찰실장이었던 방준모는 위장귀순이 확실했다고 말한다. 이수근의 탈출 장면부터가 영 수상했다는 것이다. 그는 각 신문에 보도된 탈출 현장 사진, 미 공보원 사진, 미군이 찍은 사진, 북한 기자가 찍은 사진을 입수해 분석한 결과 '위장귀순 혐의가 있다'는 판단을 내렸다고 한다.

"북한 경비원들은 이수근이 탄 차를 향해 500여 발의 사격을 가했는데 한 발도 맞지 않았다. 그곳에 파견될 정도의 경비병이라면 특등 사수일 텐데 한 발도 명중되지 않은 것은 이상한 일이었다. 또 한 장의 사진에는 북한 하급 장교가 공중을 향하여 권총을 발사하는 장면이 있었다. …… 또 이수근은 가족이 있었다. 남으로 탈출한다는 것은 그의 정든 가족을 버린다는 것이다. …… 이수근은 북에서 최고의 부를 누리는 인물

---

11) 김문, 『장군의 비망록 I: 격동의 현대사를 주도한 장군들의 이야기』(별방, 1998), 363쪽.
12) 김문, 위의 책, 364쪽.

이었다. 소련제 양복·시계·구두·내의를 갖출 정도였다. 소련제를 감고 살 정도의 부를 누리는 이가 그것을 버리고 올 수 있는 입장이 아니라는 것이다."[13]

그래서 방준모는 이수근을 철저히 감시토록 하였다. 몰래 사진을 촬영하고 도청까지 하였다. 방준모는 이수근이 황해도 동향이라는 이유로 중앙정보부장 김형욱과 친해져 중앙정보부 촉탁 1급(차관급)의 직급을 부여받는 등 특별대우를 받아 오만불손해 졌다고 말한다. 북한을 옹호하는 발언을 자주 하고 다녔으며, 이수근을 둘러싼 온갖 소문의 진원지도 바로 이수근이었다는 것이다.

방준모가 가장 분노한 건 이수근의 여자관계였다. 이수근은 '여자 사냥'의 천재였다고 한다.

인기가수 모 양과 사귀었으면서도 결혼은 끝내 거부했으며, '팬레터'를 보내는 여자들과 만나 관계를 맺기도 했는데, 그렇게 해서 20여 명의 여성이 이수근에게 '희생'되었다는 것이다. 방준모는 이수근이 여자들과 놀아나는 현장을 찍은 사진을 김형욱에게 보여주면서, 경고의 의미에서 모든 걸 폭로하자고 제의했다.

"이수근이와 놀아난 20여 명의 여자 사진은 별도로 준비했습니다. 육군 이등병의 아내까지 있습니다. 보십시오. 국방을 위해 일선에 나간 군인의 아내까지 들어 있습니다. 이수근은 지금 희대의 색마였던 박인수 못지않게 색을 밝히고 있습니다."[14]

그러나 김형욱이 그건 가혹하다고 반대했다는 것이다.

붙잡혀 온 이수근에게 수사관이 "간첩 이수근, 너의 위장귀순 목적이 무엇이냐?"고 물었더니 이수근은 "나는 간첩이 아닙니다. 다만 내 혈관

---

13) 문일석, 『KCIA 비록(秘錄)-X파일 2: 중앙정보부 전 감찰실장 방준모 전격증언』(한솔미디어, 1996), 225
    ~226쪽.
14) 문일석, 위의 책, 245쪽.

속에는 열렬한 공산주의 피가 흐르고, 김일성 주석은 나의 아버지입니다"라고 답했다. 이때 옆에 있던 방준모는 이렇게 외쳤다.

"너의 공산주의 피는 색마의 피더냐? 아니면 색마의 피가 섞여 있더냐! 이 뻔뻔스러운 놈. 그 많은 양가의 여성들과 유부녀까지 버려놓고 그런 말이 어디서 나왓!"[15]

방준모는 이 사건의 책임을 지고 억울하게 사직 당했다. 이수근은 69년 5월 10일 사형선고를 받아 두 달 후인 7월 3일 사형이 집행되었다.

'분단국가의 웃지 못 할 코미디'

이수근을 월남에서 체포한 공사 이대용은 "이수근이 위장귀순이었다"는 방준모의 주장에 이의를 제기하면서도 "이수근 씨의 국외 탈출 문제는 때가 되면 사실이 드러날 것"이라고만 말했다.[16]

이수근 사건이 터졌을 때 아이들은 가수 남진이 부른 〈마음이 고와야지〉라는 곡에다 가사만 바꿔 이런 노래를 부르고 다녔다.

"새까만 눈동자의 이수근/그래도 콧수염 붙이고/홍콩 가는 비행기를 잡아타다/멋있게 사로잡혔네/이북의 김일성아 들어라/남한의 예비군이 어떠냐/이번에 3차 대전 일어나면은/김일성 목을 베리라"[17]

이수근 사건의 불똥은 영화계로까지 튀었다. 이수근 스토리를 영화감독 김수용이 〈고발〉이란 제목의 영화로 만들었기 때문이다. 호현찬에 따르면,

"그런데 이 영화는 이수근의 위장간첩 사실이 폭로되기 이전에 제작되었기 때문에, 자유를 찾은 이수근이 북한의 공포정치와 비인도성을 고

---

15) 문일석, 『KCIA 비록(秘錄)-X파일 2: 중앙정보부 전 감찰실장 방준모 전격증언』(한솔미디어, 1996), 264쪽.
16) 문일석, 위의 책, 269쪽.
17) http://wisezine.wisebook.com/small/0109/small_70.asp

발하는 반공영화로 만들어졌다. 이 영화로 대종상 영화제에서 박노식이 남우주연상을 타고 조문진이 반공영화 각본상을 수상하는 등 개가를 올렸으나, 그후 이수근이 위장간첩임이 탄로 나자 수상은 취소되고, 수상자들은 상패를 반납했으며, 전국의 배급망을 통해 상영 중이던 영화가 상영 취소가 되는 등, 분단국가의 상황에서 벌어진 웃지 못 할 코미디 같은 상황이 되고 말았다."[18]

18) 호현찬, 『한국 영화 100년』(문학사상사, 2000), 161쪽.

5 · 3 대선: 다시 붙은 박정희와 윤보선

'사꾸라 집단'과 '선동 집단'의 결탁

65년 8월 14일 한일협정의 국회 비준 후 국회를 떠나는 동시에 민중당을 탈당했던 윤보선파는 민중당이 국민을 배신하고 집권당의 들러리 야당으로 전락했다고 공격했다. 윤보선파는 민중당에게 '낮에는 야당, 밤에는 여당'이라는 딱지를 붙이면서 선명 야당 창당에 착수했다.

윤보선의 선명 야당은 66년 봄 신한당이라는 이름으로 정식 출발하였다. 민중당과 신한당은 적대관계였다. 양당 대변인은 하루가 멀다 하고 치열한 성명전을 벌였다. 민중당은 신한당을

"무책임한 선동정치의 집단"이라고 비난했고, 신한당은 민중당을 "사꾸라 야당"이라고 비난했다.[19]

신한당은 윤보선에게 총재와 대통령후보를 모두 맡긴 윤보선의 정당

---

19) 이영석, 「야당 40년사」(인간사, 1987), 243쪽.

이었다. 반면 마땅한 대통령 후보가 없던 민중당은 66년 10월 20일 고대 총장을 지낸 유진오를 영입해, 이틀 뒤인 22일 유진오를 민중당의 대통령 후보로 지명했다. 그러나 국민 여론은 야당 후보 단일화였다. 그래서 다시 합당 움직임이 일더니, 민중당과 신한당은 67년 2월 7일 통합 야당인 신민당을 창당하고 대통령 후보 윤보선, 당수 유진오로 결정하였다.

아름다운 후보 단일화였던가? 그렇게 보기는 어려웠다. '나눠먹기'였다. 그들의 평소 주장에 따른다면, '사꾸라 집단'과 '선동 집단'이 모인 셈이었다. 선거를 전후로 하여 벌어지는 이합집산(離合集散)에 불과했다. 선거만 끝나면 또 깨질 게 뻔했다.

실제로 윤보선은 4년 후인 71년 대선 때에도 통합야당이었던 신민당을 제쳐놓고 또다시 선명 야당이라는 미명하에 국민당을 창당했으며, 박기출을 대통령 후보로 내세웠으나 참담한 패배를 기록하게 된다. 윤보선의 이런 행태에 대해 주돈식은 이렇게 말한다.

"두 번씩이나 통합 야당을 탈당하고 공화당의 정보 정치에 맞서는 선명 야당을 창당한 것을 두고, 일부에서는 윤보선 자신은 순수했다 해도 탈당과 신당 창당을 거듭한 자체가 정보 정치에 놀아난 결과라고 비난하는 사람도 많았다."[20]

"박정해서 못살겠다 윤택하게 살아보자"

3월 24일 제6대 대통령 선거일이 공고되고, 4월 3일 입후보 등록이

---

20) 주돈식, 『우리도 좋은 대통령을 갖고 싶다: 8명의 역대 대통령과 외국 대통령의 비교평가』(사람과책, 2004), 148쪽. 71년 대선 때 강원용이 윤보선을 찾아가 "박기출 후보를 사퇴시키십시오. 어차피 승산이 없는 일인데, 후에 큰 책임을 져야 할지도 모를 일을 왜 하십니까?"라고 말하자 윤보선은 이렇게 답했다고 한다. "그건 강 박사가 김대중이라는 사람이 어떤 사람인 줄 몰라서 그래. 내가 알기론 이 사람이 막판에 가서 돈을 엄청나게 받아먹고 자기 표를 팔아넘길 사람이야. 그런 사람을 야당 단일후보로 내세울 수는 없는 노릇 아닌가?" 강원용은 윤보선의 주장을 반박하면서 "만일 이번에도 결과적으로 박정희를 돕게 된다면 한국 역사에 죄인으로 남게 될지도 모릅니다"고 경고하였다. 강원용, 『빈들에서: 나의 삶, 한국 현대사의 소용돌이 2-혁명, 그 모순의 회오리』(열린문화, 1993), 326쪽.

제6대 대선 시 박정희 후보의 플래카드.

마감되었다. 박정희와 윤보선 외에도 오재영(통한당), 김준연(민중당), 전진한(한독당), 이세진(정의당) 등 모두 6명의 후보가 등록하였다.

공화당은 "틀림없다 공화당! 황소 힘이 제일이다" "박대통령 다시 뽑아 경제건설 계속하자" "중단하면 후퇴하고 전진하면 자립한다"는 선거 구호를 내세운 반면, 신민당은 "빈익빈이 근대화냐 썩은정치 갈아치자" "지난 농사 망친 황소 올봄에는 갈아치자" "박정해서 못살겠다 윤택하게 살아보자"라는 선거 구호를 외쳤다.[21]

윤보선은 베트남전 파병이 미국의 청부 전쟁이라고 비판했다. 그러나 63년 대선에서 색깔 전쟁에 앞장섰던 윤보선의 과거를 생각한다면, 그건 윤보선의 평소 신념이나 철학에서 나온 비판이라기보다는 박정희를 공격하기 위한 정략의 목적이 강한 비판이었다. 게다가 "당시 야당은 어떤 의미에서 여당보다 더 보수적이고 더 반공적이며 더 친미적이었"기 때문에 더욱 그랬다.[22]

21) 조재구, 『대통령후보들: 역대대통령 선거내막』(성정출판사, 1987), 164쪽.
22) 한홍구, 〈박정희 정권의 베트남 파병과 병영국가화〉, 『역사비평』, 제62호(2003년 봄), 133쪽.

장준하는 4월부터 윤보선 선거 캠프에 뛰어들어 유세 최일선에 나섰다. 그의 박정희 비판은 화끈했다.

"박정희 씨는 일본 '천황'에게 충성을 맹세하고 일본군 장교가 되어 우리의 독립 광복군에 총부리를 겨누었으니 이런 인물이 우리나라 대통령으로 있는 것은 우리의 국가와 민족의 수치입니다.""박정희 씨는 국민을 물건으로 취급하여 우리나라 청년을 월남에 팔아먹고 있고 그 피를 판 돈으로 정권을 유지하고 있습니다.""박 씨는 과거 공산주의의 남로당 조직책으로 임명되어 남한에서 지하 조직 활동을 한 사람이며 조직원 동료를 팔아 희생시키면서 자기 한 목숨을 산 사람입니다."

발언 강도가 너무 높아 "이런 유세를 듣는 이들은 모두 눈이 휘둥그레졌고 과연 저러고도 무사할까 싶어 박수조차 잊은 채 찬물을 끼얹은 듯 듣고만 있었다."[23]

박정희는 월남 파병에 대한 야당의 공격에 답이 궁색했던지 4월 17일 대전유세에선 '미군 철수론'을 들고 나왔다.

"정부가 그동안 우리가 과거에 남의 신세를 진 나라니까 신세를 갚아야 된다든지, 또 동남아시아가 적화가 되면 우리에게도 영향이 있다든지 등등 여러 가지 그러한 얘기는 우선 생략을 하고 더 솔직한 얘기를 여러분들에게 하나 말씀드리겠습니다. 만약 그 당시에 월남 정부나 미국 정부가 우리 한국군을 보내달라고 그랬을 때에 물론 우리가 보내기 싫으면 안 보낼 수도 있습니다. 우리 한국군을 보내지 않았을 때에는 여기에 있는 미군 2개 사단이 갔을 겁니다. 갈 때에 우리가 우리 병력은 보내지 않으면서 미군을 붙잡을 수 있습니까? 붙잡을 수 없을 것입니다. 우리나라의 국방을 위해서도 한국군이 월남에 가지 않을 도리가 없지 않습니까?"[24]

23) 박경수, 『장준하: 민족주의자의 길』(돌베개, 2003), 351쪽.
24) 한홍구, 〈박정희 정권의 베트남 파병과 병영국가화〉, 『역사비평』, 제62호(2003년 봄), 132쪽.

박정희 51.5%, 윤보선 40.9%

67년 대선 판도는 박정희에게 유리하게 돌아가고 있었다. 경제개발의 성과가 서서히 나타나고 있었기 때문이다. 게다가 가장 큰 인구 규모를 가진 영남 지역주의가 확실하게 고개를 내밀고 있었다. 박정희는 63년 대선 시와 마찬가지로 지역별 차별화 전략을 구사해, 영남 이외의 지역에선 경제발전의 성과를 강조한 반면 영남지역에선 영남의 지역성을 동원하고자 하였다.[25]

개표 결과, 박정희는 568만8천666표(51.5%)를 얻은 반면, 윤보선은 452만6천541표(40.9%)에 그쳤다. 통한당 오재영은 26만4천 표, 민중당 김준연은 24만8천 표, 한독당 전진한은 23만2천 표, 정의당 이세진은 9만8천 표였다. 이 네 후보들의 표를 다 합쳐도 84만3천 표로 박정희와 윤보선의 표차인 116만 표엔 한참 미치지 못했다.

승패는 영남에서 결정됐다. 윤보선은 다른 모든 지역에서 박정희를 앞섰지만, 영남에서 박정희는 226만6천 표를 얻은 데 비해 윤보선은 89만3천 표 밖에 얻지 못했다. 5대 때에는 영남에서의 표차가 66만 표였던 것이 6대 때는 137만 표로 두 배나 벌어진 것이다.[26]

선거 후 신민당은 "1백억으로 추산되는 공화당의 선거자금의 출처를 밝혀라" "법정한도액의 몇 십 배를 초과한 공화당의 선거자금 살포는 불법이다"고 비난했다.[27] 그러나 만약 박정희가 깨끗한 선거를 해 패배했다면, 윤보선은 암살당했을 것이다.

당시 중앙정보부 감찰실장을 지내다 이수근 사건으로 중정에서 쫓겨

25) 박상훈, 〈지역균열의 구조와 행태〉, 한국정치연구회 편, 『박정희를 넘어서: 박정희와 그 시대에 대한 비판적 연구』(푸른숲, 1998), 223쪽.
26) 이상우, 〈지역감정에 좌우된 대통령 선거: 한국 대통령 선거의 결정 요인〉, 월간조선 엮음, 『비록(秘錄) 한국의 대통령: 월간조선 1993년 신년호 별책부록』(조선일보사, 1992), 328쪽.
27) 조재구, 『대통령후보들: 역대대통령 선거내막』(성정출판사, 1987), 165쪽.

난 뒤 미국으로 이민을 간 방준모는 90년대 초에 윤보선 저격 음모를 털어 놓았다. 중앙정보부장 김형욱이 "만일 개표 결과 윤보선의 당선으로 나타나면 총으로 저격하라"는 지시를 내렸다는 것이다. 이 지시에 따라 안국동 윤보선 집의 안방이 내려다보이는 덕성여고 2층에 저격수 1명을 배치했으나 박정희가 크게 이기는 바람에 미수에 그쳤다는 것이다.[28]

박정희를 마음껏 비판한 장준하에 대한 박 정권의 보복은 선거가 끝난 지 5일 후에 이루어졌다. 박 정권은 5월 8일 허위사실 유포로 특정 후보를 비방했다는 이유로 장준하를 구속했다. 그러나 장준하는 6·8 총선에 신민당의 동대문 을구 후보로 옥중 출마해 4만 표 이상을 얻는 압도적 표차로 당선되었다.

윤보선 암살 음모와 장준하에 대한 보복이 말해주듯이, 박 정권은 '폭력 정권'이었다. 박정희가 지면 윤보선을 암살하겠다는 발상은 김형욱 혼자만의 것이 아니었다. 누구보다도 더 김형욱을 잘 알고 있는 박정희가 김형욱을 그 자리에 앉혀 놓은 이유였다. 김형욱의 중앙정보부가 공화당 의원들을 데려다 고문을 해서 복종하게 만드는 걸 박정희는 매우 기특하게 생각하고 있었던 것이다.

박정희의 '호박쌈과 보리밥' 이미지

그러나 당시 세상에 알려지는 박정희의 이미지는 그런 '폭력 행사'와는 거리가 멀었다. 육영수는 철야 개표 중계방송을 한 아나운서 임택근과 강영숙을 다음날 청와대 점심에 초대했다. 임택근에 따르면,

"이윽고 기대했던 점심상이 나왔는데, 예전에 최고회의 의장 공관에

---

28) 문일석, 「KCIA 비록(秘錄)-X파일 2: 중앙정보부 전 감찰실장 방준모 전격증언」(한솔미디어, 1996), 14~29쪽; 김충식, 「정치공작사령부 남산의 부장들 1」(동아일보사, 1992), 102쪽.

서 먹은 적이 있는 호박쌈과 보리밥이 또 나오는 것이 아닌가. 약간은 실망스러웠지만 그분들의 검소한 생활에 절로 고개가 숙여졌다. 평범한 우리네 같으면 이렇게 경사가 있는 날이면 적어도 보리밥은 먹지 않았을 텐데 말이다."[29]

임택근과 강영숙이 방송사로 돌아가 위 이야기를 널리 전파시켰으리라는 건 짐작하기 어렵지 않다. "아 글쎄, 호박쌈과 보리밥만 먹더라니까!" 입으로 먹고사는 방송사 사람들이 그걸 얼마나 퍼뜨리고 다녔겠는가!

박정희는 67년 7월 1일 제6대 대통령 취임사에서 '빈곤과 부정부패와 공산주의'를 한국의 '3대 공적'으로 지목하면서, 부정부패 척결을 유난히 강조하였다.[30] 그러나 박정희는 자신과 자신에게 충성을 바치는 고위 공직자들의 부정부패에 대해선 더할 나위 없이 관대하였다. 60년대 박정권의 상층부가 얼마나 썩었는가 하는 건 정부의 고관들이 살고 있는 신흥 주택가인 동빙고동 일대가 '도둑 마을'로 불렸다는 것으로도 잘 알 수 있었다.[31]

그러나 박 정권의 속성이라 할 '폭력'과 '구조적 부패'에 개의치 않는 사람들은 박정희의 '호박쌈과 보리밥'에 감동하기를 주저하지 않았다. 시인 구상도 그런 사람 중의 하나였다. 그는 박정희의 제6대 대통령 취임 경축전에서 다음과 같은 송시(頌詩)를 낭독했다.

"당신의 영광에는/푸르름이 있다/밤안개를 헤친 결단의 그날/이 땅에 또하나 새벽 동을 트게 하고/우리의 가슴속에 새 삶을 불러일으킨/저 5월의 푸르름이 있다/당신의 영광에는 땀이 배어 있다/바위벽을 뚫는 광부의 이마같이/보리타작을 하는 농부의 잔등같이/아니 앞장서 수레채를 잡은 일꾼같이/전신의 땀이 배어 있다"[32]

---

29) 임택근, 『방송에 꿈을 심고 보람을 심고』(문학사상사, 1992), 253쪽.
30) 강성남, 『관료부패의 통제전략: 비교론적 시각』(장원출판사, 1999), 143~144쪽.
31) 林建彦(히야시 다께히꼬), 최현 옮김, 『남북한현대사』(삼민사, 1989), 229쪽에서 재인용.
32) 이상우, 『박정권 18년: 그 권력의 내막』(동아일보사, 1986), 159쪽.

박정희: 지역 분열주의의 원흉

박정희의 영남 패권주의

5·16 쿠데타 직후부터 불안했던 박정희의 위치는 영남 지연(地緣)의 존도를 심화시키는 결과를 초래했다. 양병기는 박정희 통치방식은 5·16 쿠데타 직후부터 "철저히 지역주의와 특정지역 패권주의의 원칙에 입각한 모습을 보였다"고 말한다.

"박정희는 자신의 출신 지역인 영남지역 출신 편중의 정치 충원을 통하여 5·16 군사쿠데타에 의한 집권과정상의 정통성 결여를 보완하고 정권의 안정화와 재생산을 추진하고자 한 것이다. 이 과정에서 영남지역 출신이 최고의 정치 충원률을 보이는 가운데 영남의 지역패권이 강화되고 영남지역을 중심으로 한 지배동맹이 구축되었던 것이다. 이 과정에서 호남 차별 현상이 두드러지게 나타나게 되었다."[33]

---

33) 양병기, 〈1960년대 국가통치기구의 재편: 군부통치의 내용을 중심으로〉, 한국정신문화연구원 편, 『1960년대의 정치사회변동』(백산서당, 1999), 269~270쪽.

1964년부터 '호남 푸대접론'이 공개적으로 터져 나오기 시작했다. 『전남매일』 64년 10월 25일자에 실린 〈전남은 푸대접받고 있다〉라는 제목의 기사가 아마도 그 시초일 것이다.[34]

『전북일보』 편집국장 진풍기는 66년 4월 13일자에 쓴 대통령에게 보내는 공개서한에서 "지금 서울의 거리에는 배움의 길을 찾아야 할 어린 나이에 모진 직업전선에 나선 불우 소년소녀들이 들끓고 있습니다. 구두 닦이로 혹은 여관, 음식점, 심부름꾼으로 인간 이하의 대접을 받아가며 살아가는 버려진 싹들 말입니다. 이들의 거의가 전라도 출신이라면 각하께선 놀라실 것입니다"라고 호소했다.[35] 영남만 챙기지 말고 호남도 좀 신경을 써 달라는 주문이었다.

66년 5월 광주 '공업단지유치' 추진위원회, 9월에 '푸대접' 시정위원회, 그리고 67년엔 호남권익보장투쟁위원회, 호남지방 근대화추진위원회 같은 기구가 호남 유력인사들에 의해 조직되었다. 일부 호남 출신 의원들은 호남 푸대접의 실상을 박정희에게 직접 서한으로 호소하기도 했다.[36]

'호남 푸대접의 진상'

그러나 박정희는 요지부동이었다. 67년 4월 29일 박정희는 대선 공약으로 경부고속도로 건설을 발표하였다. 이건 호남을 두 번 죽이는 일이었다. 경부고속도로는 총체적 국부의 증대엔 어떤 기여를 할망정 지역균형 발전은 영영 불가능한 '구조'를 만드는 결과를 초래할 것이 분명했

34) 정근식, 〈지역감정과 지역문제〉, 고영복 편, 『현대사회문제』(사회문화연구소, 1991), 543쪽.
35) 고길섶, 『우리 시대의 언어게임: 언어로 보는 한국현대사』(토담, 1995), 323~324쪽에서 재인용.
36) 이상우, 『박정권 18년: 그 권력의 내막』(동아일보사, 1986), 341쪽; 정영태, 〈개별연대의 노동자계급 형성: 인천지역 노동자를 중심으로〉, 이종구 외, 『1960~1970년대 한국의 산업화와 노동자 정체성』(한울아카데미, 2004), 295쪽.

기 때문이다. 세계은행의 자매 기구인 국제개발협회가 "경부고속도로와 같은 남북 종단보다는 횡단도로가 더 시급하다"며 차관 지원에 난색을 표한 것도,[37] 바로 그런 문제와 관련된 것이었다.

이상우는 "제6대 대통령 선거가 실시되던 67년 무렵에는 '호남 푸대접' 론이 한창 비등하던 시기였다"며 다음과 같이 말한다.

"제2차 5개년계획이 마무리되어 가던 60년대 말에 이르도록 호남 지방에는 이렇다 할 공장 하나, 그리고 반듯한 도로 하나 건설되지 않았다. 6대 대통령 선거 때 호남인들을 무마하기 위해 박정희 후보는 호남 푸대접의 상징처럼 되었던 호남선의 복선화를 공약했으나 착공만 됐을 뿐, 실제 공사는 조금도 진척되지 않았다."[38]

『전남일보』 부주필 양동균은 『신동아』 1968년 11월호에 쓴 〈호남 푸대접의 진상은 어떤가?〉라는 제목의 글에서 이렇게 말했다.

"호남 사람들에게 가장 외형적인 치욕감을 주는 것의 하나는 아직도 단선 운행을 하는 호남선 철도다. …… 해방 20수년래에 호남선의 복선화에 대한 구체적인 정부의 시안조차 나온 일이 없다. …… 호남은 영남에 비해서 현저하게 차별 대우를 받고 있다는 사실이다. 말로는 지방적인 편재나 격차를 지양한다고 돼 있지만, 실제 공장 건설이나 지역사회개발을 위한 간접 투자에 있어서 호남은 영남에 비해 현저하게 푸대접 받아 온 것이 사실이다. 울산 공업지대니 마산 공업지대니 하는 대단위 공장 건설은 주로 영남에 배정됐고, 1967년부터 착공한 경부고속도로도 호남은 제외되고 있다. 이밖에 대일 청구권 자금 배정 문제, 항만 건설, 도로 건설, 철도 체신사업, 국고금 보조 배정 등 각 면에서 호남 푸대접이 이뤄진 것이 사실이다."[39]

---

37) 김용환, 『임자, 자네가 사령관 아닌가: 김용환 회고록』(매일경제신문사, 2002), 54쪽.
38) 이상우, 『박정권 18년: 그 권력의 내막』(동아일보사, 1986), 341~342쪽.
39) 고길섶, 『우리 시대의 언어게임: 언어로 보는 한국현대사』(토담, 1995), 323쪽에서 재인용.

"공업은 영남, 농업은 호남"이라는 구도 때문이었을까? 그것도 아니었다. 박정희 정권은 농업 생산의 기본이 되는 수리 시설마저도 영남에 더 투자했다. 68년 현재 시설사업이 완성된 수리조합이 영남에는 72개소, 호남은 23개였다. 67년에 한발이 매우 심각했고, 특히 호남지방의 한발이 가장 심했는데도, 양수기 배정은 영남 6 호남 1의 비율로 이루어졌다.[40]

그런 차별이 '호남 죽이기'를 위한 무슨 음모에서 비롯된 건 아니었을 것이다. 문제의 핵심은 앞서 지적했듯이, 박정희가 겉으로 떠든 것과는 달리 연고와 정실에 매우 약했으며, 인사 정책도 연고와 정실의 지배를 받았다는 점에 있었다. 그는 쿠데타 하듯이 통치했다. 쿠데타란 믿을 수 있고 배짱이 맞는 사람 위주로 꾸미는 게 아닌가. 박정희의 인사가 연고 위주로 흐르다보니, 모든 행정이 연고 중심으로 이루어졌고, 그 결과 이후 수십 년간 지속될 지역 갈등의 씨앗을 심게 된 것이다.

36년 걸린 호남선 복선화

1966년 252만 명을 넘어섰던 전북 인구는 2004년에 이르러 190만명대로 떨어졌으며, 이마저도 위협받아 곧 180만대로 전락할 지경에 처해 있다. 그 이유는 60년대와 70년대의 역사에서 비롯된다. 60년대와 70년대 내내 "전라남·북도와 강원도는 만성적인 인구 감소 지역이 되었고, 경상남·북도의 신흥 공업 도시는 높은 인구성장률을 보여 한국 공업의 지역적 불균형성을 반영하게 되었다."[41]

1960년 이후부터 따져 보더라도 호남의 인구 감소는 매우 놀라운 수

---

40) 이상우, 『박정권 18년: 그 권력의 내막』(동아일보사, 1986), 341쪽.
41) 박경애, 〈인구변동과 사회변동〉, 홍두승 편, 『한국사회 50년: 사회변동과 재구조화』(서울대학교출판부, 1997), 30쪽.

6대 대선시 호남민심을 달래기 위해 착공된 호남선 복선화 사업은 36년 후인 2003년 연말에 가서야 완공된다.

준을 보여주었다. 이상우는 다음과 같이 말한다.

"5 · 16 전 해인 60년 말, 영남의 인구는 819만4천 명이었는데 10 · 26 다음 해인 80년에는 1천142만9천 명이 되었다. 그 동안에 323만5천 명의 인구가 늘어난 것이었다. 이에 비해 호남의 인구는 60년 말 594만 8천 명에서 80년 606만5천 명이 되었다. 20년 동안에 11만7천 명밖에 늘지 않은 숫자였다. 60년 말 한국의 총 인구는 2천498만 명이었다. 그 것이 80년에는 3천742만 명이 되어 그동안 약 50%의 인구 증가를 보였다. 이 증가율을 호남에 적용한다면 80년의 호남 인구는 약 900만 명이 되어야 한다는 계산이 나온다. 그런데도 박정희 통치 20년 동안 호남 인구가 거의 제자리걸음을 하고 있었다는 것은 무엇을 뜻하는 것인가. 자연 증가분에 해당하는 약 300만 명은 어디로 갔는가? 그 동안에 서울 인구는 244만5천만 명에서 835만 명으로 늘어났다. 50%의 자연증가분을 감안하면, 약 470만 명이 외지에서 서울로 이주했다는 계산이 나온다.

이 가운데 반 이상이 호남 사람이 아니었을까."[42]

박정희가 호남을 위해 던진 '호남선 복선화' 카드는 마지못해 던진 것이었기 때문인지는 몰라도 공수표가 되고 말았다. 호남선 복선화가 이루어진 건 그로부터 36년 후인 2003년 12월 8일이었다. 그날에서야 비로소 호남선 복선화의 마지막 잔여 구간인 전남 무안군 삼향면 임성리-목포역간 7.3km 구간 공사가 완료된 것이다.

박정희를 사랑하는 영남인은 '호남 푸대접론'에 별로 동의하지 않을 것이다. 그건 중요치 않다. 중요한 건 누가 옳건 그르건 극심한 분열이라고 하는 사실 그 자체다. 문제의 요점은 이것이다. 박정희는 한국인의 분열주의를 증오했다. 즉, 누구보다 한국인의 분열주의를 증오하고 개탄했던 박정희는 자신의 사후 20년이 넘도록 꺼지지 않는 지역 분열주의 화마(火魔) 또는 그 원흉이 된 것이다.

---

42) 이상우, 『박정권 18년: 그 권력의 내막』(동아일보사, 1986), 347쪽.

6 · 8 총선: 3선 개헌을 위하여

'야당 토벌작전'

박정희의 대통령 임기는 1971년에 끝나게 돼 있었다. 박정희는 늘 그 점이 아쉬웠다. 제6대 대통령 선거를 치르기 전부터 늘 그 점이 마음에 걸렸다. 여권의 박정희 추종자들 사이에서 3선 개헌은 이미 66년부터 거론되고 있었다. 그간 벌여놓은 일을 마무리 짓고 이 나라를 제대로 이끌어가기 위해서는 박정희가 계속 집권해야 한다는 논리였다.[43]

1967년 6월 8일에 치러진 제7대 국회의원 선거는 박정희에겐 3선 개헌의 성패를 결정짓는 '전쟁'으로 다가왔다. 그래서 수단과 방법을 가리지 않는 부정이 자행되었다. 자유당 시절에 동원되었던 온갖 수법들이 되살아났다. 참으로 묘한 일이었다. 박정희는 자유당의 그런 작태가 저주스러워 쿠데타를 꿈꾸었던 인물이 아니었던가? 네가 하는 부정 선거

---

43) 김문, 『장군의 비망록 I: 격동의 현대사를 주도한 장군들의 이야기』(별방, 1998), 63쪽.

는 저주스럽지만, 내가 하는 부정 선거는 국가와 민족을 위해 불가피하다는 것이었을까?

온갖 부정에 더하여 이른바 '야당 토벌작전' 까지 도입되었다.

신민당 전국구 후보 10번 김재화는 재일동포 실업인이었다. 중앙정보부는 총선 일주일을 앞두고 김재화를 국가보안법, 반공법, 외환관리법 위반 혐의로 구속하였다. 중정은 조총련계 자금 유입 가능성이 있다는 이유로 신민당 중앙 경리장부를 압수하고 당 간부들을 잇달아 불러들여 조사했다. 선거 자금 등 경비 지출도 동결시켰다. 순식간에 야당 선거 전열은 마비되었다. 지도부 인사들은 지방유세를 중단하고 서울로 올라와 긴급대책회의를 가졌다.

그 시간에 공화당은 흥청망청 돈을 뿌리고 다녔으며, 하다못해 농협 조합장에서 영림서장에 이르기까지 온갖 관권의 총동원령을 내렸다. 이 선거에선 밀가루에 이어 보리쌀이 공짜로 뿌려졌고, 여당을 찍으면 판잣집을 헐지 않겠다는 은밀한 공약이 판을 쳤다.[44]

박정희의 '김대중 죽이기'

가장 큰 관심을 모은 선거구는 김대중이 출마한 목포였다. 박정희는 김대중의 잠재력을 높이 평가했던 것인지 목포에 집착에 가까운 지대한 관심을 기울였다. 박정희는 중앙정보부와 내무부에 "여당 국회의원 10명이든 20명이든 낙선시켜도 상관없다. 반드시 김대중만은 당선이 안 되도록 하라"는 지시를 내렸다. 이 지시에 따라 공화당은 2만여 명의 '유령 투표권자' 를 만들어내는 등 상상을 초월하는 부정을 감행했다.[45]

---

44) 김충식, 『정치공작사령부 남산의 부장들 1』(동아일보사, 1992), 137~138쪽; 동아일보사, 『민족과 더불어 80년: 동아일보 1920~2000』(동아일보사, 2000), 376쪽.

목포에 출마한 공화당 후보는 육군 소장 출신으로 체신부장관을 지낸 김병삼이었다. 그는 진도 출신이었지만 박정희가 직접 명령을 내려 내키지 않는 출마를 한 상태였다. 박정희는 김병삼을 당선시키기 위해 선거 기간 중 두 번이나 목포를 방문했다.

박정희는 목포역 앞의 지원연설에서 "김병삼 후보가 당선되면 목포 경제를 활성화시키고, 대학까지 지어주겠다"고 공약했다. 얼마 후 다시 와선 유달산 기슭의 한 호텔에서 각 부서 장관을 모아 놓고 국무회의를 열었다. 국무회의의 주제는 목포 발전이었다. 경제기획원 장관이자 부총리인 장기영은 목포에 공장을 수십 개 유치하겠다고 공약했다. 선거관리위원회는 지금까지의 결정을 뒤엎고 대통령은 당 총재를 겸하므로 선거운동을 해도 상관없다고 인정했다.[46]

박정희가 3선 개헌 때문에 그런 몸부림을 친다고 판단한 김대중은 선거 유세에서 이렇게 말했다.

"당신네 여당이 이처럼 부정한 방법을 사용해서까지 선거에 힘을 쏟고 있는 것은 결국 헌법을 개정하여 또다시 대통령이 되고자 하는 의도가 아닌가? 그 개헌에 필요한 3분의 2 이상 의석을 어떤 무리를 해서라도 확보하고 싶은 생각 때문이 아닌가?"

박정희는 다음날 연설에서 이렇게 답했다.

"나는 헌법을 고쳐서 세 번이나 대통령이 될 생각은 절대로 없다. 내가 3선 개헌을 하려고 한다는 것은 정치적 모략이다."[47]

김대중은 2천 표 차이로 당선되긴 했지만, 전체 선거 결과는 공화당의 압승으로 나타났다.

---

45) 김대중, 일본 NHK 취재반 구성, 김용운 편역, 『역사와 함께 시대와 함께: 김대중 자서전 1』(인동, 1999), 200~201쪽; 동아일보사, 『민족과 더불어 80년: 동아일보 1920~2000』(동아일보사, 2000), 376쪽.
46) 김대중, 위의 책, 200~201쪽.
47) 김대중, 위의 책, 201~202쪽.

공화당 130석, 신민당 44석

공화당의 득표수는 549만 표로 50.6%, 신민당의 득표수는 355만 표로 32.7%였지만, 공화당은 헌법 개정에 필요한 117의석을 훨씬 웃도는 의석을 얻었다. 공화당은 전국구를 포함해서 130석(지역구 103석, 전국구 27석), 신민당은 44석(지역구 27석, 전국구 17석), 대중당 1석이었다.

선거 과정뿐만 아니라 투개표 과정에서도 전국적으로 엄청난 부정이 자행되었다. 야당은 6·8 총선을 무효로 선언하고, 재선거를 요구하며 국회 등원을 거부했다. 유진오는 6·8 선거의 관권 개입을 비난하면서 이를 '선거에 의한 쿠데타'로 규정했다.

학생들도 야당의 주장에 동조해 전국의 각 대학에서 6·8 부정선거 규탄데모가 벌어졌다. 6월 13일 서울의 대학생들이 부정선거를 규탄하는 대규모 시위를 전개하자, 박 정권은 그날로 서울 21개 학교에 휴교령을 내렸다. 14일엔 5개 대학, 21개 고등학교를 추가시켰다. 결국 16일까지 전국 31개 대학과 163개 고등학교에 휴교령이 떨어졌다.

사태가 심상치 않게 돌아가자 공화당은 부정선거를 비공식적으로 인정하고 야당과 타협할 자세를 취하였다. 이게 또 야당 내에 분란을 일으켰다. 야당이 타협파와 비타협파로 양분된 것이다. 7월 10일 7대 국회는 야당의 등원거부 투쟁으로 인해 공화당 의원들만 참석한 가운데 개원되었다. 타협파인 신민당 대변인 김대중은 총재인 유진오에게 이렇게 말했다.

"계속 등원 거부 투쟁만 전개해서는 안 된다고 생각한다. 총재는 국회의원 선거를 다시 해야 한다고 주장하고 있지만, 현실적으로 그것은 불가능하지 않은가? 그보다 여당의 입장에 대한 야당의 입장 정리가 서 있어야 한다. 즉, '정부 여당은 개헌으로 박대통령이 추구하는 3선을 위한 길을 열지 않겠다는 보증으로 3분의 2 이상인 여당 의석을 3분의 2 이하

신민당사 옥상에서 부정선거를 규탄하는 신민당 의원들.

로 줄이고, 초과 인원의 의석은 당선을 사퇴 시키겠다' 고 제안하고 있다. 지금은 무엇보다 박 대통령의 3선을 저지하는 일이 중요하니까 이 제안을 받아들여야 한다. 개헌하지 않겠다는 보증을 십수 의석의 사퇴로 얻고 타협하자. 또 하나는 지방자치 문제다. 부정선거가 일어나는 것은 위에서는 국무총리부터 이장, 반장까지 전원이 정부에서 임명하는 사람들이라 선거 때는 여당 후보를 위해 일하게 된다. 그 병폐를 막기 위해서는 지방자치제를 도입할 수밖에 없다. 시장도 동장도 선거로 뽑으면 사태가 호전될 것이다. 그러니까 정부 측에 3선 개헌을 할 수 없는 보증을 얻을 것과 지방자치를 실시할 것, 이 두 가지를 조건으로 내세워 타협을 모색하는 게 어떤가?"

유진오는 김대중의 제안을 승낙했다. 김대중은 신문과 방송에 그걸 흘려 크게 보도되도록 했다. 그러자 비타협파인 강경파가 불만을 터뜨렸다. 강경파에 다시 설득된 유진오는 "대변인의 말은 당의 의견과 다르다"고 부정했다. 김대중은 유진오에게 "결국 여당의 생각대로 되어서 헌법은 개정되고 지방자치마저 실현시키지 못하는 최악의 사태가 오고야 말 것이다"고 항변했지만, 자신의 뜻이 관철되지 않자 좌절하고 말았다.[48]

야당의 등원 거부 투쟁

끝까지 야당 의원들이 등원 거부 투쟁을 벌여 국회의원직을 내던지고 낙향해 버린다면 그게 오히려 더 좋은 일일 수 있었지만, 절대로 그럴 사람들이 아니었다. 결국 모든 게 김대중의 말대로 되고 말았다. 야당은 "이번 선거가 문제를 남기고 끝난 것을 유감으로 생각한다"는 박정희의 8월 1일 발언을 '사죄'로 간주하였고, 부정 선거구의 재선거와 그 처분 문제는 국회 내 특별조사위원회에서 처리하고 아울러 부정선거가 앞으로 일어나지 않도록 법률을 제정한다는 수준의 타협안에 동의해 선거 169일 만인 11월 29일 등원했다. 김대중의 개탄이다.

"얻은 성과는 전혀 없었다. 3선 개헌을 하지 않겠다는 보장이나 지자

---

48) 김대중, 일본 NHK 취재반 구성, 김용운 편역, 『역사와 함께 시대와 함께: 김대중 자서전 1』(인동, 1999), 213~214쪽.

제를 실시한다는 약속도 얻을 수 없었다. 여당이 앞서 제시한 타협안에서 후퇴한 탓에 아무 소득도 없이 모처럼의 기회를 허망하게 놓쳐 버린 것이다. 나는 이 나라의 정치를 망쳐 독재정치를 초래한 것에 야당에게도 일정 부분 책임이 있다고 생각한다. 한일협정 문제에 이어 이번에도 거의 실현 불가능한 '선거 재실시'를 요구해 아무 것도 얻을 수 없었다. 이는 '한일회담 절대반대' 주장과 궤를 같이 한 것이다. 이러한 야당의 불행한 체질이 이번에도 일을 그르치게 했던 것이다. 강경론과 극한투쟁이란 공허한 명분주의로 야당이 국민으로부터 멀어지고, 독재정권을 돕는 결과를 몇 번이나 초래했는지 모른다."[49]

당시 중앙선거관리원장이었던 사광욱도 야당의 행태에 어이없어 했다. 훗날에 나온 그의 증언이다.

"국회에서 청문회가 열렸어요. 자연 여야 국회의원들이 이번 국회의원 선거에 대해 어떻게 생각하느냐고 물으면 나는 '부정선거였다'라고 대답하려고 준비를 하고 나갔어요. 그러면 의원들이 당신이 주관한 선거가 부정선거였다면 책임을 져야 할 것이 아니냐고 물을 것이고, 그럴 경우 그 책임으로 지금 사표를 낸다면서 시원스레 사표를 내려고 사표를 써서 안주머니에 넣고 나갔는데 의원들의 그런 추궁이 없어요. 그래서 뜻을 이루지 못했어요."[50]

68년으로 해가 바뀌면서, 1월 21일 북한 무장공비들이 청와대를 습격하는 사건이 벌어지자 부정선거 문제는 완전히 사라져 버렸고 국가안보 이슈가 전 사회를 지배하게 된다. 결과만 놓고 보자면, 북한은 늘 박 정권의 든든한 우군이었다.

---

49) 김대중, 일본 NHK 취재반 구성, 김용운 편역, 『역사와 함께 시대와 함께: 김대중 자서전 1』(인동, 1999), 215쪽.
50) 주돈식, 『우리도 좋은 대통령을 갖고 싶다: 8명의 역대 대통령과 외국 대통령의 비교평가』(사람과책, 2004), 148쪽.

동백림 사건: '국가 테러리즘'

'북괴 대남적화공작단'?

동백림. 동 베를린을 그렇게 불렀다. 1967년 7월 8일, 중앙정보부장 김형욱은 동백림을 거점으로 한 '북괴 대남적화공작단'을 적발했다고 발표했다.

"대학교수와 의사, 예술인 및 공무원 등이 1958년 9월부터 67년 5월 사이에 동독 주재 북괴대사관을 왕래하면서 접선, 간첩활동을 해왔다. 현재까지 194명이 연루됐으며, 특히 명지대학 조교수 임석진 박사 등 7명은 소련·중공 등을 경유하여 직접 평양을 방문, 밀봉교육을 받고 귀국해 간첩활동을 했다."

이는 동백림 사건의 제1차 진상발표문이었다. 김형욱은 신바람 난 듯이, 이어 7월 11일에서 15일까지 매일 한차례씩 진상 발표를 했다. 17일에 나온 건 '제7차 진상발표문'이었다.

7월 11일 제2차 발표 시엔 서울대 '민족주의비교연구회'(민비연) 사건을 발표하면서 이 단체도 '북괴 대남간첩단사건'의 한 공작부서로서 반국가단체라고 주장하였다. 결론을 미리 이야기하자면, 훗날 김형욱은 민비연은 동백림사건과 관계가 없다며 '큰 실수'로 인정했다.[51]

3차 발표문과 6차 발표문에서는 당시 국제적으로 명성을 얻은 재서독 음악가 윤이상(당시 50세)과 재불 화가 이응로(당시 64세)가 연루돼 구속 수감되었음을 발표하고 "임의동행 형식으로 이들을 한국에 데려왔다"고 밝혀, 세상을 더욱 깜짝 놀라게 만들었다.

이 사건의 발단은 서독에서 유학 중 평양을 2회 방문했던 명지대학 조교수 임석진의 신고에서 비롯됐다. 임석진의 증언이다.

"귀국 후 대학 강의를 맡고 있었다. 북한을 배신하고 서울로 돌아온 후 불안감이 컸다. 그들이 나의 모든 것을 항상 감시하고 있다는 생각을 지울 수 없었다. 5월 3일 대통령선거에서 박정희 대통령이 야당의 윤보선 후보를 누르고 재선에 성공했고, 6월 8일 7대 총선에서 공화당이 신민당에 압승했다. 특히 총선을 둘러싸고 대학생과 야당을 중심으로 한 부정선거 시위로 전국이 들끓고 있었다. 그러한 데모의 배후에 북한이 있는 것이 아닌가 하는 의구심까지 들었다. 평양을 두 번이나 방문했던 나로서는 유럽 우리 유학생들의 실상과 북한의 의도 등을 정부에 알리는 것이 나는 물론 비슷한 처지의 유학생들에게도 '살 길'이 될 것으로 판단했다. 더구나 이 같은 사실을 김형욱 중앙정보부장에게 신고하는 것보다 박정희 대통령에게 직접 고변하는 것이 피해를 최소화 할 수 있다고 판단했다. 당시 김형욱은 워낙 무지막지했으니까. 결국 박 대통령을 만날 수 있는 자리를 만들었고 모든 사실을 털어놓았다. 이후 수사가 시작됐다. 그러나 내가 생각했던 것보다 사안이 훨씬 크게 부풀려졌다. 이후 윤이상 씨 등은 인터뷰에서 나를 '중앙정보부의 첩자'로 몰아세우기도

---

51) 김경재, 『혁명과 우상: 김형욱 회고록 ②』(전예원, 1991), 194쪽.

했지만 그들의 심정을 충분히 이해할 수 있다."[52]

임석진은 자신의 신고로 자신의 동생과 누나마저 이 사건에 연루되어 오랫동안 감옥살이를 해 무척 괴로워했다.[53]

임석진은 자신이 생각했던 것보다 사안이 훨씬 크게 부풀려졌다고 말했는데, 사실 그 이상이었다.

'리버럴한 분위기'가 죄였나?

당시 서독 유학생으로 동베를린의 훔볼트대학에 교환교수로 체류 중이던 김일성대학의 이 아무개 교수 집을 방문해 식사 한 끼 잘 얻어먹은 죄로 서대문교도소에 수감된 김종대의 경우를 보자. 그는 순수한 민족애로 밥 한 끼를 얻어먹긴 했지만, 그쪽에서 정치성을 드러내 이후 관계를 끝냈다. 물론 김종대와는 달리, 평양을 다녀온 사람들도 있었지만 이들의 경우에도 북한 방문의 동기는 중앙정보부가 주장하는 것과는 거리가 멀었다.

"우리 세대에 통일을 못 이루면 통일은 영원히 불가능하다고 생각했습니다. 패전국 일본은 '소니'가 유럽에 진출하는 등 엄청나게 발전하는데 우리는 무슨 죄가 있어 남북이 갈려 으르렁거리느냐는 울분이 컸지요. 여기에, 통일을 위해선 공산주의를 직접 알아야겠다는 오기가 발동한 겁니다."

김종대의 경우는 어떠했던가?

"하이델베르크에 가니 30여 명의 라이프치히대(동독 자매대) 유학생이 있더군요. 우리는 그쪽 사람 접촉하면 안 된다는 강박관념에 주눅 들어

52) 정병진, 〈민주화 발자취: 독 유학생이 박통에 방북 고백한 게 '간첩단 사건'으로〉, 『한국일보』, 2003년 5월 30일, A15면.
53) 김경재, 『혁명과 우상: 김형욱 회고록 ②』(전예원, 1991), 199쪽.

있을 때인데 이들이 자기 체제의 약점과 상대의 문제들을 서슴없이 토론하는 것을 보았습니다. '이게 지성이구나' 생각했지요. 또 5·16에 대해 당시 독일 언론이 대단히 비판적이었습니다. 어차피 남북 정부는 당장 대화할 것 같지 않고 우리라도 동포들과 만나 대화를 나누고 싶었습니다."

김종대에 따르면, 당시 독일 유학생 상당수가 서울대 문리대 출신들로서 특유의 리버럴한 분위기가 "북한 사람들을 만날 기회가 주어질 때 만나지 않는 것은 지식인의 죄악"이라는 의식을 형성하는 데에 일조했다는 것이다.

당시 뮌헨대 정치학과에 유학 중이던 김택환(36세)은 이런 경우였다.

"두 번째 북한대사관 방문은 크리스마스이브에 박성조씨(현 베를린자유대학 교수) 등 네 명과 서베를린에서 모여 놀다가 북한 사람들에게 냉면이나 얻어먹으러 가자는 우발적인 제안에 휩쓸린 겁니다."

김택환은 북한 대사관원의 집에서 실컷 저녁 잘 얻어먹은 뒤 "화장실에는 왜 김일성 초상이 없느냐"는 질문을 던졌다가 혼쭐이 나기도 했다고 한다.

또 프랑스에서 사건에 연루됐던 대부분의 유학생들은 서로 잘 어울리던 경기고 동문들이자 대그룹 회장의 동생 또는 명문대 총장의 아들 등이어서 경제적으로나 사회적으로 '간첩'과는 전혀 맞지 않는 사람들이었다.[54]

'그로테스크한 코미디'

이 사건의 총 관련자는 194명이었지만, 그중엔 납치과정에서 도망치

---

[54] 〈'리버럴한 분위기'가 죄였나?〉라는 소제목 하의 글은 모두 김창희, 〈"동백림사건요? 코미디였지요": '역사의 비극' 30돌, 관련자들 씁쓸한 회고…"우린 국가테러리즘의 희생자"〉, 『뉴스플러스』, 1997년 7월 3일, 52~53면을 참고한 것입니다.

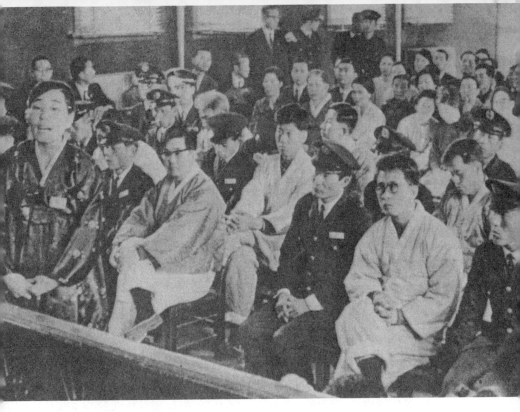

동백림 사건 관련자들의 공판 모습.

거나 '매값'을 치르고 풀려난 경우도 많아 기소자는 34명이었다. 유럽에
있던 사람들은 67년 6월 17일을 전후해 전격적으로 유럽 현지에서 중앙
정보부원들에 납치돼 한국으로 끌려왔다.

　한국 정부의 강제 연행에 대해 서독과 프랑스 정부는 강력 항의하면
서 이는 영토주권의 침해이자 납치행위라고 비난하면서 원상회복을 요
구했다. 이들의 항의와 교섭으로 사형선고를 받은 2명조차 수감 2년 반
만에 형집행정지 형식으로 조기 석방되어 다시 유럽으로 돌아갈 수 있었
다.[55]

　김종대는 이 사건이 중앙정보부가 조작한 '그로테스크한 코미디'라
며, 그 코미디의 한 장면을 이렇게 회고했다.

---

55) 한승헌, 『불행한 조국의 임상노트: 정치재판의 현장』(일요신문사, 1997), 105쪽.

"어느 날 나는 '인간은 인간에게 무엇인가?' 라는 물음을 스스로 던지며 독방에서 면벽한 채 상념에 잠겨 있었는데, 사법연수생으로 보이는 20여 명의 견학그룹이 내 감방 앞에 나타났다. '동베를린을 거점으로 산첩 활동을 하다 검거된 해외 유학생 중의 한사람입니다.' 교도소장이 나를 소개하자 그들은 좀 더 가까이서 나를 관찰하려고 좁은 철창 틈으로 서로 머리를 부대꼈다. 나는 마치 밀림에서 문명인들이 놓아둔 덫에 걸려 인간 세계의 철창에 갇힌 희귀종 맹수인 듯했다. 감방 문 위에는 '요주의' 푯말이 붙어있었다. 나는 그들의 궁금증을 풀어주기 위해 가까이 다가가서 얼굴을 보여주었다. 그들은 호기심을 해결했던지, 혹은 내가 곧 시국사범으로 처형되리라고 마음속으로 결론을 내렸던지 연민의 눈초리를 보냈다. 이들의 표정이 하도 진지한 바람에 나는 어이가 없어 그만 참지 못하고 '하하하' 큰소리로 파안대소했다. 예기치 못한 상황에 그들은 순간적으로 바짝 긴장하더니, 나에게 정신이상 현상이 나타났다며 나지막이 옆 동료들과 속삭였다."[56]

슬픈 코미디

코미디는 감옥 밖에서도 일어났다. 68년 7월 30일 대법원 형사3부가 상고심 판결공판에서 원심에서 중형을 선고받은 12명에 대해 "원심에서 간첩죄와 잠입죄를 적용한 것은 법 적용의 잘못이며 증거 없이 사실을 인정했거나 양형부당의 잘못이 있다"고 판시하면서 원심을 깨고 서울고법에 환송 판결을 내렸다. 그랬더니 8월 2일과 3일 이틀 동안 새벽에 법원청사 주변과 반도호텔 부근 일대에 "용공판사 처단하라"는 괴벽보가 나붙었다. 판결을 비난하는 삐라도 뿌려지고 판사에게 협박편지가 우송

---

56) 김종대, 〈동백림사건 재규명하라〉, 「뉴스플러스」, 1998년 11월 26일, 46면.

되기까지 했다.[57]

코미디는 신문 지상에서도 일어났다. 중앙정보부는 화가 이응로를 박정희 대통령 중임 경축식에 해외에서 국위 선양을 한 유공자로 초청한다고 속여서 국내에 데리고 와 체포했다. 이응로는 첫 공판 날 호송차에서 내릴 때 웃음을 띠었다고 어떤 신문은 반국가적 행위자치고는 뻔뻔하다고 비판했고, 그 다음 공판 때 억울한 심정에서 울음을 터뜨리자 어떤 신문은 "이제야 비로소 참회의 눈물을 흘렸다"고 썼다.[58]

코미디치곤 엄청나게 슬픈 코미디였다. 6개월 동안 구금당했던 시인 천상병의 경우엔 더욱 그랬다. 그는 중앙정보부에서 풀려나온 뒤 행려병자로 서울시립정신병원에 오랫동안 유치되었다. 그가 죽은 줄 알고 친구 시인들은 그의 유고집 『새』를 내기도 했다. 그는 〈그날은〉이라는 시(詩)에서 "아이론 밑 와이샤쓰같이 당한" 고통을 이야기했으며, 어떤 글에선 이렇게 썼다.

"67년 7월 내 인생은 사실상 끝났던 것이다. 정보부에서는 나를 세 번씩이나 전기고문하며 베를린 유학생 친구와의 관계를 자백하라고 했지만 나는 몇 차례 까무러쳤을망정 끝내 살아났다. …… 나는 찢어지는 고통도 이겨냈다. 지금도 몸서리가 쳐진다. 고문을 한 놈을 찾아 죽이고 싶은 심정일 때도 있었다. 그러나 나는 이겼으니 이것으로 만족한다. 나는 다리를 비틀거리며 돌아다니지만 진실과 허위 중 어느 것이 강자인가를 알고 있다."[59]

57) 송건호, 『한국 민족주의의 탐구: 송건호 평론선』(한길사, 1977), 232~233쪽.
58) 한승헌, 『불행한 조국의 임상노트: 정치재판의 현장』(일요신문사, 1997), 106쪽. 이 사건 후 국내 화랑들은 이응로의 작품을 취급하지 않겠다는 결의를 했다. 그로부터 27년 후인 94년 5월 29일 서울 호암갤러리에선 '고암 이응로 5주기 추모전'이 열렸다.
59) 김충식, 『정치공작사령부 남산의 부장들 1』(동아일보사, 1992), 172~173쪽.

윤이상의 비극

이 사건의 희생자로 가장 널리 알려진 윤이상의 경우는 어떤가. 그는 58년 8월 국제음악제에서 만난 동독 여대생에게 월북한 친구 소식을 알아봐 달라고 부탁한 것이 계기가 되어 10여 차례에 걸쳐 동베를린을 방문했으며, 헬싱키에서 열린 세계공산청년축제에 참석한 뒤에는 부부동반으로 평양을 방문하였으며 수천 달러의 미화를 받은 사실을 시인했다.[60]

그는 북한 방문 이유에 대해선 "용강에 있는 쌍용총의 고구려 벽화가 보고 싶어서 갔다. 벽화에 나타난 고구려 사람의 기상을 직접 보면 나의 민족서사시 작곡에 도움이 될 것으로 믿었다"고 말했다.[61]

그러나 박 정권은 윤이상이 예술가에 대한 호의의 표시로 알고 받은 돈을 '공작금'으로 둔갑시켰다. 이 사건으로 그는 제1심에서 종신형, 제2심에서는 15년형, 제3심에서는 10년형을 언도받았다. 부인도 '남편이 보고 싶어 한다'는 거짓말에 속아 납치된 후 서대문형무소에서 남편과 함께 수감 당했다가 5년형을 선고받고 얼마 후 집행유예로 풀려났다.

윤이상의 옥중 생활은 지옥과 같았다. 옥중에서 윤이상은 계속되는 고문을 견디지 못해 자살을 기도했다. 유리재떨이로 자신의 뒤통수를 치고 머리에서 흘러나온 피를 손가락에 찍어 유서를 썼다. "나의 아이들아, 나는 스파이가 아니다."[62]

그러나 자살은 미수에 그쳤고, 병원에 입원해 있는 동안 그가 또 다시 자살을 기도할지도 모른다고 생각한 정부는 그의 병실에 세 사람의 감시자를 상주시켰다. 수감 중이던 67년 9월 17일은 윤이상의 50번째 생일

---

60) 한승헌, 「불행한 조국의 임상노트: 정치재판의 현장」(일요신문사, 1997), 105쪽.
61) 한승헌, 위의 책, 106쪽.
62) 이수자, 〈자살기도〉, 「내 남편 윤이상 (상)」(창작과 비평사, 1998), 274쪽.

이었다. 아내 이수자는 그의 생일을 축하하는 내용의 편지와 함께 머리를 잘라 만든 '검은 장미'를 선물로 주었다.[63]

윤이상은 독일 정부와 세계적 예술가들의 줄기찬 석방요구에 의해 69년 2월 25일에 대통령 특사로 석방돼 독일로 추방되었지만, 윤이상은 평생 지울 수 없는 상처를 안고 살아가야 했다. 그는 후일 이렇게 회고했다.

"1968년 동베를린 사건은 나의 삶과 예술에 결정적인 계기가 되었습니다. 나는 이 사건에서 엄청난 고초를 당했습니다. 나는 동베를린 사건을 소화시키는 데 10년이 걸렸습니다. 1970년대 초반의 나의 작품은 인간으로서는 도저히 용납할 수 없는 분노가 서려 있습니다."[64]

김형욱은 훗날 자신의 회고록에서 "'동백림 사건'의 모든 관련자들에게 사죄하고 싶다"라고 말했지만, 김형욱은 '국가 테러리즘'의 하수인이었을 뿐이고 그 우두머리는 박정희였다. 박정희는 이후 "내 무덤에 침을 뱉으라"고 외치면서 '조국 근대화'를 위해선 '국가 테러리즘'도 필요악이라는 자세를 계속 유지하게 된다.

---

63) 이수자, 〈동베를린 사건〉, 『내 남편 윤이상 (상)』, (창작과 비평사, 1998), 288쪽.
64) 김언호, 〈나의 삶, 나의 음악, 나의 조국〉, 『책의 탄생』, (한길사, 1997), 177쪽. 1994년 '윤이상 음악축제'가 그의 강제추방 25년 만에 서울, 광주, 부산에서 열리게 되자, 윤이상은 한국 입국을 허가해 달라는 서신을 한국 정부에 보냈다. 그러나 한국 정부는 그에게 정치 활동을 하지 않겠다는 각서를 요구했다. 각서 요구를 거절해 고국 땅을 밟지 못한 윤이상은 그 이듬해인 95년 11월 4일 베를린에서 "내 고향은 남한도 북한도 아닌 독일"이라는 말을 남기고 사망했다. 유해도 고향인 경남 통영에서 가져온 한줌의 흙과 함께 고국산천이 아닌 베를린 가토우 특별묘지에 묻혔다.

한강 개발과 여의도 건설: '민족의 예술'

서울 도심부 재개발 사업

1966년 10월 31일 시청 앞에서 벌어진 미국 대통령 린든 존슨 환영 행사는 엉뚱하게도 서울 도심부 재개발 사업을 촉진시키는 결과를 초래 했다. 그 이유는 한미 양국의 TV 생중계 때문이었다.

당시 시청 맞은편엔 중국인 마을이 있었는데, 그곳은 슬럼지대였다. 그 주변도 1930년대 이전에 지은 일본 적산가옥의 연속이었고, 그 사이 사이에 무허가 판잣집들이 늘어서 있었다. TV 카메라가 30만 군중의 모습을 보여줄 때에 그 배경까지 잡히고 말았다. 손정목은 이렇게 말한다.

"이 광경을 본 미국인은 물론이고 전 세계인이 놀라워했다. …… 한국의 베트남 파병으로 대다수의 미국인과 유럽인은 한국을 제법 잘 사는 나라로 인식하게 되었다. 그런 인식을 가지고 TV로 방영되는 존슨 대통령 환영식 광경을 보고 있었는데 어찌된 일인가. 한국은 저렇게도 가난한 나라였던가. 실로 놀라운 사건이었다. 한국 정부와 서울 시민이 정성을 다해 치른 존슨 대통령 환영식은, 한국이라는 나라가 정말로 가난한 나라라는 것을 자유세계인이 실감하게 한 행사가 되고 말았다."[65]

특히 미국에 살고 있던 10만 교포들이 가장 놀라 교민 공동의 이름으로 청와대에 서울시청 주변의 슬럼지대를 깨끗하게 해달라는 탄원서를 올렸다. 이 사건이 서울 도심부 재개발 사업에 박차를 가하게 만든 한 이유가 되었다.[66]

서울시장 김현옥은 67년에는 세운상가, 낙원상가, 파고다아케이드 등 도심부 재개발 사업에 매달렸다. 김현옥이 무허가 판자촌을 헐어내고 "세계의 기운이 이곳으로 모이라"는 뜻으로 이름을 붙인 세운(世運) 상가는 주상복합아파트로서 당시엔 대단한 인기를 누렸다. 훗날 크게 쇠락하는 운명에 처하게 되지만, 그때엔 사회 저명인사들이 주요 입주자가 되었다.[67]

한강 연안도로 · 여의도 윤중제 공사

서울시장 김현옥의 좌우명은 "건설은 나의 종교"였다.[68] 그 점에선 박정희와 죽이 잘 맞았다. 김현옥의 관심은 도심 재개발 사업과 함께 한강으로 이동하고 있었다.

62년 6월 20일에 착공된 제2한강교는 65년 1월 25일 준공 개통되었으며, 66년 1월 19일엔 제3한강교(현 한남대교)가 착공되었다. 제3한강교는 북한과의 경쟁의식 때문에 원래의 설계가 변경되었다. 손정목에 따르면, "공사가 석 달 정도 진행됐는데 건설부에서 당초 설계된 왕복 4차로

---

65) 손정목, 『서울 도시계획 이야기: 서울 격동의 50년과 나의 증언 ②』(한울, 2003), 124~125쪽.
66) 손정목, 위의 책, 126쪽.
67) 심승희, 『서울: 시간을 기억하는 공간』(나노미디어, 2004), 78쪽.
68) 손정목, 위의 책, 32쪽.

(폭 20m)를 왕복 6차로(폭 26m)로 확장하라고 지시했다. 당시 우리나라 전체 차량 수 2만7천대에 비춰볼 때 6차로 다리는 너무 넓었다. 건설부의 한 간부가 알아본 바에 따르면 평양에 놓고 있는 다리의 폭이 25m이므로 우리는 그보다 1m는 더 넓어야 된다는 것이었다. 부랴부랴 설계를 고치고 기초 작업을 다시 시작했다. 제3한강교 착공 당시 평당 2백 원 정도였던 강남구 신사동 일대 땅값이 1년 뒤 3천 원으로 뛰었다."[69]

제3한강교는 69년 12월 26일에 준공된다.

제2, 3 한강교는 김현옥의 서울시장 취임 이전에 시작된 일이었고, 이제 김현옥은 판을 더 크게 벌리고 싶어 했다.

1967년 3월 17일, 훗날 '강변1로'로 불리는 제1한강교~영등포간 연안도로의 기공식이 거행되었다. 한강 연안도로가 서서히 그 모습을 드러내고 있던 8월경 김현옥은 새로 생기는 강변도로와 기존의 제방 사이에 2만4천 평이라는 새로운 택지가 조성되는 걸 보고 본격적인 한강 개발 사업에 착수하게 되었다. 그는 이런 지시를 내렸다.

"한강 개발계획을 세워라. 그 내용은 첫째, 여의도에 제방을 쌓아 가능한 한 많은 택지를 조성한다. 둘째, 여의도와 마포, 영등포를 연결하는 교량을 건설한다. 셋째, 한강을 사이에 두고 남북의 제방도로를 연차적으로 축조함으로써 한강 홍수를 방지하고, 자동차가 고속으로 달릴 수 있도록 한다."

한 달여 만에 한강 개발계획이 수립되었다. "여의도를 시가지로, 462억 원 투입, 한강 개발 3개년계획 마련"이라는 기사가 67년 9월 22일에 일제히 보도되었다. 김현옥은 한강 개발과 여의도 건설을 "조국의 시대적 과업이며 꼭 이룩해야 할 민족의 예술"이라고 주장했다.[70]

여의도엔 K-16 비행단이 있었는데 67년 11월 24일 성남으로 이전하

69) 손정목, 〈남기고 싶은 이야기들: 제3한강교〉, 『중앙일보』, 2003년 10월 9일, 27면.

기로 결정했다. 67년 12월 27일 여의도 윤중제 공사 기공식이 거행되었다. 높이 16m, 너비 21m, 총길이 7.6km나 되는 둥근 제방을 쌓아 80만 평의 평지를 만드는 대공사였다.

여의도를 막아도 강물의 흐름에 지장이 없게끔 하고 윤중제를 쌓는데 필요한 석재도 확보하기 위해 밤섬을 폭파해서 제거하기로 했다. 밤섬의 면적은 1만7천여 평으로 78가구 443명이 거주하고 있었다. 이들을 마포구 창전동 와우산 기슭으로 이주시켰다. 트럭으로 4만 대 분량의 잡석을 채취한 뒤 밤섬은 68년 2월 10일에 폭파돼 완전히 사라졌다. 여의도 윤중제는 68년 6월 1일에 준공되었다.[71]

여의도 윤중제 공사기간 중인 68년 2월 28일 서울대교(현 마포대교) 기공식이 거행되었다. 이 다리가 70년에 준공될 때까지 여의도 개발은 동면기에 들어갔다.

3·1고가도로와 워커힐 기생파티

67년 8월 15일 서울 도심에선 거대한 공사판이 또 하나 벌어졌다. 3·1고가도로(청계고가도로) 건설이었다. 69년 3월 22일에 준공하게 되는 3·1고가도로는 우선적으로 박정희의 워커힐 내왕을 쉽게 하기 위한 것이었다. 손정목에 따르면,

"박 대통령은 워커힐 건설 중에도 그 건설 상황을 점검하기 위해 자주 내왕했지만 1963년 4월에 개관되고 난 뒤에도 뻔질나게 그곳을 찾았다. 토요일, 일요일에도 갔고 평일에는 밤에 갔으며 빌라에서 술자리도 가졌고 잠자리도 가졌다. 워커힐의 빌라는 경호하기에도 쉬웠고 일체의 잡음

---

70) 손정목, 〈남기고 싶은 이야기들: 한강 개발 계획〉, 『중앙일보』, 2003년 9월 22일, 31면.
71) 손정목, 『서울 도시계획 이야기: 서울 격동의 50년과 나의 증언 ②』(한울, 2003), 26쪽.

이 절연된 공간이었다. 바깥방에서는 수행원들이 주연을 벌이고 안방에서는 여색을 즐겨도 외부 세계에서는 전혀 알 수가 없었으니 박 대통령이 휴식을 취하는데 안성맞춤이었다. 박 대통령의 잦은 워커힐 나들이는 1970년대 중반에 청와대 앞 궁정동에 안가(安家)라는 이름의 비밀 휴식처가 생길 때까지 계속되었다."[72]

67년 여성단체들은 '정치 지도자에게 보내는 건의문'을 통해 국회의원이나 정부 고위관리들이 요정을 출입하거나 기생파티를 하는 일이 없도록 해달라고 요청하였지만,[73] 그건 실현되기 불가능한 일이었다. 대통령부터 기생파티를 위해 뻔질나게 워커힐을 찾고 그 바람에 심심하면 육박전(육영수-박정희 부부 싸움)을 벌이곤 했는데, 무슨 수로 기생파티를 없앨 수 있었겠는가. 박정희는 야당 정치인들에게 정치 보복을 하더라도 여자관계만큼은 건드리지 말라는 지시를 내릴 정도로 기생파티의 가치를 높게 평가하는 인물이었다. 그런 이유 때문이었는지는 몰라도 한국의 기생파티는 산업적 규모로 성장해 세계적인 명성을 떨치면서 외화 벌이에 기여하게 된다.

제6회 아시아경기대회 서울 유치 반납

1967년 가을의 서울엔 가슴 아픈 사건이 하나 있었다.

66년 12월 9일부터 20일까지 12일간에 걸쳐 태국의 수도 방콕에서 제5회 아시아경기대회가 열렸다. 한국은 이 대회에서 처음으로 일본에 이어 종합 2위를 차지하였는데, 그것 못지않게 기쁜 소식은 70년에 개최되는 제6회 아시아경기대회를 서울에 유치한 것이었다.

---

72) 손정목, 『서울 도시계획 이야기: 서울 격동의 50년과 나의 증언 ⑤』(한울, 2003), 196~197쪽.
73) 강정숙, 〈매매춘공화국〉, 한국역사연구회, 『우리는 지난 100년 동안 어떻게 살았을까 2: 사람과 사회 이야기』(역사비평사, 1998), 301쪽.

그러나 이후 가슴 아픈 일들이 벌어졌다. 손정목에 따르면,

"그러나 막상 대회를 유치해 놓고 보니 앞이 캄캄했다. 전국체전을 치르는 것과는 규모도 체제도 달랐다. 동대문에 3만4천 평 규모의 운동장과 효창공원 안에 7천822평의 축구장 하나가 있을 뿐이었다. 실내 체육시설은 겨우 1962년 말에 준공된 장충체육관 하나가 있을 뿐이니 농구·배구·탁구·배드민턴·역도·레슬링 등을 동시에 진행할 방법이 없었다. 사격장 정도야 쉽게 만들 수 있겠지만 사이클 경기는 어떻게 치르고 요트경기는 어디에서 할 것인가. …… 선수촌을 만든다는 것은 꿈과 같은 일이었다. 국제 규모의 호텔 시설은 겨우 워커힐 하나가 있을 뿐이었고 조선호텔은 착공도 하기 전이었다. …… '아무리 생각해 봐도 도저히 안 되겠다. 반납해 버려라'는 박 대통령 지시가 체육계 대표에게 내려진 것은 1967년 가을이었다."[74]

다른 나라의 경우에도 국제경기 유치가 돈벌이가 될 만한 시절은 아직 아니었다. 그래서 대회를 반납하는 것도 쉬운 일이 아니었다. 결국 사정사정해서 태국이 한번 더 치르게 하는 걸로 결론이 났다. 적자가 나는 건 각 국이 분담하기로 했다.

70년 12월 11~22일에 다시 방콕에서 열린 제6회 아시아경기대회에서 한국은 종합성적 2위를 거두긴 했지만 뒤통수가 가려웠다. 이 제6회 방콕대회에서 태국의 관중들이 한국 선수들에게 퍼부은 야유는 대단했다고 한다. 즉 한국 때문에 태국은 많은 적자를 감내하면서 이 대회를 또 개최해야 된다는 것이 이미 태국 국민들에게 널리 알려져 있었던 것이다. 그와 같은 야유, 국제 사회에서의 질책, 그리고 25만 달러의 부담금 등 한국은 삼중고(三重苦)를 겪어야 했다.[75]

---

74) 손정목, 『서울 도시계획 이야기: 서울 격동의 50년과 나의 증언 ③』(한울, 2003), 198~200쪽.
75) 손정목, 위의 책, 201~202쪽.

언론: 산업의 성장, 자유의 쇠퇴

박정희 정권의 언론 포섭 공작

1967년 1월, 『호남매일신문』 기자가 군 장교에 의해 폭행을 당하고 『강원일보』의 사회부장 집에 괴한이 침입하는 사건이 발생했다. 2월 25일 『조선일보』 정치부장 남재희 등 4명의 정치부 기자들이 수사기관에 연행돼 47시간 억류되었다. 이유는 『조선일보』 1면에 연재된 선거 관련 기획연재물에 대해 알아볼 것이 있다는 이유에서였다. 5월 4일엔 『동아일보』 밀양 주재 기자가 검찰에 대한 명예훼손 혐의로 구속되었다. 6월 17일엔 『동아일보』 기자 이종율과 박지동, 『조선일보』 기자 박범진과 김학준 등이 반공법 위반 혐의로 구속되었다.[76]

그러나 67년 들어 언론의 자유를 더 위협하는 건 그런 탄압보다는 '포섭'이었다. '포섭'이 가장 왕성하게 이루어지는 분야는 베트남 전쟁

---

76) 송건호, 『한국현대언론사』(삼민사, 1990), 153~154쪽.

보도였다.

66년 가을 중앙정보부는 베트남 전쟁 관련 보도에서 정부의 나팔수가 되기를 거부하는 거의 유일한 기자라 할『조선일보』의 리영희에게 후한 조건으로 베트남 전쟁 특별취재를 제의해 왔다. 더도 말고 한국 군대가 베트남인들의 환영과 사랑을 받고 있다는 것만 써 달라는 주문이었다. 두 달간 기한부로 한 달에 두 번만 그렇게 써주면 금전적으로도 풍족한 특별대우에 2년 전 반공법 계류 건도 취하해 주겠다는 '당근'을 내밀었다. 물론 리영희는 단호히 거절했다.[77]

박정희 정권의 언론 포섭 공작은 광범위하게 이루어지고 있었다.

"1966년에서 67년 사이에 국방부는 언론기관의 각부 부장들을 번갈아 사이공에 모셔다가 융숭한 대접을 했다. 국군 파월의 '영광'을 현장에서 확인케 하고, '베트남인들이 한국군 파병을 환영하고 한국군을 사랑한다'는 국내 여론을 만들기 위한 행사였다. 모두가 융숭한 대접에 부응했다. 군복 입고 군모 쓰고 군화 차림으로 며칠간의 여정을 마치고 귀국할 때 그들의 보따리에서 녹용이니 상아 따위가 쏟아져 나온 후문이 자자했다."[78]

67년 여름 외신부장들의 차례가 왔다. 65년부터 외신부장으로 일해 온 리영희는 신문사와 국방부의 연락관에게 이런 조건을 제시했다.

"나는 민간 신문기자이니 민간복을 입고 민간 항공기로, 종군기자가 아닌 외신부장의 자격으로라면 가겠다. 어차피 국방부가 제공하는 군 수송기의 비용이나 현지 시찰의 체제비 등 일체가 국민의 세금인 국고에서 나올 것이라면 그 비용을 나에게 달라. 그러면 나는 신문기자의 윤리강령과 개인적 양심에 따라서 시찰하고 기사를 쓸 것이다. 결코 파월 국군

---

77) 리영희,『자유인(自由人), 자유인: 리영희 교수의 세계인식』(범우사, 1990), 367쪽.
78) 리영희,『스핑크스의 코: 리영희 에세이』(까치, 1998), 253쪽.

에게 해로운 기사는 안 쓰겠지만 그렇다고 사실이 아닌 국군 파월 찬양이나 미화의 글을 쓸 수는 없다."[79]

그 후에 또 한 차례 전국 신문의 다른 부와 부장단의 행차 뒤에 외신 부장단의 '국비 시찰' 여행이 제공되었으나, 리영희는 그때도 그런 이유로 거절했다. 리영희는 몇 차례 반복된 거절로 박 정권에게 찍힐 대로 찍혔다. 이즈음 『조선일보』는 박 정권과 유착관계를 맺고 있었으니, 리영희가 직장을 유지하기는 어려운 일이었다. 리영희는 곧 『조선일보』에서 쫓겨나게 된다.

'영혼이 없는 성장'

67년 봄 『동아일보』의 발행부수는 최초로 50만 부를 돌파하였다. 56년 여름에 30만 부, 63년 가을에 40만 부를 돌파한 데 이어 『동아일보』로선 또 한번의 경사를 맞이한 것이었다.[80] 그러나 일반 독자의 입장에선 결코 반길 수만은 없는 일이었다. 이즈음 신문들은 점점 '영혼이 없는 성장'의 길을 걷고 있었기 때문이다.

삼성 재벌의 지원을 받는 『중앙일보』의 활동은 다른 신문들에게도 큰 영향을 미치고 있었다. 다른 신문들의 부수 확장운동은 소박한 수준이었다. 66년 『조선일보』의 경우, 사원들을 대상으로 2개월 이상 구독자 5명을 확보하면 타월 1장, 10부 이상이면 냄비, 20부 이상이면 밀가루 한 부대, 30부 이상 치맛감 1벌, 50부 이상 쌀 한 가마, 80부 이상 연탄 500장 등의 상품을 제공했다.[81] 그러나 『중앙일보』는 삼성의 막대한 자본에 힘입어 무가지를 총 발행부수의 27%까지 늘리는 공격적인 판매 전략을 구

---

79) 리영희, 『스핑크스의 코: 리영희 에세이』(까치, 1998), 253~254쪽.
80) 동아일보사, 『민족과 더불어 80년: 동아일보 1920~2000』(동아일보사, 2000), 382~383쪽.
81) 조선일보사, 『조선일보 칠십년사 제1권』(조선일보사, 1990), 782쪽.

사했으며, 67년 당시 국내의 초고속 윤전기 8대 중 5대를 보유하는 등의 자본력 과시로 다른 신문들에게 큰 자극을 주었다.

"다른 언론사들은 방어적인 출혈 경쟁을 하지 않을 수 없었다. 그 결과 1963년과 1967년 사이 신문 판매 부수는 약 2배 정도 늘어나는데 불과했으나 중앙 종합 일간지의 평균 자본 규모는 약 7.7배 가까이 증가했다. 판매 수입의 증대와는 무관하게 『중앙일보』의 공격적인 시설 투자 등에 영향을 받아 다른 언론사들에서도 급격한 시설 투자 등이 이뤄졌음을 말해주는 사례이다."[82]

시설 투자에 대한 위험 부담이 커진 만큼 신문들은 더욱 소심해졌다. 오히려 그렇기 때문에 더욱 날로 쇠퇴해가는 언론 자유의 실상을 인정하고 싶지 않았던 걸까? 1967년 4월에 일어난 이른바 '신민당 소명서' 사건은 그런 의문을 제기했다.

'신민당 소명서' 사건

신민당은 제6대 대통령 선거일(67년 5월 3일)을 앞둔 4월 7일(신문의 날) 성명을 발표하여 "정부 기관원이 언론기관에 상주하여 압력을 가하고 있다"고 주장했다. 신민당은 IPI(국제신문인협회)와 UNCURK(국제연합 한국통일부흥위원단)에 '한국 정부의 언론 탄압에 대한 소명서'를 제출키로 하는 한편, 신문발행인협회 · 신문편집인협회 · 기자협회 등에 격려문을 보내기로 방침을 세웠다. 그런데 이 사실이 알려지면서 이상한 일이 벌어지기 시작했다. 신문들이 신민당을 공격하는 일이 벌어진 것이다.

『조선일보』는 4월 7일자 〈신민당에 충고한다: 언론의 권위를 선거에

---

82) 『미디어오늘』, 1995년 11월 15일, 9면.

이용 말라〉는 사설에서 언론단체에 대한 모욕적 표현을 취소하라고 요구했다. 『한국일보』는 같은 날 사설 〈신민당은 언론 불신을 조장 말라〉에서 IPI나 UNCURK에 소명서를 제출하려는 것은 지나친 사대수의적 사고방식에서 나온 것이라고 꾸짖었다. 또 같은 날 석간인 『중앙일보』는 "한국 언론의 자주성을 얕보고 언론을 병신 취급하지 말라"고 공격했고, 『경향신문』은 "언론기관을 모독하는 망상을 버리라"고 호통쳤고, 『대한일보』는 "한국 언론에 대한 중대 모욕으로 단호히 지탄한다"고 비난했다. 정부 기관원이 언론기관에 상주하여 압력을 가하고 있다는 신민당의 주장에 대해서도 『조선일보』는 '터무니없는 악선전'이라고 주장했고, 『대한일보』와 『경향신문』은 전혀 근거 없는 맹랑한 말이라고 주장했고, 『중앙일보』와 『한국일보』는 언급을 피했다.

다만 『신아일보』는 8일자 〈언론에 압력 있다〉는 제목의 사설에서 신민당의 주장에 일리가 있음을 인정하면서도 소명서 제출에 대해선 "그렇게 할 필요가 있을 것인가에 신중한 유의가 있기를 바란다"고 말했다. 또 뒤늦게 11일에서야 이 문제에 대해 언급한 『동아일보』는 기관원의 "상주란 생각할 수 없으나 빈번히 출입하는 것은 사실이요, 간섭 용훼한다는 것은 생각할 수 없으나 자료 제공 또는 청탁의 형식으로 그 의견이 빈번히 표명되었던 것도 사실이요, …… 심리적인 불안과 압박을 주었다는 것도 사실"이라고 시인하였으나, "국제기구에 언론 문제를 언론과 상의 없이 먼저 제기한다는 것은 부당하다"고 주장했다.[83]

내리막길에 선 『사상계』

군사정권의 탄압 이후 『사상계』는 내리막길을 걷고 있었다. 그런 이

---

83) 송건호, 『한국현대언론사』(삼민사, 1990), 156~157쪽; 김해식, 『한국언론의 사회학』(나남, 1994), 124~125쪽.

유 때문이었는지 장준하는 잡지의 영역을 벗어나 시국 강연 연사로 맹활약하면서 결국엔 정당에 가입하게 되었다. 함석헌이 『사상계』 1967년 1월호에서 '언론의 게릴라전'을 주장한 건 『사상계』가 처해 있던 어려움을 시사해준다 하겠다.

"이번 선거가 성공하든 또는 실패하면 그럴수록 제가 주장하고 싶은 것은 언론의 게릴라전이다. 국민의 양심을 대표하는 『사상계』가 경영난에 빠져 있다. 계획적인 압박이 있기 때문이다. 전쟁에서 대규모 정규군의 전쟁 시대가 지나가고 게릴라전이 승부를 결정하는 바와 같이 언론에서도 대신문 대잡지가 여론을 지배하는 시대가 지나갔다는 것을 의미한다. 그래서 정규군이 패퇴하면 그 패전 부대를 무수한 게릴라 부대로 재편성하여 큰 부대로는 어찌할 수도 없는 전국 구석구석에까지 파견하여 오히려 승리를 거둘 수 있는 것처럼, 우리들의 사상전(思想戰)에 있어서도 그렇게 하지 않으면 안 된다. 현 정권을 이대로 방치해 둔다면 새로운 희망이 솟아 나오지 않는다."[84]

장준하가 6·8 총선에 출마해 국회의원이 된 후 『사상계』는 교수·공무원·언론인·정치인 등 다양한 경력을 갖고 있는 부완혁에게로 판권이 넘어갔다. 이후 『사상계』는 64년 9월호부터 28년 만에 복간된 『신동아』를 뒤쫓아 가는 신세가 되었다.[85] 또 1966년 1월 15일에 창간된 계간 『창작과 비평』도 그간 『사상계』가 해온 역할을 일정 부분 수행하게 되었다. 『창작과 비평』엔 김수영과 신동엽의 저항적인 시(詩)들이 본격적으로 게재되었다.[86]

---

84) 송건호, 『한국현대언론사』(삼민사, 1990), 160쪽에서 재인용.
85) 정진석, 『한국 현대언론사론』(전예원, 1985), 231~233쪽.
86) 김수영은 68년 6월, 신동엽은 69년 4월에 사망하였다. 『창작과 비평』 68년 가을호엔 김수영 특집이 실렸다. 1970년 9월엔 계간 『문학과 지성』이 창간돼 『창작과 비평』과 더불어 문학계의 쌍벽을 이루게 되었다.

김창선 매몰 사건 보도

1967년 가장 뜨거웠던 미디어 이벤트는 단연 광부 김창선 매몰 사건 보도였다. 67년 8월 22일 충남 청양 구봉 석탄 광산에서 일어난 매몰 사건에서 광부 김창선(본명은 양창선으로 당시 35세)은 지하 125미터의 수직갱에 갇혀 있다가 15일 9시간 만인 9월 6일 오후 9시에 구출됨으로써 세계 기록을 수립하였다.

언론은 그 15일간 내내 김창선 구출 소식에 촉각을 곤두세우면서 드라마틱한 기사를 내보냈다. 한때 지상과 연결된 전화 통화에서 김창선은 "참기 어렵다. 차라리 폭파해 달라"고 애원하기까지 했다. 전 국민의 관심이 쏠린 사건이었던지라 김창선의 구조 후 공보부장관 홍종철은 담화까지 발표하였다.

"주야를 가리지 않고 결사적인 작업을 감행한 구조반의 눈물겨운 동포애와 전 국민의 거족적인 지원에 감사한다."

구조된 김창선은 15일간 굶은 탓에 몸무게가 63kg에서 44kg으로 19kg이나 줄었다.

가난한 탓이었는지 당시 광산의 안전 관리는 허술하기 짝이 없었다. 67년 한 해만 해도 전국 600여 개의 광산에서 4천여 건의 광산 사고가 발생해 111명이 사망하고, 4천여 명이 부상을 당했다. 김창선 구조 3일 후인 9월 9일 강원도 삼척의 흥국광산에서 또 매몰사고가 발생해 6명이 압사 당했다.[87]

---

87) 김희경 외, 『어처구니없는 한국현대사』(지성사, 1996), 261~264쪽.

'만주물(滿洲物)'·〈팔도강산〉·〈홍길동〉

1966년 8월 3일에 이루어진 영화법 제2차 개정은 외국 영화 전문 상영관에 대해 국산 영화의 상영을 의무화하는 이른바 '스크린쿼터제'를 도입하였다. 1966년엔 172편, 67년엔 185편의 영화가 제작되었다. 이즈음 나타난 독특한 장르의 영화는 이른바 '만주물(滿洲物)'이라고 불리는 액션영화들이었다. 이에 대해 김학수는 이렇게 말한다.

"이는 일제시대 만주를 배경으로 전개되는 일종의 액션영화였는데, 항일운동을 하는 독립군, 만주벌판에서 암약하는 마적단, 아편장사꾼 등이 얽히고설키는 통속적 드라마였다. 만주물 바람이 불면서 액션영화의 불모지였던 한국에도 액션영화 시대가 열렸는데, 사실 이 만주물은 시대고증이 제대로 되어 있지 않고 근거도 희박한 픽션이 대부분이어서 무국적 영화라고도 했다. 만주물은 1964년 20편, 1965년 24편, 1966년 26편, 1967년 29편, 1968편 26편, 1969년 55편으로 해마다 그 제작 편수가 증가했는데, 이 중에는 반공을 빙자한 액션영화도 많았다. 당시만 하더라도 반공영화를 빼고는 폭력 표현에 대한 규제가 워낙 강했기 때문이다. 어쨌든 만주물에 영향을 받아서인지 이 무렵부터 동남아의 액션영화, 주로 쿵후영화가 수입되어 대중들에게 인기가 높았다."[가]

1967년의 화제작은 배석인 감독의 〈팔도강산〉이었다. 1남 6녀를 둔 노부부(김희갑과 황정순)가 전국에 뿔뿔이 흩어져 사는 자식들을 두루 찾아다니는 형식을 빌려 박정희가 외쳐온 '조국 근대화'의 현장을 보여주는 영화였다. 이 영화는 1967년 5·3 대선을 앞두고 공보부가 나서서 기획하고 제작한 정부 홍보물이었음에도 불구하고 큰 인기를 누렸다. 당

가) 김학수, 『스크린밖의 한국영화사 I』(인물과사상사, 2002), 214쪽.

시엔 여기저기 큰 공장이 들어서는 것 자체가 꽤 볼 만한 구경거리로 여겨졌던 것 같다.

그 성공에 힘입어 〈팔도강산〉은 〈팔도강산 세계로 가다〉〈뻗어가는 팔도강산〉 등 속편으로 이어지면서 모두 5편의 영화를 탄생시켰고, 텔레비전 드라마 〈꽃 피는 팔도강산〉으로까지 새끼를 쳐 총 12년간의 장기 흥행의 길로 들어서게 된다.[나]

원래 영화 〈팔도강산〉에서는 황정순이 교통사고로 죽게 돼 있었는데 당시 공보부 장관 윤주영의 요청으로 사는 걸로 처리됐다. 그 바람에 영화는 엉망이 되고 말았다. 윤주영이 나중에 김희갑에게 밝힌 바에 따르면, 그 영화를 TV 연속극으로 만들기 위해서였다고 한다.[다]

1967년 1월 7일 서울의 대한·세기극장을 비롯한 전국 대도시 7개 영화관에서 개봉된 신동헌의 총천연색 장편만화영화 〈홍길동〉은 제작비를 당시 보통 영화 제작비의 10배에 가까운 5천만 원을 써서 큰 화제가 되었다. 손상익은 "그날은 우리 만화 역사에서 기념비를 세울 만한 날이었다"고 말한다.

"개봉 나흘 만에 10만 명의 관객이 몰리는 대박을 터뜨렸다. '만화왕국'으로 불리는 이웃나라 일본은 그날 '드디어 한국이 일본을 앞지르고야 말았다'며 화들짝 놀랐다. 그도 그럴 것이, 일본은 '문화의 신(神)'이라고 추앙했던 데즈카 오사무가 최초의 TV용 만화영화 〈철완 아톰〉을 만든 게 불과 4년 전인 1963년이었고, 컬러 애니메이션 〈정글 대제〉(밀림의 왕자 레오)도 TV용으로 1965년에야 겨우 선을 보였다."[라]

그러나 그렇게 역사적인 의미를 갖고 있는 〈홍길동〉의 필름은 단 한

나) 노재현, 〈영화·TV드라마 '팔도강산' 3공 홍보역 '톡톡'〉, 『중앙일보』, 1992년 8월 8일, 25~26면; 조선희, 〈자서전 펴낸 원로배우 김희갑 씨〉, 『한겨레신문』, 1992년 4월 10일, 22면.
다) 김희갑이 1992년 7월 24일에 방영된 KBS 2TV의 〈출발! 시간여행〉에 출연해서 밝힌 내용이다.
라) 손상익, 〈다시보는 우리만화: 신동헌 만화영화 '홍길동'〉, 『한국일보』, 2003년 3월 20일, C6면.

만화영화 〈홍길동〉 포스터.

별도 남아있지 않다. 그 이유에 대해 김혁은 이렇게 말한다.

"첫 번째 이유는 밀짚모자 때문이었다. 십여 년 전만 해도 여름철 피서지의 필수품이었던 밀짚모자에 테두리 장식이 달려 있었는데 그 재료가 영화 필름이었다. 〈돌아오지 않는 해병〉〈마부〉〈홍길동〉〈로보트 태권V〉 등의 귀중한 필름은 그렇게 사라져간 것이다. 두 번째 이유는 은(銀)이었다. 필름의 표면에는 은막(銀幕)이 쳐져 있다. 이 은 성분이 타들어가며 필름에 상이 맺힌다. 그걸 알게 된 사람들이 상영이 끝난 필름에서 은을 회수하기 시작했고 1970년대 중반에는 그 일을 하는 사람들이 크게 늘어났다. 인천의 한 고물상은 필름에서 은을 회수하는 장치를 독자 개발해 상당한 돈을 벌었다고 한다. …… 나중에 소문이 퍼져 너도나도 이 새로운 연금술 사업에 뛰어들면서 한국의 영화 필름들은 씨가 말라갔다."마)

마) 김혁, 〈김혁의 애니메이션 오디세이: 64년전 첫 토키만화 '개꿈' 있었다〉, 『국민일보』, 2000년 2월 8일, 20면.

이미자 · 남진 · 배호

1967년 1월 7일 미국에서 활동하던 가수 윤복희가 무릎 위 20cm의 미니스커트를 입고 귀국하면서 한국에서도 미니스커트 선풍이 일게 된다. 69년 8월 무릎 위 30cm의 초미니스커트를 입고 거리를 걷던 여성이 25일간의 구류 처분을 받은 이후, 미니스커트는 과다 노출이라는 이유로 경범죄 처벌을 받게 되긴 하지만 말이다.[가]

67년경 패션디자이너 앙드레김은 먼 훗날까지도 그의 트레이드마크가 된 '우아'와 '환상'을 강조하는 패션을 선보이고 있었다. 67년 6월 13일자의 한 신문기사에 따르면,

"어릴 때부터 그림과 의상 스케치를 즐겨했던 앙드레김은 여성의 의상을 보는 눈은 여성 자신들보다 남성 편이 뛰어나리라 생각하고 용감하게 투신한 최초의 남성 디자이너. 1962년도에 살롱을 갖고 그 동안 10여 회의 패션쇼와 구미 각국에서의 의상 발표, 수십 회의 TV 컬렉션 등을 가진 32세의 미혼 청년이다. 우아하며 환상적인 자기의 작품을 입어낼 수 있는 모델 역시 우아하며 환상적인 분위기여야 한다는 주장 ……."[나]

윤복희와 앙드레김에 의해 주도되고 있던 67년경의 도시 패션은 시골 젊은이들의 서울에 대한 동경을 더욱 강하게 만들었을 것이 틀림없다. 그런 심경을 간파한 듯, 67년엔 서울에 갈 수 없는 아픔과 한(恨)을 노래하는 가요들이 인기를 끌었다.

65년에 데뷔한 남진(1946년생)은 66년 12월 김영광 작곡의 〈울려고 내가 왔나〉를 히트시킨 데 이어 67년 정두수 작사, 박춘석 작곡의 〈가슴

가) 유영재 · 황미희, 『영재의 감성사전: 아스라이 잊혀져가는 추억 100가지』(들린아침, 2002), 36~37쪽.
나) 이승호, 〈'남성디자이너 1호' 앙드레김 돌풍: 이승호의 옛날신문 들춰읽기〉, 『문화일보』, 2002년 9월 9일, 16면.

아프게〉로 대히트를 기록하였다. 남진은 이 노래로 한 달 만에 이미자를 누르고 전국 레코드 판매 성적 1위로 등극, 4월의 최고 가수로 선정되었다.

"당신과 나 사이에 저 바다가 없었다면/쓰라린 이별만은 없었을 것을/해 저문 부두에서 떠나가는 연락선을/가슴 아프게 가슴 아프게 바라보지 않았으리/갈매기도 내 마음같이 목메어 운다"

가요 평론가 이영미는 〈가슴 아프게〉와 더불어 이미자의 67년 히트곡인 〈섬마을 선생님〉, 〈흑산도 아가씨〉 등을 '근대화의 낙오'라는 관점에서 해석하였다.

이경재 작사, 박춘석 작곡 〈섬마을 선생님〉의 가사를 음미해보자.

"해당화 피고 지는 섬마을에/철새 따라 왔다간 총각 선생님/열아홉살 섬색시가 순정을 바쳐/사랑한 그 이름은 총각 선생님/서울일랑 가지를 마오/가지를 마오"

정두수 작사, 박춘석 작곡 〈흑산도 아가씨〉의 기사는 이렇다.

"남 몰래 서러운 세월은 가고/물결은 천번 만번 밀려오는데/못 견디게 그리운 아득한 저 육지를/바라보다 검게 타버린 검게 타버린 흑산도 아가씨"

이영미는 대중가요에서 나타나는 60년대의 서울은 행복이 넘치고 이별조차 아름다운 곳인 반면, 시골은 정반대의 관점에서 그려지고 있다고 말한다.

"경제개발 계획에 발맞추어 시골 사람들은 배고픈 시골을 버리고 기회와 부유함의 도시인 서울로 올라왔다. 이런 상황에서 시골에 남은 사람들은 도시화와 개발로 대표되는 사회의 발전에 좇아가지 못하는 무능력한 존재로 느껴지게 된다. 시골 소재의 트로트 작품에는 서울로 떠난 사람을 기약 없이 기다리며 무기력하게 눈물 흘리며 그리워하는, 시골에 남아 있는 사람의 비참함이 그려져 있다."[다]

이런 노래들은 아주 많았는데 위 세 노래는 섬을 등장시킨 극단적 표현을 씀으로써 그만큼 드라마틱한 효과를 노린 것으로 볼 수 있다는 것이다.

"여기에서 바다와 섬이라는 설정은 중요하다. 바다 건너 멀리 떨어진 섬이라는 설정은 화자가 바라는 서울과의 사회적 · 심리적 거리감을 물리적으로 드러내주고 있다. 가고 싶은 화려한 도시 서울에는 도저히 도달할 수 없을 정도로 멀리 떨어진 섬이라는 설정은, 사랑하는 사람에 대한 화자의 사랑이 좌절될 수밖에 없다는 패배감의 표현이다. 게다가 육지와 섬 사이에 가로 놓여 있는 자연적 장애물인 바다는 이러한 거리감을 증폭시켜 화자 자신의 힘으로서는 도저히 건너갈 수 없다는 체념과 좌절의 태도와 조응하고 있다. 1960년대 트로트 가요에서의 섬과 바다는 근대화 이데올로기에 동참할 수 없는 사람들, 낙후한 시골 하층민들의 좌절감을 드러내주는 일종의 기호인 것이다."[라]

대중가요가 서울을 건드렸다고 다 희망 일변도는 아니었다. 서울에서 낙오된 사람들도 있었다. 아니 성공의 과정에 서 있지만 순간적인 피곤과 좌절은 그 누구도 피하기 어려웠다. 이를 표현한 게 도시형 트로트로

다) 이영미, 『한국 대중가요사』(시공사, 1998), 180쪽.
라) 이영미, 위의 책, 181~182쪽.

배호의 노래 〈안개 낀 장충단 공원〉(1967), 〈돌아가는 삼각지〉(1967), 〈비 내리는 명동〉(1969) 등이 그 대표작이었다.

이 가운데 67년에 발표된 최치수 작사, 배상태 작곡 〈안개 낀 장충단 공원〉과 인성 작사, 배상태 작곡 〈돌아가는 삼각지〉의 가사를 각각 음미해보자.

"안개 낀 장충단 공원/누구를 찾아왔나/낙엽송 고목을 말없이 쓸어안고/울고만 있을까/지난 날 이 자리에 새긴 그 이름/뚜렷이 남은 이 글씨/다시 한번 어루만지며/돌아서는 장충단공원"

"삼각지 로타리에 궂은비는 오는데/잃어버린 그 사랑을 아쉬워하며/비에 젖어 한숨짓는 외로운 사나이가/서글피 찾아왔다 울고 가는 삼각지"

이영미는 "좀 단순화한다면 배호의 노래는 이지리스닝에 비해서 근대화된 대도시의 혜택과 희망으로부터는 조금 빗나가 있는 주변부 인물의 질감을 풍기고 있으며, 그 지점에서 도시와 트로트는 만나게 된다"고 말한다.

"그 노래의 화자들은 여전히 '서글피 찾아왔다 울고 가' 며 '흘러간 세월 속을 헐벗고' 가는 탄식과 눈물의 주인공인 것이다. 그러나 배호의 화자는 이전의 트로트의 화자들에 비해서 대도시 '사나이' 다운 절제를 시도하는데, 그럼에도 불구하고 희망과 낙관으로부터 비껴나 있는 화자에게는 패배와 비극의 예감이 흐르고 있다. 그 상실감과 욕망 좌절을 조정하는 방식은 '사나이다움' 을 내세워 감정을 억누르는 방식을 택하게 되는데, 그 절제와 억누름에도 불구하고 새어나오는 외로운 슬픔이 그 독특한 저음 바이브레이션과 끈적끈적한 고음으로 드러난다."[마]

마) 이영미, 『한국 대중가요사』(시공사, 1998), 185~186쪽.

북한: 자주노선과 김일성 숭배 구조의 완성

'이밥(쌀밥)에 고깃국'

1960년대 초 중국과 소련 사이에선 이른바 '수정주의 논쟁' 또는 '교조주의 논쟁'이 벌어졌다. 중소분쟁의 씨앗은 이미 50년대 중반에 뿌려졌지만 싹을 내민 것은 바로 이때부터였다.

60년 4월 중국 공산당 기관지 『홍기』는 〈레닌주의 만세!〉라는 제목의 논설을 통해 흐루시초프의 평화공존론을 수용하면서도 한편으로 자본주의가 존재하는 한 전쟁의 위험성은 남아있다며 소련의 '수정주의' 입장을 비판하였다. 그러나 소련이 보기엔 중국의 '교조주의'가 문제였다. 이런 갈등은 62년 4~5월 중소 간 국경에서 군사 분쟁이 발발하는 사태로까지 비화되었다.

북한은 처음엔 중소분쟁에서 중립을 지켰으나 62년부터 중국을 지지하고 소련을 비판하는 자세를 취했다. 62년 10월에 일어난 쿠바사태에서, 미국의 압력에 굴복하여 쿠바로부터 미사일을 철수하는 소련의 '투항주의적 태도'는 중국의 소련 규탄을 낳았을 뿐만 아니라 북소관계도 크게 악화시키면서 북한의 위기의식을 증폭시키는 결과를 초래했다.[88]

북한은 60년대 초 경제개발 계획이 잘 풀렸다. 이미 60년 북한의 1인 당 GNP는 137달러로 남한의 94달러에 비해 1.5배였다. 다른 추계방식 으론 북한의 GNP는 325달러로 남한의 3.5배였다.[89] "쌀은 곧 사회주의 다"라는 기치 아래 벌인 수리화 · 기계화 · 전기화 · 화학화 등 '농촌 4화 운동'도 성공을 거두어, 북한은 당시 경작지가 남한보다 적음에도 불구 하고 농업 생산량에서는 남한을 훨씬 앞서 있었다.[90]

김일성은 1962년 신년사에서 "머지않아 모든 인민들이 이팝(쌀밥)에 고깃국을 먹고 비단옷을 입으며 고래 등 같은 기와집에 살게 해 주겠다" 고 큰소리를 쳤다.[91]

김일성은 그 목표 달성을 위해 알곡 500만 톤, 직물 2억5천만 미터, 수산물 80만 톤, 주택 20만 세대, 강철 120만 톤, 석탄 1천500만 톤 등 6대 고지 점령을 제시했다. 여론을 환기시키기 위한 지상(紙上) 경쟁을 위해 「민주조선」은 알곡고지, 「민주청년」은 수산물고지와 직물고지, 「노 동자신문」은 강철고지와 석탄고지, 「평양신문」은 주택고지를 맡아 선전, 선동에 임하였다.[92]

북한과 소련의 갈등

그런데 이제 위기의식이 증폭되면서 먹고 사는 문제에만 매달릴 순

---

88) 이종석, 〈유일체제의 수립과정〉, 장을병 외, 「남북한 정치의 구조와 전망」(한울아카데미, 1994), 341~342쪽.
89) 이국영, 〈제2공화국의 실패 요인과 군부권위주의의 등장〉, 백영철 편, 「제2공화국과 한국민주주의」(나남, 1996), 315쪽.
90) 김창희, 「북한정치사회의 이해」(법문사, 2000), 69쪽.
91) 김학준, 「북한 50년사: 우리가 떠안아야 할 반쪽의 우리 역사」(동아출판사, 1995), 216쪽.
92) 리용필, 정진석 해제, 「조선신문 100년사」(나남, 1993), 364쪽.

없게 되었다. 62년 12월 10일부터 14일까지 열린 제4기 제5차 당 중앙위원회 전원회의에서는 "전체 당원과 근로자들은 한 손에 무기를 들고, 다른 한 손에 낫과 망치를 들고" 조국을 보위하며 동시에 사회주의를 건설해야 한다는 이른바 '경제국방 병진노선'이 채택되었다. 이때에 전 국토의 요새화, 전 군의 간부화, 전 인민의 무장화, 전 군의 현대화 등 4대 군사노선도 제시되었다.[93]

63년 10월 북한은 『노동신문』 사설을 통해 소련은 경제원조와 군사원조를 이용해 북한의 경제계획을 지배하려 하였다고 비난하는 등 소련과의 갈등 관계는 계속되었다.[94]

소련의 공산당 기관지인 『프라우다』도 가만있지 않았다. 『프라우다』는 64년 6월 16~23일 평양에서 열린 제2회 아시아경제토론회에 대해 비난을 퍼부었다. 『프라우다』는 이 토론회를 중국이 주도했고, 문외한들이 모였으며, 중국이 주장하는 자력갱생은 교조주의적이고 고립주의적이며 결국 경제발전에 기여할 수 없다고 비난했다.

이에 64년 7월 중국은 흐루시초프를 사이비 공산주의자로 공격하였다. 북한의 반격도 만만치 않았다. 『노동신문』은 7월 7일자 사설〈왜 평양 경제토론회의 성과를 중상하려 드는가〉로 '제국주의자의 사고'라는 극단적인 표현까지 쓰면서 『프라우다』의 비난을 논박하였다.

"모든 것이 자기 마음에 들어야 하고 모든 것을 자기가 승인해야 하며 그렇지 않은 경우에는 모두 '노'(No)라고 하는 제국주의자의 사고방식을 그대로 드러내고 있다. …… 어떻게 이토록 『프라우다』의 목소리와〈미국의 소리〉가 불가사의하게도 부합하는가! 놀라운 것은 『프라우다』가 〈미국의 소리〉보다 심하게 말하고 있다는 사실이다. 이 얼마나 다른

---

93) 임영태, 『북한 50년사 1: 해방에서 천리마운동까지』(들녘, 1999), 366쪽.
94) 김정원, 『분단한국사』(동녘, 1985), 344쪽.

사람을 깔보고 멸시하는 오만한 태도인가! 얼마나 오만하고 무례하며 부끄러움도 모르는 잠꼬대인가! 이것은 자기가 모든 것을 결정하고 지시할 수 있으며, 다른 사람은 모두 무지하며 오직 자기만이 식견이 있는 것처럼 생각하는 속성이 붙은 대국적 배외주의자들만이 할 수 있는 어투이다. …… 편하게 있고 싶다면 나발을 불지 않는 쪽이 좋다."[95]

북한과 중국의 갈등

64년 10월 15일 흐루시초프가 실각함으로써 북한과 소련의 관계 복원의 길이 열렸다. 북한은 65년 2월 11일 소련 수상 알렉세이 코시긴의 방북을 계기로 소련과의 관계 개선을 도모하였다. 반면 중국과는 새로운 긴장 관계에 접어들었다.

64년 10월, 모택동은 중국 국경일 사절단장으로 북경을 방문한 최고인민회의 상임위원장 최용건에게 '인민전쟁론'에 따라 남조선 무장해방투쟁에 나설 것을 촉구하였다. 이것이 중국과 멀어지게 된 최초의 계기였다.

북경 당국은 『인민일보』 65년 9월 3일자를 통해 "미군이 월남전쟁에 매여 있는 지금이야말로 남북 무력통일의 기회"라면서 김일성이 무장투쟁에 나설 것을 거듭 촉구하였다. 북한이 이번에도 거절하자 양국 관계는 악화되었다.

65년 9월 30일 인도네시아 공산당의 무장봉기는 모택동의 무장봉기 지령에 따른 것이었는데, 이는 실패로 돌아가고 말았다. 일본 공산당도 그걸 보고 중국 노선에 등을 돌리게 되었다.[96]

---

95) 강정구, 〈북한정권의 공고화 과정: 헤게모니적 지배체제의 성립을 중심으로〉, 장을병 외, 『남북한 정치의 구조와 전망』(한울아카데미, 1994), 328쪽에서 재인용.
96) 林建彦(히야시 다케히꼬), 최현 옮김, 『남북한현대사』(삼민사, 1989), 121쪽.

베트남전 대응방안의 차이는 중국과 북한이 갈등을 빚게 되는 한 요인이 되었다. 1964년 12월 하노이의 교외에서 호치민과 함께 한 김일성.

흐루시초프의 실각 이후 나타난 북한과 중국과의 갈등은 북한의 유일체제 수립에 직접적인 원인을 제공하였다. 북한은 새로운 소련 지도부의 정책을 흐루시초프 시대의 정책과는 달리 본 반면 중국 공산당은 이를 "흐루시초프 없는 흐루시초프주의"로 간주하였기 때문이다. 65년 베트남전에 대처하기 위해 소련이 사회주의 진영의 공동대응을 모색하자는 제의에 대해 북한은 찬성했으나 중국은 소련의 '수정주의적 자세'를 이유로 거부한 것도 바로 그런 인식의 차이에서 비롯된 것이었다.[97]

97) 이종석, 〈유일체제의 수립과정〉, 장을병 외, 『남북한 정치의 구조와 전망』(한울아카데미, 1994), 343쪽.

중국은 베트남전쟁 문제에 대한 북한의 입장을 '기회주의' '중간주의' '절충주의' 등으로 규정하고 북한이 '무원칙한 타협의 길'을 택하고 있으며 "두 걸상 사이에 앉아 있다"고 비판했다. 이에 북한은 중국의 태도를 '편협한 교조주의적 행태'라고 반격했다. 때마침 불어 닥친 문화혁명은 중국공산당을 더욱 교조화 시켜 북한에 대해서도 중국 노선에 따를 것을 집요하게 강요함으로써 양국의 관계는 더욱 악화되었다.[98]

『노동신문』 66년 8월 12일자 사설 〈자주성을 옹호하자〉는 중국 공산당의 교조주의적 태도를 비판하며 주체노선을 재천명하였다. 이 사설은 그동안의 대외적 자주노선의 투쟁과 그 성과를 높게 평가하면서 ①자기 머리로 사고하고 ②자기 힘을 믿는다 ③맑스-레닌주의는 행동적 지침이며 ④남의 경험을 기계적으로 모방하지 않는다 ⑤민족적 긍지를 가질 것 ⑥자립적 민족경제는 자주성의 물질적 기초이다 ⑦자주성을 서로 존중하며 ⑧자주성을 견지하면서 반제 공동투쟁을 강화하자 등의 8대 원칙을 밝혔다.[99]

중국은 김일성을 수정주의자라고 비난했고, 북한은 중국을 교조주의자, 종파주의자로 비난했다. 김일성은 문화대혁명이 북한에 전염되는 걸 경계했다. 그래서 중국과 대사의 교환을 중단하고 국교를 차단하는 비상조치를 취하기도 했다.[100] 『노동신문』은 66년 9월 15일자에 〈트로츠키주의〉라는 논설을 게재해 문화대혁명을 좌파 기회주의적 트로츠키주의라고 비난했다.[101]

북한은 일본 공산당에 간섭하는 중국의 '대국주의'도 비난했다.[102] 66

98) 이종석, 〈유일체제의 수립과정〉, 장을병 외, 『남북한 정치의 구조와 전망』(한울아카데미, 1994), 344쪽.
99) 강정구, 〈북한정권의 공고화 과정: 헤게모니적 지배체제의 성립을 중심으로〉, 장을병 외, 『남북한 정치의 구조와 전망』(한울아카데미, 1994), 329쪽에서 재인용.
100) 林建彦(하야시 다께히꼬), 최현 옮김, 『남북한현대사』(삼민사, 1989), 122쪽.
101) 김학준, 『북한 50년사: 우리가 떠안아야 할 반쪽의 우리 역사』(동아출판사, 1995), 241쪽.
102) 강정구, 위의 책, 330쪽.

년 북한에는 국제적인 게릴라 훈련센터가 만들어져, 아시아, 아프리카, 라틴아메리카 등 25개 이상의 국가로부터 온 2천여 명의 젊은이들이 훈련을 받고 있었다.[103]

박노자는 브루스 커밍스가 김일성을 "마오쩌둥(즉 공산주의)의 외투를 빌려 입은 주자(朱子: 성리학의 창립자)"라고 부르는 것에 대해 자신은 김일성을 차라리 "주자의 외투를 빌려 입은 1900년대의 신채호"라 부르고 싶다고 말한다. 김일성의 극단적이며 국가주의적인 반외세적 근대주의는 개화기의 급진적 민족주의와 상통하기 때문이라는 것이다.[104]

주체사상의 강조

김일성은 66년 10월 조선로동당 제2차 대표자대회에서 일부에서 북한의 자주노선을 기회주의적이라든지 "두 걸상 사이에 앉아 있다"고 중상한다고 밝히면서 이렇게 반박하였다.

"우리가 무엇 때문에 자기의 걸상을 버리고 남의 두 걸상 사이에 불편하게 양 다리를 걸치고 앉아 있겠습니까? 우리는 언제나 자기의 똑바른 맑스-레닌주의 걸상에 앉아 있을 것입니다. 자기의 올바른 걸상에 앉아 있는 우리를 두 걸상 사이에 앉아 있다고 비방하는 사람들이야말로 비뚤어진 왼쪽 걸상이나 오른쪽 걸상의 어느 하나에 앉아 있는 것이 틀림없습니다."[105]

이 대회는 사회주의 진영의 통일 단결과 좌·우경 기회주의와의 투쟁을 강조하면서 김일성 유일체제를 강화시키는 결론을 도출해냈다.[106]

---

103) 김정원, 『분단한국사』(동녘, 1985), 377쪽.
104) 박노자, 『하얀 가면의 제국: 오리엔탈리즘, 서구 중심의 역사를 넘어』(한겨레신문사, 2003), 245쪽.
105) 강정구, 〈북한정권의 공고화 과정: 헤게모니적 지배체제의 성립을 중심으로〉, 장을병 외, 『남북한 정치의 구조와 전망』(한울아카데미, 1994), 329~330쪽.
106) 강정구, 위의 책, 330쪽.

중국의 문화대혁명은 67년 1~2월에 최고조에 달하였다. 67년 1월부터 문화혁명을 주도하고 있던 홍위병들은 김일성을 흐루시초프와 같은 수정주의자로 비난하고 북한에서 김일성을 반대하는 '정변'이 일어났다는 등의 허위사실을 공개적으로 유포하였다.[107]

김일성은 그런 비판에 동조하는 '내부의 적'도 의식하지 않을 수 없었다. 이런 상황에 대응하여 "대내적 단결의 정점으로 수령이 강조되었으며 모택동 사상에 대응해서 북한 사회주의 건설의 독자적 지도사상으로서 김일성 사상으로 규정된 주체사상이 한층 강조되었다."[108]

김일성 유일체제로의 전환

67년 4월 조선노동당 제4기 15차 중앙위원회 전원회의를 계기로 북한 체제는 대대적인 숙청과 함께 그 이전과 질적으로 전혀 다른 유일사상체제로 변화되었다.[109] 67년 5·1절 기념행사에선 김일성 개인숭배가 전면화 되었다. 이종석에 따르면,

"이때부터 북한 사회에서 모든 의식은 김일성 수령에 대한 찬양으로부터 시작하였고 대중 학습은 김일성의 혁명 활동 암송을 중심으로 이루어졌으며, 언론은 김일성의 '위대성'을 증명하는 것을 자신의 제1 의무로 삼게 되었다. …… 이러한 개인숭배 드라이브는 스스로 영역을 넓혀 곧 김일성 개인의 '탁월성' 강조를 넘어 김일성 가계(家系)를 혁명화 시키는 방향으로까지 나아갔다."[110]

---

107) 김일성에 대한 이런 비난은 3년여 후에서야 취소되었다. 1970년 10월 8~10일, 중국을 방문한 김일성에게 모택동은 문화대혁명중의 중국 내 '극좌파'가 일련의 방법에서 오류를 범했다고 스스로 비판하였다. 이종석, 〈유신체제의 형성과 분단구조: 적대적 의존관계와 거울영상효과〉, 이병천 엮음, 『개발독재와 박정희시대: 우리 시대의 정치경제적 기원』(창비, 2003), 260쪽.

108) 이종석, 〈유일체제의 수립과정〉, 장을병 외, 『남북한 정치의 구조와 전망』(한울아카데미, 1994), 345쪽.

109) 한홍구, 〈박정희 정권의 베트남 파병과 병영국가화〉, 『역사비평』, 제62호(2003년 봄), 138쪽.

110) 이종석, 위의 책, 347쪽.

이종석은 북한의 1967년은 심각한 변화가 일어난 해였다고 말한다. 이 해에 일어났던 다양한 사건들을 계기로 북한 주민들의 정서 구조에 변화가 일어나고 사회적 담화의 내용도 달라졌다는 것이다.

"이러한 변화를 한마디로 표현한다면 그것은 유일체제로의 전환이라고 할 수 있다. 이 체제의 형성 초기에 나타났던 증후군은 1인 절대권력 체제의 전면화와 개인숭배 구조의 정착, 사회 전체에 대해 유일사상체계의 확립문제 제기, 사회의 기계적 집단화의 진행이라고 할 수 있을 것이다. 물론 1967년 이전에도 북한 사회에 이러한 현상들이 전혀 없었던 것은 아니다. 그렇지만 1967년 이전의 이러한 현상들이 비공식적이고 분절적이었으며 통제된 모습으로 나타났다면 1967년의 이러한 현상들은 폭풍처럼 사회 전반에 몰아쳐서 단기간 내에 새로운 사회정서 구조로 자리 잡았다. 한마디로 1967년에 북한 사회는 사회문화적으로 이전과는 다른 공간으로 이동한 것이다."[111]

북한의 이런 변화를 중소분쟁의 산물로 보는 시각이 있다. 이에 대해 강정구는 이런 반론을 편다.

"중소분쟁이라는 요인에 의한 자주노선의 설명은 북한과 중국이 중국의 문혁 때문에 소원해진 관계가 되기 이전에 북한이 자주노선을 공식적으로 천명했고 또 이 선언에 따라 일본 공산당에 대한 중국의 대국주의적 내정간섭을 비난한 점 등을 제대로 설명하지 못한다. 중소분쟁 인과론은, 북한이 소련을 등에 업지 않고서도 독자적으로 사회주의 강대국의 내정간섭을 물리칠 수 있는 대내적 · 대외적 자주노선과 역량을 축적, 결실화 하고 있었던 점을 고려하지 않는 외인론 지향적이고 비주체적인 설명에 불과한 것이다."[112]

---

111) 이종석, 〈유일체제의 수립과정〉, 장을병 외, 『남북한 정치의 구조와 전망』(한울아카데미, 1994), 350~351쪽.
112) 강정구, 〈북한정권의 공고화 과정: 헤게모니적 지배체제의 성립을 중심으로〉, 장을병 외, 위의 책, 330쪽.

북한의 전쟁불사론

그러나 북한의 자주노선엔 큰 희생이 뒤따랐다. 우선 '김일성 우상화'가 가장 큰 희생이었을 것이다. 69년 북한을 공식 방문했던 나이지리아의 한 인사는 귀국한 뒤에 쓴 글에서 김일성 우상 숭배의 모습을 회상하는 가운데 "나는 북한에서 하느님을 보았다"고 말했다.[113]

서동만은 1960년대 중반부터 북한의 각종 매체에 등장하는 글들은 북한 사회를 이해하기 위한 설명력을 거의 잃은 슬로건 차원으로 전락했다고 말한다.

"이때부터 북한의 인문·사회과학 관련 문헌에서는 구체적 사실을 담은 내용은 거의 찾아보기 어렵게 된다. 이러한 현상은 주체사상의 체계화와 동시에 진행되었다. 외부의 북한 연구에서 북한의 공식 문헌이 갖는 자료적 가치는 이때부터 급격하게 떨어지고 있다. 지리한 김일성 교시의 나열과 그에 대한 거의 동어 반복적 해설로 가득 채워진 북한의 공식 문헌에 익숙해지기 위해서 북한 연구자에게 요구되는 자질이란 무엇보다도 이들 문헌을 읽어낼 수 있는 무한한 인내심이었다."[114]

다음은 경제 문제였다. 소련과 중국으로부터의 원조 중단으로 재정구조가 뒤틀리기 시작했다. 60년 전체 예산의 1%에 불과하던 국방비가 67년에는 30.4%로 뛰어올랐다. 그래서 66년 제1차 7개년계획(1962~1970)을 당초보다 3개년 연장하는 수정조치를 취해야 했다.[115] 이팝(쌀밥), 고깃국, 비단옷, 고래 등 같은 기와집의 꿈이 날아간 것이다.

게다가 북한이 자주노선에 집착하는 가운데 벌어진 65년의 한일 국교

---

113) 김학준, 『북한 50년사: 우리가 떠안아야 할 반쪽의 우리 역사』(동아출판사, 1995), 256쪽.
114) 서동만, 〈북한 사회주의에서 근대와 전통〉, 역사문제연구소 편, 『한국의 '근대'와 '근대성' 비판』(역사비평사, 1996), 367쪽.
115) 정재정, 〈북한경제의 전개와 남북한 경제통합의 과제〉, 역사문제연구소 편, 『분단 50년과 통일시대의 과제』(역사비평사, 1995), 201~202쪽.

정상화와 한국군의 베트남 파병은 북한의 위기의식을 크게 자극했다. 북한은 한일 국교 정상화를 한미일 군사동맹의 강화, 일본 군국주의 부활의 상징으로 간주했다. 베트남 파병도 마찬가지였다. 김일성은 "월남문제에 대한 태도는 혁명적 입장과 기회주의적 입장, 프롤레타리아 국제주의와 민족이기주의를 갈라놓은 시금석"이며, 조선노동당은 "월남 인민의 투쟁을 자신의 투쟁으로 인정"하고 있으며, "월남 민주정부가 요구할 때는 언제나 지원병을 파견하여 월남 형제들과 함께 싸울 준비"가 되어 있다고 주장했다.[116]

북한이 전쟁불사론으로 경도되면서 군사분계선에서의 긴장이 고조되었다. 남북 양측의 충돌은 65년 88건, 66년 80건에 지나지 않던 것이 67년 784건, 68년 985건으로 급증하였다.[117] 남파 간첩 수도 66년 50명, 67년 543명, 68년 1천247명으로 크게 늘었다.[118]

북한 내 강경파는 '모험주의'도 불사했다. 67년 1월 19일 해군 경비정 제56함 당포호가 동해에서 북한의 포사격을 받아 침몰함으로써 승무원 79명 중 28명이 실종됐고, 51명이 구조됐으나 구조 후 11명이 사망하는 사건이 일어났다. 그러더니 급기야 북한은 68년 청와대 습격, 미 군함 푸에블로호 나포, 삼척·울진 게릴라 침투, 69년 4월 15일 미국의 EC 121형 정찰기 격추 등 전쟁을 일으킬 수 있는 대형 사건들을 잇달아 터뜨리게 된다.

116) 한홍구, 〈박정희 정권의 베트남 파병과 병영국가화〉, 『역사비평』, 제62호(2003년 봄), 138쪽.
117) 한홍구, 위의 책, 138쪽.
118) 김정원, 『분단한국사』(동녘, 1985), 370쪽.

제10장

남북한의 적대적 공존

1·21 사태와 푸에블로호 사건

'적대적 공존관계'와 '거울영상효과'

1960년대와 70년대를 통틀어 남북관계의 가장 중요한 특성 한 가지를 들라면 그건 바로 적대적 공존관계라는 점일 것이다. 북한의 강경 호전파와 남한의 강경 호전파의 이해관계는 같았다. 어느 한쪽의 호전파가 긴장을 고조시키면 다른 한쪽의 호전파의 입지가 강화되었다. 서로 몰래 만나 짜고 벌인 일은 아니지만, 그런 식으로 양쪽은 돕고 사는 관계였다.

그렇게 돕고 살다 보니 점점 서로 닮은꼴이 되어갔다. 이종석은 그런 관계를 '거울영상효과'라고 부른다.

"박 정권은 자주, 자립, 자위, 주체, 국방·경제 병진 건설 등 60년대 북한 정권이 즐겨 사용했던 말들을 60년대 말부터 빈번히 사용하기 시작했으며, 유신체제 형성 뒤에는 더욱 일반화해서 사용하였다. 1968년부터 '일하면서 싸우고, 싸우면서 일하자'는 구호가 제창되었으며, 이는 곧 '일면 국방, 일면 건설'이라는 정부 지표로 나타났다."[1]

이런 '적대적 공존관계'와 '거울영상효과'는 영구 집권을 꾀하는 지도자들에게도 적용되었다. 독재국가의 지도자들이 영구집권의 명분으로 내세우는 단골 메뉴는 늘 국가안보였다. 적대적인 관계에 있는 두 나라들끼리 서로 국가안보를 위협하면 그 두 나라 독재자의 영구 집권 가능성은 그만큼 높아지게 되는 것이다. 1968년은 적대적 공존관계가 어떻게 작동하는가를 보여준 대표적인 해였다.

청와대 앞 500미터

1968년 1월 21일 새벽 4시. 북한산 비봉에 31명의 젊은 남자들이 모여 있었다. 그들은 1월 16일 개성을 출발해 17일 밤 휴전선을 넘은 김신조를 비롯한 북한 무장공비단이었다. 이들은 밤 8시에 산을 내려와 9시 30분에 세검정 부근까지 진출하였다. 나중엔 청와대에서 불과 500미터 떨어진 거리까지 접근하였다. 김신조의 증언이다.

"1968년 1월 17일 휴전선을 넘어 서울에 도착할 때까지 4일 동안 1개 소대 병력(31명)이 한 번도 제대로 저지를 받지 않았습니다. 중간에 만난 나무꾼들이 신고하는 바람에 나중에 경계령이 내린 줄은 알았지만, 남한의 군인이나 경찰을 무서워하지는 않았습니다. 만약 검문 당한다 해도 즉시 해치우면 된다고 생각했습니다. 그만큼 자신감에 넘쳐 있었죠. 지금은 상상도 할 수 없는 일이지만 당시 우리들은 당당하게 서울시내 한복판을 활보했습니다."[2]

밤 9시 55분경 정체불명의 괴한들이 나타났다는 보고를 받은 서대문

---

1) 이종석, 〈유신체제의 형성과 분단구조: 적대적 의존관계와 거울영상효과〉, 이병천 엮음, 『개발독재와 박정희시대: 우리 시대의 정치경제적 기원』(창비, 2003), 284쪽.
2) 최홍렬, 〈다큐멘터리/한국 현대사의 결정적인 순간들⑦: 청와대 본관 2층을 습격, 박정희를 사살하라!〉, 『월간조선』, 1994년 3월, 720쪽.

경찰서장 이각현은 자하문 쪽으로 행군하는 30여 명의 괴한들을 확인하고 시경에 보고했다. 이각현이 정체를 묻자 이들은 "우리는 CIC 방첩대다. 훈련을 끝내고 돌아가는 길인데 참견 말라"는 고압적인 자세를 취하였다.

이들은 북한에서의 교육을 통해 남한에서 중앙정보부나 방첩대 이름을 대면 누구든 사시나무 떨 듯이 떤다는 걸 알고 있었음에 틀림없다. 이각현은 이들을 저지하지 못하고 5~6명의 형사들과 함께 차량으로 뒤쫓을 수밖에 없었다.

밤 10시 자하문 고갯길 임시 검문초소에서 종로경찰서 수사2계 형사들이 31명의 괴한들을 검문하였다. 괴한들은 같은 수법으로 대응하였다. 형사들은 종로경찰서장 최규식에게 보고하였다. 밤 10시 10분 최규식이 달려와 괴한들에게 강경하게 대응하였다.

그 순간 공비들은 기관총을 난사하였다. 그 자리에서 최규식은 총을 맞고 사망하였다. 자하문 고갯길을 내려오던 시내버스의 헤드라이트 불빛을 국군 출동으로 착각한 공비들은 시내버스를 향해 세 발의 수류탄을 투척하였다. 여기서 공비들은 당황하여 뿔뿔이 흩어진 채로 각자 도주하였다.

이게 바로 북한 무장공비들의 청와대 습격 사건인 1·21 사태였다. 도주한 공비들에 대한 소탕작전은 1월 말까지 계속되었다. 3명은 북한으로 탈주하였고, 김신조 1명만 생포되었다. 이 와중에서 민간인을 포함해 30명이 사망하였고, 52명이 부상을 입었다.

북한은 "서울에서 열혈 청년들이 봉기해 총격전이 벌어졌다"고 주장하면서 사살 당한 무장공비들의 시체 인수를 거부했다.[3] 김일성대 교수 리용필에 따르면,

---

3) 허용범, 『한국언론 100대 특종』(나남, 2000), 126~127쪽.

무장공비 중 유일하게 생포된 김신조.

　"위대한 수령님의 교시를 높이 받들고 우리 신문들은 1968년 1월 23
일부터 일제히 무장 소부대가 서울시내 한복판에 출현하여 괴뢰경찰부
대와 충격전을 벌여 박정희 역적이 둥지를 틀고 있는 '청와대' 500미터
거리에서 괴뢰경찰서장 등을 처단하고 군용차량 4대를 수류탄으로 파괴
한 사실을 주는 것으로부터 시작하여 그 후 남조선의 이르는 곳마다에서
일어나고 있는 무장소조의 투쟁 정형을 건별로 대대적으로 보도하였다.
…… 신문들은 이러한 객관보도를 준 다음 보름 또는 한 달 정도씩 간격

을 두고 '남조선 인민들 속에서 세차게 전개되고 있는 무장유격투쟁을 포함한 각종 형태의 반미 구국투쟁', '남조선 인민들의 거세찬 혁명적 진출은 막을 수 없다' 등의 논평과 종합기사, 정세개관을 주어 그들의 투쟁이 가지는 의의와 성격 그 움직임 등을 분석평가하고 널리 알리었다."[4]

박정희 : "북을 공격해야겠소"

무장공비단이 중간에 만났다는 나무꾼은 경기도 파주군 천현면 법원리 초리동 마을에 사는 4형제였다. 이들이 신고를 한 건 1월 19일 오후 2시였다. 김신조는 "중간에 만난 나무꾼을 죽이지 않은 것이 결정적인 실수"였다고 말했다.

"남하하는 도중 군인이건 민간인이건 한번 발각되면 무조건 죽이는 것이 원칙이었습니다. '나무꾼을 죽이자, 말자'로 투표를 했는데 살려두자는 의견이 많았습니다."[5]

그러나 군경은 나무꾼들의 신고를 받고도 안이하게 대처했다. 아니 엉망이었다고 해도 좋을 정도였다. 1월 31일 임시국회에서 공화당 의원 이만섭은 중앙정보부의 전횡에 초점을 맞춰 다음과 같이 비판하였다.

"먼저 1·21 사태로 희생된 군경 유가족에게 애도의 뜻을 표합니다. 이번 사건은 고위 공직자들의 무사안일 때문입니다. 관계 국무위원은 마땅히 책임을 지고 자리에서 물러나야 합니다. 본 의원이 듣기로는 이런 엄청난 사건이 벌어지고 있는 동안에도 일부 장관들은 골프를 치고 있었다고 합니다. 공비들은 가는 곳마다 군 기관원을 사칭했고, 그때마다 별어려움 없이 검문을 통과했다는 점에 주목합니다. 이는 정보기관에 있는

---

4) 리용필, 정진석 해제, 『조선신문 100년사』(나남, 1993), 397~398쪽.
5) 최홍렬, 〈다큐멘터리/한국 현대사의 결정적인 순간들⑦: 청와대 본관 2층을 습격, 박정희를 사살하라!〉, 『월간조선』, 1994년 3월, 732쪽.

사람들이 권력을 남용해 왔기에 기관원이라고 하면 아무도 손을 대지 못했던 사회 풍조를 공비들이 이용한 것입니다. 중앙정보부는 정치 사찰을 즉각 중지하고 대공 업무에만 전념해야 합니다."[6]

공비 소탕 작전이 끝난 2월 1일, 3일 양일 간 열린 국회 본회의에선 이런 발언도 나왔다.

"무장공비가 서울에 침입할 때 CIC 방첩대를 사칭했는데, 이는 정보 수사 기관원은 치외법권적인 특권을 가지고 있다고 여기는 우리 사회의 잘못된 관행을 그대로 드러낸 것입니다. 다행히 최규식 종로서장이 군 출신이라 특무대원이라고 우기는 무장 공비들을 대담히 막았습니다. 청와대가 이미 적의 소총 유효 사거리 안에 들어왔을 때 최 서장이 막지 않았다면 어떻게 할 뻔했습니까?"[7]

무장공비단 31명은 모두 함경도 출신이었다. 특별한 이유가 있느냐는 질문에 김신조는 이렇게 답했다.

"함경도 사람은 기질이 강하고 결단력이 있습니다. 빨간 것이나 흰 것이냐를 분명히 갈라 끝까지 고수하며 변절하지 않습니다. 저는 나중에 변절했지만요."[8]

김신조는 기자들에게 "김신조, 인민군 124군부대, 청와대를 까러 왔다. 31명의 특공대다. 박정희의 모가지를 따러 왔다"고 말했다. 김신조를 문초한 결과, 이들은 청와대의 내부구조를 환히 알고 있었으며 심지어는 청와대의 모형을 만들어 놓고 15일간 특수침투훈련까지 받았다는 것이 밝혀졌다.[9]

분노한 박정희는 미국 대사 윌리엄 포터를 불렀다. 1월 21일 자정 가

---

6) 이만섭, 〈나의 이력서: 재선의원 시절②〉, 「한국일보」, 2002년 9월 4일, 27면.
7) 최홍렬, 〈다큐멘터리/한국 현대사의 결정적인 순간들⑦: 청와대 본관 2층을 습격, 박정희를 사살하라!〉, 「월간조선」, 1994년 3월, 733쪽.
8) 최홍렬, 위의 책, 735쪽.
9) 김경재, 「혁명과 우상: 김형욱 회고록 ②」(전예원, 1991), 217쪽.

206___한국 현대사 산책 · 1960년대편 ③

까이 되어 청와대에 온 포터에게 박정희는 "북을 공격해야겠소. 이틀이면 평양에 닿을 수 있다고 생각하오"라고 말하면서 미국의 지원을 요청했다. 그 말이 과연 박정희의 진심이었는지 아니면 딴 뜻이 있었는지는 알 수 없으나 포터는 냉담한 반응을 보였다.

"북을 공격하시려거든 혼자 하십시오."[10]

푸에블로호 사건

1·21 사태가 일어난 지 이틀 후인 1월 23일 동해 상에서 미국의 첩보함 푸에블로호가 영해 침범으로 북한에 억류되는 사건이 일어났다. 이 군함의 승무원은 모두 83명이었다. 가을의 대통령 선거를 앞두고 강한 반전무드가 일고 있는 가운데 존슨 행정부는 82명의 목숨(1명은 교전 중 사망)이 걸린 이 문제에 적극 매달리지 않을 수 없었다. 미국은 핵 항공모함 엔터프라이즈호를 원산 앞 바다에 출동시킨 데 이어 항공모함 2척을 추가 배치하고 일본 오키나와에 있던 공군전투기 361대를 이남으로 전진 배치했다.

그러나 상황은 미국에게 불리하게 돌아가고 있었다. 함장 부커는 푸에블로호가 이북의 영해를 침범하여 스파이 활동을 벌였다고 시인했다. 또 사건 발생 1주일 뒤인 1월 30일 남베트남민족해방전선이 이른바 테트(구정) 공세를 펼쳐 존슨 행정부는 강공책을 펴기 어려웠다. 결국 미국은 2월 1일부터 북한과의 비밀협상에 들어갔다.[11]

미국의 태도는 처음부터 분명했다. 미국은 푸에블로호 사건을 62년 쿠바 미사일 위기 사건처럼 간주했다. 1월 29일 점심식사 자리에서 존슨

---

10) 이상우, 『박정권 18년: 그 권력의 내막』(동아일보사, 1986), 84~85쪽.
11) 한홍구, 『대한민국사 02: 아리랑 김산에서 월남 김상사까지』(한겨레신문사, 2003), 82~84쪽.

북한으로 끌려가는 푸에블로호 승무원들. 청와대 습격 이틀 후 터진 푸에블로호 사건으로 박정희는 북한에 대한 공격도 염두에 두었다.

과 고위 측근들은 그들의 목표가 선원들을 송환하고, 한국군이 베트남에서 미군과 계속 협력하도록 만들며, 가장 중요한 것은 '아시아에서 제2의 전쟁을 피하는 것'이라는 결정을 내렸다.[12]

한 회의에서 CIA 국장 리처드 헬름스가 "북한에 푸에블로호를 지정된 날짜에 우리에게 돌려주지 않으면 중대한 사태를 맞을 것이라고 말하는 것이 뭐가 잘못된 것이냐"고 묻자 존슨은 즉각 "대답은 간단하다. 우리는 중국·소련과 전쟁을 하고 싶지 않다는 것"이라고 반박했다.[13]

미국은 처음엔 소련에게 푸에블로호 석방을 위해 북한에게 압력을 넣어달라고 부탁했다. 그러나 '자주노선'을 강하게 외치고 있던 북한에게 소련의 압력은 전혀 먹혀들지 않았다. 나중에 존슨은 의회에 푸에블로호

---

12) 〈미 비밀해제 문건으로 본 한미동맹 50년사〉, 『월간중앙』, 2003년 4월, 214쪽.
13) 위의 책, 213쪽.

사건을 보고하면서 "북한이라는 나라는 소련의 압력이 먹혀들지 않는 나라인 것 같다"고 말했다.[14]

박정희의 분노

푸에블로호 사건에 대한 미국의 요란한 대응은 박정희를 분노하게 만들었다. 자신의 목숨을 노렸던 1·21 사태에 대해선 냉담하게 반응하던 미국이 푸에블로호 사건에 대해선 전혀 다른 태도를 보이는 것에 대해 박정희는 배신감마저 느꼈다.

외무장관 최규하는 "청와대 습격보다 푸에블로에 중점을 두는 미국 정책에 전적으로 반대한다"는 이례적인 성명까지 발표했다. 국방장관 김성은은 주한 미8군 참모장 로버트 프리드만을 불러 "조그만 피그 보트(군함의 미 속어) 한 척에 온 천지가 진동하고 있으면서 우리 대통령 관저 앞에서의 총격전은 아무 것도 아니란 말이오?"라고 항의했다.[15]

박정희는 북한의 훈련소들을 공격해 없애버리고 싶어했으며, 미국이 청와대 사건보다 푸에블로호 사건에 더 큰 우선순위를 두고 있는 것에 분개했다. 박정희는 이미 미국 관리들에게 '술꾼'으로 알려져 있었고 푸에블로호 사건 이후 박정희가 더욱 과음하고 미국에 대해 대노하자 미국은 "전쟁이 일어날까 봐 아주 걱정이 많았다." 주한 미 대사 윌리엄 포터는 "박 대통령이 거의 이성을 잃은 채 북한을 칠 필요가 있다는 데 사로잡혀 있다"고 워싱턴에 보고했다.[16]

박정희가 전쟁을 일으킬 가능성을 염려한 미국은 대통령 특사 사이러스 밴스를 한국에 파견했다. 박정희는 밴스와 5시간 30분 동안 격론을

---

14) 김진국·정창현, 『www.한국현대사.com』(민연, 2000), 175쪽.
15) 이상우, 『박정권 18년: 그 권력의 내막』(동아일보사, 1986), 85쪽.
16) 〈미 비밀해제 문건으로 본 한미동맹 50년사〉, 『월간중앙』, 2003년 4월, 214쪽.

벌였다. 박정희는 구체적인 공격 목표까지 제시해 가면서 북한에 대한 강력한 응징을 주장했다.[17]

밴스는 "올해는 미 선거가 있는 해이고, 푸에블로호 문제는 한미관계 및 동남아에서의 미국의 입장과 관련, 선거의 주요 현안이 될 수 있다"는 걸 설명했다.[18] 밴스는 미국은 북한과의 협상에서 한국을 따돌리지 않겠다는 것과 1억 달러의 추가 군사원조, M16 소총 공장의 건설 등을 선물로 내놓으면서 박정희를 달랬다. 미국은 월남 파병 건 때문에 박정희를 함부로 무시할 수는 없었던 것이다.[19]

밴스 : "박정희는 위험한 인물"

그러나 미국은 박정희를 달래는 동시에 경고 메시지도 보냈다. 만약 박정희가 베트남에서 한국군을 철수하겠다고 위협할 경우 미국은 한국에서 미군을 철수시키는 것으로 대응하겠다는 것이었다.[20] 그러면서도 미국은 행여 박정희가 무슨 일을 벌일까봐 염려돼 주한 유엔군 사령관이 유류 공급을 중지시키는 등 사전 견제조치들을 취하였다. 그래서 한국군은 전방부대 지휘관들의 지휘용 차량까지도 운행을 제한 받는 등 곤욕을 치러야 했다.[21]

최근 비밀해제 된 미 행정부 문서에 따르면, 푸에블로호 나포 직후 긴장이 고조되자 미국은 박정희의 동요를 무척 우려했다. 존슨의 특사로 박정희를 만나고 간 사이러스 밴스는 존슨과 내각에 "박정희는 위험한

17) 박성준, 〈박정희는 "보복" … 존슨은 "협상"〉, 『시사저널』, 2002년 1월 24일, 24면; 이상우, 『박정권 18년: 그 권력의 내막』(동아일보사, 1986), 85쪽.
18) 〈미 비밀해제 문건으로 본 한미동맹 50년사〉, 『월간중앙』, 2003년 4월, 214쪽.
19) 박성준, 위의 책, 85쪽.
20) 〈미 비밀해제 문건으로 본 한미동맹 50년사〉, 『월간중앙』, 2003년 4월, 214쪽.
21) 이상우, 『박정권 18년: 그 권력의 내막』(동아일보사, 1986), 86쪽; 김창수, 〈한미관계, 종속과 갈등〉, 한국정치연구회 편, 『박정희를 넘어서: 박정희와 그 시대에 대한 비판적 연구』(푸른숲, 1998), 337쪽.

인물이고 다소 불안하다", "그는 변덕스럽고 잘 흥분하며 술을 많이 마신다"고 보고했다. "박이 느닷없이 술을 마시기 시작한 것인가?"라는 존슨의 질문에 밴스는 "아니다. 꽤 된 일"이라면서 "부인에게 재떨이를 던지기도 했고, 보좌진에게도 몇 차례 재떨이를 던진 일이 있다"고 대답했다. 밴스는 "박 대통령은 술을 마시기 시작하면서 모든 명령을 내린다"면서 "박 대통령의 장군들은 그 명령에 따른 모든 조치를 이튿날 아침까지 연기해 놓으며, 다음 날 아침 박 대통령이 아무 말이 없으면 간밤에 박이 말했던 것을 잊어버린다"고 말했다.[22]

결국 박정희는 푸에블로호 선원 송환을 위해 북한과 협상하려는 미국에 협조하긴 했지만, 2개월 후에도 주한 미 대사관은 한국이 '병력 이동'을 고려하고 있으며 심지어 '북한에 대한 선제공격'까지 고려하고 있다고 워싱턴에 경고하였다.[23]

푸에블로 음모론

69년 초 함장 부커의 미 해군 사문회(査問會) 증언은 미국인들에게 북한에 대한 부정적 이미지, 아니 "코리안들은 야만적"이라는 인상을 깊이 심어 주었다. 그의 발언은 전국 텔레비전에 방영되었는데, 부커는 북한이 하라는 대로 자백했으며 그럴 수밖에 없는 이유가 있었다고 주장했다.

그는 어느 조사실에 끌려 들어갔다가 기절할 정도로 놀랐다고 말했다. 그 방 한구석에 20대쯤의 한 청년이 발가벗겨진 채로 산 것도 같고 죽은 것도 같은 형태로 묶여서 매달려 있었는데, 몸의 여기저기에 뼈가

---

22) 〈미 비밀해제 문건으로 본 한미동맹 50년사〉, 『월간중앙』, 2003년 4월, 213~214쪽.
23) 위의 책, 214쪽.

드러나 있었으며 한쪽 눈알은 피범벅이 된 채 밖으로 튀어나와 있는 상태에서 숨은 끊일 듯 말 듯 이어지는 것을 보았다는 것이다. 부커는 북한의 조사관이 "저 괴물이 남조선에서 넘어온 군인 간첩인데, 너도 시키는 대로 하지 않으면 저렇게 될 것"이라고 협박을 해서 쓰라는 대로 썼다고 변명했다. 이 발언으로 부커는 예편되는 선에서 사면되었다.[24]

한동안 '푸에블로 음모론'도 등장하였다. 이 음모론의 요지는 이 사건이 미국이 상호 갈등을 빚고 있던 중국과 소련의 관계를 악화시키기 위해 꾸민 일이라는 것이다. 그 근거로 ①미국은 이미 정찰위성과 정찰기의 최신예 레이더로 북한의 정보를 수집하고 있어, 정보함을 북한 영해 가까이 보낼 필요가 없었다 ②푸에블로호에는 기관총을 비롯, 제대로 된 방어 무기가 없었다 ③나포 당시 미 공군이나 해군의 즉각적인 구원 작전도 없었다 등의 이유가 제시되었다. 그래서 "미국 정보기관이 나포된 푸에블로호에 계획적으로 미리 실어 놓았던 비밀 서류를 통해, 소련의 침공 계획을 알게 된 중공이 미국에 보낸 눈짓이 바로 1971년 4월 7일의 미국 탁구팀의 초청이었다"는 주장이 한때 나왔다.[25]

향토예비군과 주민등록증

1·21 사태는 국내의 정치 지형도를 확 바꿔 버렸다. 반공이 지상명제가 되면서 야당의 입지는 더욱 위축되었다. "250만의 예비군인들을 무장시키겠다"는 박정희의 2월 7일 발언에 따라 4월 1일 향토예비군이 창설됐고, 국토통일원이 설치됐다. 통일원 설립에 대해 미 관리들은 서울의 의도가 분명히 '평화적 통일'이라는 약속을 받아내기 위해 은밀히 애

---

24) 김학준, 「북한 50년사: 우리가 떠안아야 할 반쪽의 우리 역사」(동아출판사, 1995), 250~251쪽.
25) 김창훈, 「한국외교 어제와 오늘」(다락원, 2002), 103쪽.

썼지만 박정희는 그런 확답을 주지 않았다.[26]

62년 5월 10일에 공포된 주민등록법은 이후 더 이상의 진전을 보지 못하고 있었는데, 1·21 사태가 모든 걸 바꿔 놓고 말았다. 68년 5월 10일에 통과된 1차 개정안은 주민등록증과 주민등록번호를 도입하여, 11월 21일부터 18세 이상 모든 국민에게 주민등록증이 발급되었다. 이로서 6·25 때 발급되었던 시민증과 도민증은 자동 폐지되었다.

반공 교육은 물론 반공법 적용도 강화되었다. 68년은 "미군들이 한국 사람을 린치한 신문기사를 놓고 술자리에서 미군들을 욕하다가 중앙정보부에 끌려가 빨갱이로 무수하게 두들겨 맞고, 택시에서 한두 마디 박정희 비난을 했다가 그대로 남산으로 실려가 빨갱이 앞잡이라고 매타작을 당했다는 소문이 떠돌고 있던 세상"이었다. 그래서 이 무렵에는 "마누라와 정사를 하는 배 사이에도 중정의 촉수가 파고들어 있다고 하는 세상"이라는 말까지 나왔다.[27]

남한 사회가 그렇게 경색되게끔 도운 최대의 협력자는 바로 북한이었다. 북한 역시 그런 분위기를 내세워 북한 사회를 옥죄는 쪽으로 나아갔으니, 바로 이게 '적대적 공존관계'와 '거울영상효과'의 결과였던 것이다.

---

26) 〈미 비밀해제 문건으로 본 한미동맹 50년사〉, 『월간중앙』, 2003년 4월, 213쪽.
27) 조정래, 『한강 5』(해냄, 2001), 11쪽.

국민복지회 사건: 박정희와 김종필의 애증관계

박정희의 이간질 용인술

『조선일보』 68년 1월 1일자 신년대담에서 고려대 교수 김상협은 이런 말을 했다.

"공화당은 점차 당내 귀족이 생겨나면서 달라져가고 있다. 신라시대 골품제도처럼 신흥귀족들은 자기 품계를 유지하자니 '너도 한몫 나도 한몫' 나눠 먹기 식으로 되어가고 있다. 특히 월남파병으로 자신을 얻은 듯 '앞으로 백년이 더 가도 (이 나라는) 우리 것'이라는 기분이 도는 것 같다. 그러니 공신들에게 훈록도 내려주고, 봉토도 하고 …… 좋은 의미에서 왕권정치 비슷하게 되어가고 있다. 그러니 왕위계승문제와 같은 것이 대두되고 있지 않은가."[28]

잘 보았다. 1968년의 공화당, 아니 박정희에게 대두된 가장 큰 문제는

---

28) 남재 김상협선생 전기편찬위원회 엮음, 『남재 김상협: 그 생애/학문/사상』(한울, 2004), 438쪽에서 재인용.

바로 '왕위계승문제'였다. 가장 유력한 왕위계승자는 누가 뭐래도 김종필이었다. 그런데 바로 그런 세상 인식이 문제였다.

박정희와 김종필은 애증(愛憎) 관계였다. 김종필이 야심을 버리고 평생 2인자로 살면서 박정희를 영원히 떠받들겠다고 하는 걸 박정희에게 확신시켜 줄 수 있었다면 박정희는 김종필에게 애(愛)만을 베풀었을 것이다. 5·16 동지애가 아니라 하더라도 자신이 끔찍이 사랑하는 조카딸의 남편인데 무얼 아끼랴. 그러나 김종필은 박정희 못지 않은 야심을 갖고 있는 인물이었다. 박정희는 그걸 용납하는 인물이 아니었다. 박정희가 그런 김종필에겐 줄 건 증(憎)밖에 없었다.

김종필에 대한 박정희의 증오를 표현한 대리인은 중앙정보부장 김형욱이었다. 박정희를 하늘처럼 떠받드는 김형욱은 박정희의 뜻에 따라 김종필을 괴롭혔다. 훗날 박정희의 지지자들은 김형욱이 저지른 일들을 김형욱의 탓으로만 돌리고 박정희와는 무관한 것처럼 이야기하지만, 전혀 그렇지 않았다. 정보장교로 잔뼈가 굵은 박정희는 그렇게 어수룩한 사람이 아니었다. 중앙정보부가 저지른 모든 악행은 박정희의 지시에 따른 것이었다. 물론 누군가를 고문할 때에 물고문과 전기고문 사이에 어느 걸 택해서 하라는 구체적인 지시까지는 박정희가 내리지 않았겠지만 말이다.

김형욱은 언젠가 전과자를 고용해 김종필에게 테러를 가할 계획을 세웠다. 당시 방첩부대장 윤필룡이 이 계획을 알고 박정희에게 보고하자, 박정희는 "종필이가 너를 그렇게 미워한다면 넌들 가만히 있겠느냐"며 오히려 김형욱 편을 들어 주었다.

김형욱은 김종필 집을 도청하고, 출입자를 체크하고, 가택수색까지 벌이기도 했다. 견디다 못한 김종필이 66년 말 윤필용에게 당의장을 그만 둘 생각을 밝혔다. 윤필용이 이 사실을 박정희에게 보고하자 박정희는 "종필이는 옹졸해. 남을 포용할 줄 모르고 심지어 윤 장군 자네도 자

르라고 해", "이후락이는 종필이 칭찬도 하는데 종필이는 이후락이 욕만 해"라고 말했다.[29]

김종필과 김형욱을 이간질시키는 걸로도 모자라, 김종필과 윤필용, 김종필과 이후락의 사이까지 벌어지게 만들려는 이런 솜씨를 '용인술' 이라고 불러야 하는 걸까. 김종필의 대응 방식에도 문제가 있었다. 박정 희가 보기엔 김종필이 우쭐하면서 잘난 척 하는 것으로 비쳐졌을 것이 다. 김종필은 5·16의 최종 저작권도 자신에게 있는 것처럼 이야기하곤 했다. 설사 그렇다 하더라도 그런 방식으로 '왕위'를 넘보는 것이 과연 현명한 방법이었는지는 의문이다.

김종필의 정계은퇴 선언

68년 봄에 일어난 이른바 '국민복지회 사건'의 진실은 아직도 정확히 알기는 어렵다. 탄압을 가한 측과 받은 측의 주장이 각기 다르기 때문이 다. 이럴 때엔 탄압을 받은 측의 주장에 프리미엄을 주는 것이 원칙이겠 지만, 탄압을 받은 측이 대단히 불쌍한 약자는 아니기 때문에 프리미엄 을 주더라도 아주 조금만 주는 것이 타당할 성싶다.

'국민복지회 사건'은 친 김종필 계인 김용태 최영두 등이 공화당의 공 조직과는 별도로 '한국국민복지회'라는 전국적 사조직을 만들어 71년 대통령 선거에 대비했다는 사건이다. 이게 중앙정보부 측의 주장이다. 반면 김종필 측은 그건 조작, 날조된 주장이라는 입장이다.

김종필 측의 주장은 이렇다. 예비역 공군대령 송상남이 국민복지회라 는 조직 구상을 갖고 김종필 계열에 접근했다. 김종필의 측근인 공화당 의원 김용태는 '농어민 생활향상을 위한 순수연구단체'라는 게 그럴 듯

29) 김충식, 「정치공작사령부 남산의 부장들 1」(동아일보사, 1992), 100~101쪽.

해 회장직을 승낙했다. 김용태 명의의 취지서가 공화당 당원들에게 배포되었다. 그런데 한 당원이 "당내에 복지회라는 반국가단체가 조직되어 대통령 각하를 비방하고 있으니 고발한다"는 내용의 제보와 함께 취지서를 청와대 민정수석비서관 유승원에게 넘겨줬다. 이에 대해 김용태 측은 김용태의 지구당 조직부장이 사생활이 좋지 않아 그만두게 했더니 앙심을 품고 일을 저지른 것이라고 주장한다.[30]

유승원은 이를 박정희에게 보고했다. 박정희는 김형욱을 불러 조사를 지시했다. "용서할 수 없는 항명이니 주동자를 색출해 엄단하라"는 말과 함께. 김형욱은 김용태, 최영두, 송상남 등을 정보부로 연행해 고문했다. 중앙정보부는 송상남이 개인적으로 작성했다는 이른바 '시국판단서'(71년 대통령선거 전망 분석)를 음모로 몰아갔다. 그 '시국판단서'의 내용 중엔 "복지회는 여당 내 야당" "67년의 선거 부정은 박 대통령 책임" "앞으로 3선 개헌공작은 필연적이며 저지세력 확보 필요" "71년 대통령 선거 대안은 오직 김종필 당의장" 등이 들어 있었다.

중앙정보부는 3인에게 고문을 가하면서 "3선 개헌을 반대하고 김종필을 차기 대통령후보로 옹립하려는 음모"라는 답을 듣고 싶어했다.[31] 고문을 받던 김용태가 김형욱에게 "혁명을 같이 한 자가 이런 짓을 하려고 혁명을 했느냐"고 꾸짖자, 김형욱은 끝내 부인하면 김종필 계열 인사 17명이 희생된다고 협박했다. 그래서 어쩔 수 없이 중앙정보부의 조작극을 인정하지 않았을 수 없었다는 것이 김용태 측의 설명이다.[32]

5월 25일 김용태와 최영두는 공화당에서 제명되었다. 김종필은 자신과는 무관하다고 해명했으나 받아들여지지 않자, 30일 공화당 의장직과

---

30) 김충식, 『정치공작사령부 남산의 부장들 1』(동아일보사, 1992), 141~143쪽; 김교식, 『다큐멘터리 박정희 4』(평민사, 1990), 23쪽.
31) 김충식, 위의 책, 141~143쪽.
32) 김교식, 위의 책, 22~23쪽.s

5·16 이후 계속된 박정희와의 알력으로 김종필은 정계은퇴를 선언하기에 이른다.

국회의원직을 모두 사퇴하고 정계은퇴를 하겠다고 선언했다. 이를 특종한 『동아일보』는 5월 30일 호외까지 만들어 뿌렸다. 이 특종은 기자 김진배가 김종필의 청구동 자택까지 쫓아가 단독 인터뷰를 따내 만들어낸 것이었다. 이 인터뷰에서 김종필은 이런 말들을 했다.

"목수가 집을 짓는다 해서 자기가 살려고 짓는 것은 아니다." "나는 욕심이 없는 데 주위에서 이러쿵저러쿵 하는 것은 유감이며, 모략중상에서 벗어나고 싶다." "권력이나 재물에 욕심만 없으면 오해가 없는 줄로 알았는데 나는 욕심이 없어도 오해는 뒤따르는 것이 세태라는 것을 또 알게 되었다. 지금도 당신 같은 기자가 악착같이 내 차를 뒤 쫓아와 또 말을 거니 아직 나는 해방되지 않은 모양이다. 오늘 한 말은 공식 기자회견 전에는 쓰지 않기를 부탁한다."[33]

김종필 : 박정희에 대한 울분 폭발

1·21 사태가 일어났을 때 김종필 진영은 김형욱을 목표로 안보책임자 인책 공세를 펼쳤었다. 그러자 김형욱은 김종필을 아예 당의장에서 밀어내는 역습작전으로 맞섰고, 결국 국민복지회 선수가 걸려들자 밀어낸 것이라는 주장이 있다.[34]

김종필과 김형욱 사이의 갈등이 작용한 점이 전혀 없진 않겠지만, 김형욱은 어디까지나 박정희의 하수인으로 보는 것이 타당할 성싶다. 김종필은 김형욱은 물론이고, 비서실장 이후락, 당내 4인방(김성곤, 길재호, 김진만, 백남억) 등에 대한 반발로 정계 은퇴를 선언했겠지만, 사실상 그들을 싸고돌면서 자신을 박해하는 박정희에 대해 울분을 터뜨린 것이었다.[35]

이 사건은 국회의원을 고문한 최초의 사건이었다는 점에서 박 정권의 '폭력성'이 극한으로 치닫고 있다는 걸 보여주었다. 6대 국회 문공위원장을 지냈던 전 의원 최영두는 고문 후유증으로 3년도 못 가 사망하고 말았다.[36] 김용태는 박정희가 몹시 아끼고 가까이 한 인사 중의 한 사람이었다. 김용태는 김종필과 고향이 같고 서울사대 동창관계였는데, 민간인 신분으로 김종필의 권유로 쿠데타에 참가했다. 박정희가 어려웠던 시절 박정희와 같이 동고동락하던 사이였지만, 이제 박정희의 지시에 따라 5·16 동지에 의해 고문을 당하는 신세가 되고 말았다.[37]

김종필의 정계 은퇴 소식이 알려진 순간 박정희는 최전방 6사단을 시찰 중이었다. 박정희는 보고를 받고도 표정 하나 바꾸지 않은 채 오히려

---

33) 허용범, 『한국언론 100대 특종』(나남, 2000), 106~109쪽.
34) 김문, 『장군의 비망록 I: 격동의 현대사를 주도한 장군들의 이야기』(별방, 1998), 133쪽.
35) 김충식, 『정치공작사령부 남산의 부장들 1』(동아일보사, 1992), 145쪽.
36) 김충식, 위의 책, 145쪽.
37) 김교식, 『다큐멘터리 박정희 4』(평민사, 1990), 14쪽.

사단장 이건영에게 엉뚱한 질문을 던졌다. "이봐 사단장, 저쪽 개활지로 적의 전차가 쳐들어오면 무슨 수로 막겠나?"[38]

김종필은 6월 3일 부산에서 가진 고별 기자회견에서 "오래 전부터 생각한 일이며 다시 정계에 복귀할 생각은 없다"고 말했다. 6월 4일 박정희는 윤치영을 당의장 서리에 임명했다. 김종필은 63년의 8개월 간에 걸친 '자의반 타의반'의 제1차 외유, 64년 6·3 사태로 인한 6개월 간에 걸친 제2차 외유에 이어 세 번째 외유를 떠나게 되었다.

박정희의 일석이조(一石二鳥)

김형욱은 이 사건과 관련, 김종필이 68년 초부터 71년 대통령 선거에 대한 의지를 공공연히 표명해 왔다는 점에 주목했다.

"1968년 신년호에서 대부분의 신문들은 김종필의 '인터뷰'를 특집형식으로 대서특필하였다. 그것은 두 개의 전혀 상반된 공작의 결과였다. 하나는 김종필의 측근들이 서둘러 각 언론기관을 돌아다니며 특별 '인터뷰'를 종용한 것이고, 다른 하나는 종용을 받은 언론들이 일부러 김종필을 부각시켜 박정희와의 내홍(內訌)을 일으키게 함으로써 당시 사실상 기정사실화된 박정희의 3선 개헌공작을 와해시키려는 기도였었다. 아무튼 김종필은 그런 언론의 내심을 아는지 모르는지 아니면 오히려 그것을 역이용하려 했는지 알 바 없으니 여기저기서 중대발언을 펑펑 쏟아놓고 있었다. '나는 말입니다. 대통령으로 있는 한 헌법의 한 자도 고치지 않겠다는 박 대통령의 말을 믿고 있습니다.'"[39]

김용태는 국민복지회 사건에 대해 이런 결론을 내렸다.

---

38) 김문, 『장군의 비망록 I: 격동의 현대사를 주도한 장군들의 이야기』(별방, 1998), 134쪽.
39) 김경재, 『혁명과 우상: 김형욱 회고록 ②』(전예원, 1991), 228~229쪽.

"국민복지회 사건은 어떤 특정인의 계보를 잡기 위해서라기보다 한편으로는 나같이 공공연하게 3선 개헌을 반대하는 세력을 꺾기 위한 것이었고, 또 한편으로는 가슴속에 3선 개헌을 반대할 마음을 먹고 있는 인사들에게 '반대하면 이렇게 된다' 하는, 이를테면 본보기를 보여줄 목적으로 꾸며진 음모였다고 나는 밝혀두고 싶다."[40)

　그러나 그게 그 말이다. 3선 개헌에 반대하는 특정 계보를 잡는 것은 일석이조(一石二鳥)의 효과가 있다고 박정희는 믿었을 것이다. 박정희의 믿음이 잘못되지 않았다는 건 69년에 가서 입증된다.

---

40) 김교식, 『다큐멘터리 박정희 4』(평민사, 1990), 22쪽.

통일혁명당 · 『청맥』 · 신영복

1968년 8월 24일 이른바 '통일혁명당 사건'이 터졌다. 이 사건으로 모두 158명이 검거되고 50명이 구속되었다. 중앙정보부의 발표에 따르면 주동자는 김종태를 필두로 한 김질락 등 서울대 문리대를 비롯 각 대학 출신의 혁신적 엘리트들로 구성돼 있었다. 이 사건으로 모두 5명이 처형되고 신영복을 비롯한 많은 사람이 중형을 받았다.

공소 사실은 "1964년 3월 김종태(42세, 통혁당 총책)를 수괴로 김질락(34세, 『경남일보』 논설위원), 이문규(32세, 학사주점 대표) 등을 지도위원으로 한 통일혁명당이 베트콩식 연합전선조직인 민족해방통일전선을 목표로 조직되어 무장봉기, 주요 시설 파괴, 정부 요인 암살 등의 방법으로 대한민국 정부 전복과 공산정권 수립을 꾀하였으며 북괴로부터 자금도 받았다"는 내용이었다.

김종태는 간첩 김수상과 만나 임자도를 거쳐 배편으로 전후 네 차례에 걸쳐 북한을 왕래한 사실, 그리고 북한에서 갖고 온 자금으로 『청맥』지를 발간했다는 공소 사실도 시인했다. 그러나 김종태와 어울렸던 다른 사람들은 김종태가 북의 지령을 받은 간첩이라는 사실을 전혀 몰랐다고 말했다.[가]

『청맥』은 64년 7월 31일 계엄령이 해제된 다음날인 8월 1일에 제1호를 발간해 67년 6월호로 통권 35호, 총 4만5천 부(수사기관 발표)를 발간 · 배포한 잡지였다. 통혁당 핵심부 인사인 이진영이 김질락에게 한 말이다.

"『신동아』는 흥미 본위이고 신문쟁이 냄새가 나는 반면 깊이가 없는

가) 한승헌, 『불행한 조국의 임상노트: 정치재판의 현장』(일요신문사, 1997), 108~109쪽.

것 같고, 『사상계』는 밤낮 그게 그거고 필자가 한정되어 뭐 새로운 것이라고는 하나도 없잖아요? 5·16 직후는 제법 잘 싸웠다고 하지만 요즈음은 덮어놓고 정부 공격만 한다고 누가 책 사봅니까? 『세대』야 뭐 말할 것 있습니까? 종이나 버리는 거지. 『청맥』은 그래도 싱싱한 맛이 있습니다. 첫째, 필자들이 모두 참신한 사람들이고 때묻은 사람들이 적지 않아요? 내용만 하더라도 어딘지 모르게 한미관계라든가 민족의식 같은 문제의식을 제기하고 있고."[나]

『청맥』에 대해 김삼웅은 이렇게 말한다.

"중앙정보부의 발표대로라면 월간 『청맥』은 통일혁명당 산하에 있는 9개 서클 중의 하나였다. 군사독재의 질곡과 전통적인 가난에서 벗어나지 못하고 있던 60년대 중반의 젊은 인텔리들에게 『청맥』은 당시의 교양지 『사상계』와는 또 다른 방향에서 지적인 호기심과 매력의 대상이었다. 이런 잡지가 북한의 자금으로 운영되고, 발행인과 주간이 북측과 연결되었다는 정부의 발표는 남한 지식인들에게는 큰 충격이 아닐 수 없었다. ……『청맥』이 북한의 자금으로, 친북 인사들에 의해 발행된 잡지라고는 하지만 그 내용에 있어서는 전혀 친북적인 성향을 띠지 않는 합법적인 교양지였다. 그렇다면 이에 대한 평가는 달라져야 한다. 『청맥』 사건은 분단체제의 산물로서, 이에 대한 분석과 평가가 자유롭게 진행되어야 한다. 예가 적절할지는 모르지만, 범죄자가 처형되더라도 그 자식은 보호받아야 하듯이, 비록 김질락(『청맥』 주간) 등이 처형되었다 치더라도 당시 한국적 정신 풍토에서 발행되고, 수많은 이 땅의 지식인들이 참여하여 만든 잡지는 그 나름대로 의미와 가치가 평가되어야 한다. 따라서 합법적인 공간에서 발행된 『청맥』은 마땅히 우리 언론사에 편입되고 연구되어야 하는 것이다."[다]

나) 임대식, 〈1960년대 지식인과 이념의 분화〉, 한국사회사학회 엮음, 『지식변동의 사회사』(문학과지성사, 2003), 286~287쪽에서 재인용.

『청맥』에 드나들던 대학의 전임강사나 시간강사들은 새문화연구회를 구성하였다. 이 멤버 중의 한 사람이 육군 중위 신영복이었다. 1941년 경남 밀양에서 출생한 신영복은 서울대 경제학과와 대학원 경제학과를 졸업했으며, 65년부터 숙명여대와 육군사관학교에서 경제학을 강의하였다. 그는 이 사건으로 무기형을 선고받아 대전, 전주 교도소에서 20년 20일을 복역하고 88년 8월 15일에 가석방돼, 89년부터 성공회대학에서 정치경제학, 한국사상사를 강의하였다. 신영복의 회고다.

"당시에는 3공화국 군사정권에 의한 냉전체제의 억압이 심각했습니다. 진보적인 사상들에 관심을 가지면서 학생 서클 활동에 열심히 참여했지요. 그때 우리들 사이에서 연구, 논의되던 사회주의 이론이 불거져 학생운동으로 발전한 것이 '통혁당' 사건이었습니다. 방법 면에서는 반성할 점이 많지만 모든 걸 사회상황 속에서 바라보아야 하리라 생각합니다."라)

베스트셀러가 된 『감옥으로부터의 사색』에 실은 〈여름 징역살이〉라는 글은 신영복이 감옥에 있던 85년 8월 '계수 씨께' 보낸 편지였다. 그 편지의 일부다.

"없는 사람이 살기는 겨울보다 여름이 낫다고 하지만, 교도소의 우리들은 없이 살기는 더합니다만, 차라리 겨울을 택합니다. 왜냐하면 여름 징역의 열 가지, 스무 가지 장점을 일시에 무색케 해버리는 결정적인 사실─여름 징역은 자기의 바로 옆 사람을 증오하게 한다는 사실 때문입니다. 모로 누워 잠을 자야 하는 좁은 잠자리는 옆 사람을 단지 37도의 열덩어리로만 느끼게 합니다. 이것은 옆 사람의 체온으로 추위를 이겨나가는 겨울철의 원시적 우정과는 극명한 대조를 이루는 형벌 중의 형벌입니

다) 김삼웅, 『한국 현대사 바로잡기』(가람기획, 1998), 126~128쪽.
라) 강준만, 〈'사람을 겨울로 삼는 구도자' 신영복: 감옥에서 보낸 20년 20일간의 성찰〉, 『인물과 사상 6』(개마고원, 1998), 234쪽.

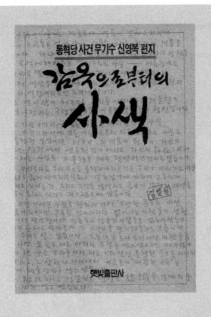

다. 자기의 가장 가까이에 있는 사람을 미워한다는 사실, 자기의 가장 가까이에 있는 사람으로부터 미움 받는다는 사실은 매우 불행한 일입니다. 더욱이 그 미움의 원인이 자신의 고의적인 소행에서 연유된 것이 아니고 자신의 존재 그 자체 때문이라는 사실은 그 불행을 매우 절망적인 것으로 만듭니다. 그러나 무엇보다도 우리 자신을 불행하게 하는 것은 우리가 미워하는 대상이 이성적으로 옳게 파악되지 못하고 말초 감각에 의하여 그릇되게 파악되고 있다는 것, 그리고 그것을 알면서도 증오의 감정과 대상을 바로 잡지 못하고 있다는 자기혐오에 있습니다."마)

마) 신영복, 『감옥으로부터의 사색: 신영복 옥중서간』(돌베개, 1998), 329쪽.

종로3가의 '나비 작전'

1968년 9월 26일 오후 세운상가 건설현장을 둘러보고 가던 서울시장 김현옥이 골목에서 한 윤락녀로부터 "아저씨 놀다가세요"라며 소매를 잡혔다. 김현옥은 즉시 종로구청장실로 가 시 관계자들과 경찰간부 등을 긴급 소집해 종삼 소탕을 위한 나비작전을 세웠다.

'나비'는 사창가를 찾는 사람을 표현한 것으로, '꽃'(윤락녀) 단속만으론 한계가 있으므로 나비를 뿌리뽑자는 것이었다. 손정목은 이렇게 말한다.

"나비작전은 그날 TV·라디오에서 대대적으로 방송되고, 다음 날 27일자 모든 신문에 크게 보도됐다. 27일 낮부터 한국전력 직원이 총동원되다시피 해 종삼 골목 입구마다 수많은 100V짜리 전구를 달았다. 종삼으로 들어가는 나비를 가려내기 위해서였다. 본격적인 작전은 27일 저녁에 시작됐다. 골목에 사람이 들어서면 골목 어귀에 진을 치고 있던 시·구청 공무원과 사복 경찰관이 몰려가 '이름이 뭔가' '직업은 뭐냐' '주소가 어디냐'며 물었다. 분명 인권침해였지만 항의하는 사람은 없었다. 공무원과 경찰관이 몰려들어 묻기도 전에 달아났다. 소문이 꼬리를 물고 퍼져 나가면서 종삼에 사람의 발길이 뚝 끊겼다. 포주, 윤락녀들에 대한 설득작업도 병행됐다. 김 시장은 10월 말까지는 나비작전을 펼쳐야 할 것으로 예상했었다. 그러나 10월 초에 나비의 발길이 완전히 끊기면서 종삼은 끝을 맞았다."[가]

68년의 서울엔 그밖에도 9월 26일 북악스카이웨이가 개통되고, 11월 29일 전차 운행이 중지되는 등의 변화가 있었다.(시내 전차궤도 철거공사

가) 손정목, 〈남기고 싶은 이야기들: 나비작전〉, 「중앙일보」, 2003년 9월 17일, 27면.

는 69년 3월 3일부터 시작되었다.) 또 12월 3일엔 시민아파트 건립계획이 발표되었다.

　경부고속도로의 서울-오산간은 67년 11월부터 착공되었지만, 경부 고속도로 공식 착공 일자는 68년 2월 1일이었다. 서울-수원 구간은 68년 12월 21일 개통되었고, 68년 말 서울-인천간을 연결하는 경인고속도로도 완전 개통되었다. 69년 12월엔 대구-부산구간이 개통되었다.

이승복: "나는 공산당이 싫어요!"

울진·삼척 무장공비 침투사건

1968년 10월 30일 울진·삼척에 130여 명의 무장공비가 침투하는 사건이 일어났다. 무장공비들은 1·21 사태 때 민간인을 살려 두었다가 그들이 신고해 일망타진되었다는 걸 교육받아 민간인도 잔인하게 살인하였다.

산악지대여서 무장공비 소탕은 쉽지 않았다. 군은 작전 개시 4주 만인 11월 29일까지 총 58명을 사살하고 2명을 생포하였다. 12월 24일까지 110명 사살, 5명 생포, 2명 자수의 전과를 올렸다. 11월 29일까지 남한 측 희생은 군인 33명, 민간인 16명 사망, 부상 37명이었다. 그러나 그 후 대량 희생이 발생해 그건 비밀로 해버렸다.[41]

김일성은 69년 1월 인민군 노동당위원회 총회에서 대남 공작의 실패

---

41) 김경재, 『혁명과 우상: 김형욱 회고록 ②』(전예원, 1991), 244~245쪽.

를 강하게 규탄했고, 69년 5월에 열린 대외부문 활동가 회의에선 "해외에 호전적인 인상을 주어서는 안 된다"고 훈계하였다. 이는 기존의 무력해방노선에서 65년 이전의 '평화공세' 노선으로 다시 복귀하겠다는 표시였다.[42]

북한의 그런 방향 전환의 와중에 일어난 사건이 69년 4월 7일 중서부 전선에서 300여 발의 포격을 가한 사건, 그리고 69년 4월 15일 북한이 미국 해군 정보기(EC-121)를 동해 상에서 격추시켜 31명을 사망케 한 사건이었다.

EC-121기 격추사건

북한은 EC-121기 격추사건 때엔 겁을 먹었다. 무엇보다도 소련이 미국의 입장에 동조하고 북한을 비판하였기 때문이다. 소련은 정찰기의 잔해를 찾는 미국의 노력을 도와 주었으며, 국가 원수 포드고르니를 평양으로 보내 북한 지도층을 비판하였다. 포드고르니는 "소련은 동북아시아에서 긴장이 완화되기를 강력히 바라고 있다"며 긴장 고조의 모든 책임을 북한에만 돌렸다.[43]

김일성이 69년 5월에 "해외에 호전적인 인상을 주어서는 안 된다"고 역설한 이면엔 소련의 비판도 작용하였을 것이다.[44] 김일성은 그 이전에 이미 68년 도발의 책임을 물어 민족보위상 김창봉, 대남사업총국장 허봉학 등 군 핵심 강경파들의 옷을 벗겼다. 김일성은 '군에 대한 당의 통제 강화'를 역설하면서 "김창봉, 허봉학 등은 군대 내에서 당의 정책과 당의 노선, 사상을 다 뒤집어 놓았다"고 비판했다. 김일성이 보기에 아직

42) 林建彦(히야시 다께히꼬), 최현 옮김, 「남북한현대사」(삼민사, 1989), 159쪽.
43) 김학준, 「북한 50년사: 우리가 떠안아야 할 반쪽의 우리 역사」(동아출판사, 1995), 254쪽.
44) 林建彦(히야시 다께히꼬), 위의 책, 158쪽.

적절한 시기가 아닌데도 무장 게릴라를 대거 남쪽에 내려보내 특수 부대의 상당 부분을 희생시킨 것에 화를 낸 것이다.[45]

어찌됐건 68년 1년 간의 경험을 통해 북한이 방향 전환을 시도하였다는 건 명백히 드러났다. 그런 방식으론 먹히지 않는다는 걸 확인한 동시에 미군을 자극해 봐야 주한 미군 철수는 더욱 어려워진다는 것을 깨달았기 때문이었을 것이다. 그래서 69년부터 달라지기 시작했다. 중앙정보부와 간첩대책본부의 발표에 따르면, 68년 군사경계선을 돌파하려고 한 무장병 내지 게릴라가 1천87명, 후방에 침투한 게릴라가 175명, 도합 1천262명이었으나, 69년에는 약 4분의 1인 367명에 그쳤다.[46]

이승복의 '반공 영웅화'

울진·삼척 무장공비 침투 사건 시 무장공비들이 잔인하게 살해한 민간인들 중엔 강원도 평창의 두메산골에 사는 9살 소년 이승복도 포함돼 있었다. 『조선일보』는 이승복이 죽기 전 "나는 공산당이 싫어요"라고 외쳤다는 특종(?) 보도를 함으로써 이후 한국 반공 교육의 역사에 엄청난 영향을 미치는 결과를 초래했다.

이승복이 살해당할 당시 현장에 있었을 리 만무한 기자는 살해 현장을 본 듯이 무장공비들이 이승복의 입에 손을 넣어 입을 찢어 죽였다는 등 화려한 상상력을 발휘하는 기사를 썼다. 다른 언론사의 기자들은 데스크로부터 "왜 너는 그걸 놓쳤느냐?"고 추궁을 받는 등 혼이 나야 했다. 그러나 기자들이 동네사람들을 다 물어봐도 이승복이 과연 죽기 전에 그 말을 했는지 그건 확인할 수 없었다.[47]

45) 중앙일보 특별취재팀, 『실록 박정희』(중앙 M&B, 1998), 32~34쪽.
46) 林建彦(하야시 다께히꼬), 최현 옮김, 『남북한현대사』(삼민사, 1989), 158쪽.
47) MBC-TV가 2004년 6월 25일에 방영한 〈신강균의 사실은〉.

이승복 사건을 다룬 1968년 12월 11일자 『조선일보』. 이 기사로 이승복은 영웅시 되고 이 사건은 반공교육의 필수 소재가 되었다.

조작 보도의 혐의가 매우 짙었지만, 박정희가 1·21 사태 이후 북한을 칠 생각까지 하고 있을 정도로 반공 기류가 최고조에 이른 당시 상황에선 이의를 제기하기가 어려웠다. 조작 보도 논란은 먼 훗날에 벌어져 법정 소송으로까지 비화되지만, 68년 그리고 이후 20년 간은 이승복의 '반공 영웅화'가 국가 정책으로 추진되었다.

교과서에 이승복의 "나는 공산당이 싫어요"라는 절규가 실렸고, 어린이들의 반공 웅변대회에선 이승복이 필수 소재가 되었다. 이승복 노래까지 만들어져 어린이들은 "마지막 죽어가며 공산당이 싫어요"를 힘찬 목소리로 불러대야 했다. 또 전국의 많은 국민학교엔 이승복 동상이 세워졌고, 나중엔 이승복 반공관(75년), 이승복 기념관(82년)까지 건립되었다.

'우리가 커서 너의 원수를 갚아주마'

이승복 관련 영화 상영도 어린이 반공 교육의 필수 코스가 되었다. 80년대까지도 그랬다. 87년 초등학교 3학년이었던 한 네티즌의 증언이다.

"지금껏 내 머릿속에 또렷이 박혀있는 영상이란 이런 줄거리의 나열이 아닌 승복과 가족의 피살 장면이었다. 영화 속의 공비들은 광견병 걸린 들개처럼 미친 듯이 날뛰었고 그들의 살기 어린 눈빛은 초등학교 저학년 아이들이 공포를 느끼기엔 충분하고도 한참 남았다. …… 더욱이 공비가 승복의 갓난 동생을 집어들어 방 벽에 내던지는 장면은 처절했다. 벽에 던져진 아기는 방바닥으로 떨어져 죽어 버렸고 아기의 입에서 튀어나온 회색 빛의 '무엇'은 징그럽게 꿈틀거렸다. 대충 지나가는 게 아니라 …… 넓은 방바닥이 비치고, 아기의 입에서 나온 '무엇'인가 꿈틀거리는 모습이 고스란히 보여졌다. 그리고 승복이의 피살 장면 …… 하이라이트답게 스크린 전체에 승복 어린이와 공비의 얼굴이 클로즈업되었다. 공비를 눈앞에 두고도 목이 터져라 '공산당이 싫어요!'를 외치는 승복 …… 공비는 들고 있던 장칼을 승복의 입안으로 집어넣었다. 여기저기서 들리는 친구들의 비명 …… 거기서 끝나는가 싶었다. 정말 그랬다. 그때까지 본 영화 중에 사람의 입으로 그렇게 긴칼을 넣는 장면까지 보여준 것은 없었다. '설마'도 아니었고 '혹시'도 아니었다. 그냥 다음 컷으로 넘어갈 줄 알았다. 그런데 …… 공비는 승복의 입에 깊숙이 넣은 칼을 열심히 휘저어대는 것이 아닌가. 죽어 가는 승복 …… 그러면서도 애걸하지 않는 승복 …… 스크린 가득 꽉 찬 참혹한 살해 장면 ……

영화 상영이 끝나고 교실로 돌아오는 복도에서 우리 반 아이들은 엉엉 울었다. 불쌍하고, 비참하고, 잔인하고 끔찍하며, 난생 처음 받은 충격에 아이들은 기가 질려 있었다. 교실에 돌아와 자리에 앉아서도 한동안 다음 시간 수업이 제대로 진행되지 않을 정도로 아이들은 울고 또 울었다. 한 쪽에선 그나마 담이 센 척하는 짓궂은 남자애들끼리 아까 아기의 입에서 튀어나온 게 회충인가 창자인가 티격태격하며 내기를 걸고 있었다."[48]

87년 6월 항쟁이 어떻다곤 하지만, 그건 반공(反共)과는 아무 관련이 없었다. 90년 2학기 들어서야 '어린이 반공교육, 이대로 좋은가' 하는 생각이 들었던 것 같다. 그때부터 초등학교 5학년 2학기 도덕 교과서는 이승복에 대한 내용을 대폭 축소했다.

이전 교과서는 이승복의 장례식에서 친구가 "너는 어디로 갔느냐. 우리가 커서 기어이 너의 원수를 갚아주마"라는 조사를 읽는 것을 시작으로 이승복이 "나는 공산당이 싫어요"라고 외치다 무참히 살해되는 줄거리와 함께 공산당의 잔인성을 부각시키며 공산당을 무찌르자는 결심이 담겨 있었다. 새 교과서는 이승복과 관련된 부분을 대폭 축소했으며, 이승복이 무장공비들에게 살해되면서 "나는 공산당이 싫어요"라고 외쳤다는 내용을 삭제했다.[49]

---

48) http://www.ddanzi.com/ddanziilbo/movie/1063/mo1063vd_991.htm
49) 〈이승복 어린이 "나는 공산당이 싫어요": 국교 교과서서 사라진다〉, 『한국일보』 1990년 6월 24일, 19면.

국민교육헌장: '유신쿠데타의 정신적 전주곡'

박정희의 멸사봉공(滅私奉公)주의

1960년대 언젠가 박정희의 대구사범 동기인 서정귀와 같이 청와대에 간 소설가 이병주는 박정희가 국정에 관해 한 마디 하라는 주문에 "통행금지를 해제할 수 없겠습니까?"라는 질문을 던졌다.

"나라의 안전을 위한 조치인데 기껏 네 시간 동안의 통행금지를 참을 수 없단 말요?"

대화가 오고가다 나온 박정희의 최종 결론은 이랬다.

"통일이 될 때까진 통행금지는 해제할 수 없다."[50]

박정희의 이런 생각은 좋게 해석하자면 나라를 위해 개인은 좀 희생해도 좋다는 국가주의적 발상일 것이다. 그는 그런 메시지를 전파시키기 위해 66년부터 '이순신 성웅화' 작업을 추진했다. 1968년엔 서울 세종

---

50) 이병주, 『대통령들의 초상: 우리의 역사를 위한 변명』(서당, 1991), 156쪽.

로 한복판에 이순신 동상이 세워진 것도 박정희의 그런 뜻에 따른 것이 었음은 두말할 나위가 없다.

박정희가 이순신의 모든 걸 숭배한 건 아니었다. 그가 가장 숭배했던 건 이순신의 멸사봉공(滅私奉公) 정신이었다. 이 단어는 박정희가 1939년 만주군관학교에 입학하고 싶어 써 보냈던 '충성 혈서'에도 썼던 것이 었다.[51]

멸사봉공은 순전히 자발적인 뜻에 의해 이루어질 땐 얼마든지 아름다울 수 있는 것이었다. 그런데 박정희의 문제는 그걸 강요한다는 데에 있었다. 60년대의 박정희는 70년대의 박정희와는 다른 평가를 받기도 되지만, 멸사봉공을 강요하는 70년대 박정희의 전조(前兆)는 68년 12월 5일 대통령 박정희의 이름으로 발표된 '국민교육헌장'을 통해 드러났다.

국민교육헌장

국민교육헌장은 박정희의 이름으로 발표된 교육 칙어(勅語: 임금이 백성에게 내리는 말)의 성격이 강했다. 오욱환은 국민교육헌장이 박정희의 이름으로 발표되었으며, 박정희의 이름이 오랫동안 명시되어 있다가 나중에 슬그머니 없어졌다고 말한다.[52]

국민교육헌장은 모두 393자였다. 이런 내용이었다.

"우리는 민족중흥의 역사적 사명을 띠고 이 땅에 태어났다. 조상의 빛난 얼을 오늘에 되살려, 안으로 자주 독립의 자세를 확립하고, 밖으로 인류 공영에 이바지할 때다. 이에, 우리의 나아갈 바를 밝혀 교육의 지표로 삼는다. 성실한 마음과 튼튼한 몸으로, 학문과 기술을 배우고 익히며, 타

---

51) 최상천, 『알몸 박정희』(사람나라, 2001), 73쪽.
52) 오욱환, 『한국사회의 교육열: 기원과 심화』(교육과학사, 2000), 275쪽.

고난 저마다의 소질을 개발하고, 우리의 처지를 약진의 발판으로 삼아, 창조의 힘과 개척의 정신을 기른다. 공익과 질서를 앞세우며 능률과 실질을 숭상하고, 경애와 신의에 뿌리박은 상부상조의 전통을 이어받아, 명랑하고 따뜻한 협동 정신을 북돋운다. 우리의 창의와 협력을 바탕으로 나라가 발전하며, 나라의 융성이 나의 발전의 근본임을 깨달아, 자유와 권리에 따르는 책임과 의무를 다하며, 스스로 국가 건설에 참여하고 봉사하는 국민 정신을 드높인다. 반공 민주 정신에 투철한 애국 애족이 우리의 삶의 길이며, 자유 세계의 이상을 실현하는 기반이다. 길이 후손에게 물려줄 영광된 통일 조국의 앞날을 내다보며, 신념과 긍지를 지닌 근면한 국민으로서, 민족의 슬기를 모아 줄기찬 노력으로, 새 역사를 창조하자.”

아니, 민족중흥의 역사적 사명을 띠고 이 땅에 태어나다니, 그게 말이 되나? 나라의 융성이 나의 발전의 근본이라니, 그게 말이 되나? 그러나 그때엔 그렇게 생각하는 사람들은 많지 않았다. 당시 중학교 2학년생으로 선생님에게 매를 맞지 않기 위해서라도 국민교육헌장을 달달 외워야 했던 강준만의 기억으로는, 국민교육헌장의 그런 대목은 오히려 어린 학생들을 좀 우쭐하게 만들어주는 효과도 있었다.

보잘 것 없는 내게 민족중흥의 역사적 사명이 있다 이 말이지? 하찮은 내가 인류 공영에 이바지한다 이 말이지? 이게 바로 집단주의의 마력이었다. 집단의 일원이라고 하는 소속에서 자신의 정체성을 찾을 때에 그 집단의 영광을 나의 영광으로 돌리는 멘탈리티는 이후 수십 년 간 한국 사회를 지배하는 ‘스포츠 민족주의’를 통해서도 적나라하게 드러나게 된다.

국민교육헌장은 학교 교과시간에 포함되었고, 그림책, 영화, 음반 등으로 제작 배포되었다. 대통령도 달달 외우고 있는 것인 만큼, 모든 학생들은 393자의 ‘헌장’을 처음부터 끝까지 줄줄 외워야만 했다.[53] 심지어

철도청의 철도 노동자가 되기 위해서도 국민교육헌장을 외우는 것은 필수였다.[54]

박종홍 작곡, 윤치영 연주

원래 국민교육헌장의 기초위원은 이은상, 박종홍, 이인기 등 세 사람이었다. 그리고 각계 인사 44명으로 심의위원회가 구성되었다. 처음엔 이은상이 초안을 마련했다. 이은상은 수유리에 있는 아카데미 하우스에 칩거하여 약 1개월만에 초안을 완성했다.

이 초안을 갖고 청와대에서 박정희가 참석한 가운데 심의위원회가 열렸다. 이은상이 초안을 낭독한 뒤 심의위원들의 의견을 듣는 시간이 마련되었다. 한참 동안 아무도 발언하는 사람이 없자 박순천이 입을 열었다. 박순천은 야당 인사였지만 정계에서 발을 뺀 후엔 개인적으로 박정희 부부와 자주 청와대에서 만나곤 했다.

"글은 좋은데 내용이 없네요."

다른 심의위원들도 잇달아 초안을 비판했고 박정희도 동조했다. 이은상은 얼굴이 벌겋게 되어 무안을 당한 모습이었지만, 어쩔 수 없었다. 박정희는 힘이 있는 내용의 글을 원했기 때문이다. 그래서 이은상의 초안은 폐기되었고, 철학자 박종홍이 다시 작성하게 되었다.[55]

최종 채택된 것은 박종홍의 국민교육헌장이었다. 박종홍은 이미 5·16 쿠데타 직후부터 쿠데타 권력기관인 국가재건최고회의 기획위원회 사회분과위원으로 참여한 인물이었다. 그는 61년 10월에는 문교재건 자

---

53) 김도형, 〈배워야 산다〉, 한국역사연구회, 『우리는 지난 100년 동안 어떻게 살았을까 1: 삶과 문화 이야기』(역사비평사, 1998), 53~54쪽.
54) 김영수, 〈철도산업의 노동자 형성: 1960~1970년대 철도산업 노동자의 입사경로를 중심으로〉, 이종구 외, 『1960~1970년대 한국의 산업화와 노동자 정체성』(한울아카데미, 2004), 209쪽.
55) 이상우, 『박정권 18년: 그 권력의 내막』(동아일보사, 1986), 162~163쪽.

문위원, 11월에는 재건국민운동 중앙위원, 62년 1월에는 서울대 대학원장, 62년 8월 15일에는 훈장(홍조소성훈장)을 받고, 62년 10월에는 중앙국민투표 관리위원, 66년 5월에는 5·16 민족상 심사위원, 67년 5월에는 5·16 민족상 이사를 지내는 등 박 정권과 밀착관계를 유지해온 인물이었다.[56]

홍윤기는 박종홍이 주도하여 성안시킨 국민교육헌장은 박정희 권력의 결격 사유를 두 가지 측면에서 보완하여 그 권력 활동을 파시즘적인 것으로 승화시켰다고 말한다.

"우선 헌장은 당시 비교적 자유방임 상태였던 초·중·고등학교 국민교육의 연장을 확신 있게 규제할 수 있는 권위를 도덕적 형태로 정립시켜 교육자, 피교육자, 학부모를 하나로 묶는 통제체제를 구축할 정신적 구심력을 제공했다. 이로 인해 박정희 정권의 가장 취약한 부분이었던 대중동원이 선거자금 살포 차원을 넘어 교육적 차원에서 가능하게 하는 토대가 마련되었다. …… 그리고 헌장은 권력 기회주의 방식으로 활동하던 박정희 개인에게 교육의 구심점으로서 중후한 권위를 부여했다. 헌장 선포자로서 박정희는 더 이상 정치나 경제에서 성공한 권력자가 아니라 국민교육의 지도자로서 정신적으로 내면화한 이미지를 요구할 수 있게 되었다. 이런 점들을 배경으로 놓고 볼 때, 역사적으로 헌장의 제정과 실현은 명백히 유신쿠데타의 정신적 전주곡이었다."[57]

그 전주곡을 가장 먼저 연주하겠다고 나선 이가 있었으니, 그는 김종필의 정계 은퇴로 68년 6월 4일 당의장 서리에 임명된 윤치영이었다. 그는 국민교육헌장이 나온 지 열흘이 좀 지난 12월 17일 부산에서의 연설에서 국민교육헌장의 내용을 물고 들어가는 주장을 폈다.

---

56) 홍윤기, 〈박종홍 철학 연구: 철학과 권력의 퇴행적 결합〉, 『역사비평』, 제55호(2001년 여름), 185~186쪽.
57) 홍윤기, 위의 책, 204~205쪽.

윤치영은 "조국 근대화와 민족 중흥의 과업을 이룩하기 위해서는 무엇보다 강력한 리더십이 필요하다"고 역설하면서 "이 같은 지상 명제를 위해서는 대통령 연임 조항을 포함한 현행 헌법상의 문제점을 개정하는 것이 연구되어야 한다"며 3선 개헌의 필요성을 처음으로 공식 거론하였다.[58]

처음부터 의도하지 않았다 하더라도, 국민교육헌장은 3선 개헌을 위한 분위기 조성의 역할을 톡톡히 해낸 셈이었다.

---

58) 정운현, 『호외, 백년의 기억들: 강화도조약에서 전두환 구속까지』(삼인, 1997), 172쪽.

'신문은 편집인 손에서 떠났다'

'신동아 필화사건'

『동아일보』 68년 3월 8일자에 실린 〈한은, 정부에 통화량 억제 긴축 정책 건의〉라는 제목의 기사는 경제 전망이 비관적이라는 내용을 보도 했다. 이 기사 때문에 경제부 차장 이채주, 기자 박창래가 정보부로 연행 되었다. 취재원으로 지목된 한국은행 관계자도 끌려갔다.

이들에 대한 고문이 자행되었다. 특히 한은 직원은 수일간 '바비큐 고문'을 극심하게 당했다. 손발을 묶은 채 작대기를 꽂아 두 개의 책상 사이에 걸어놓고 물고문과 구타를 계속하는 고문이었다.[59]

이처럼 박정희 정권은 미쳐 돌아가고 있었다. 정권에 도전을 하는 것도 아니고, 경제 기사 하나에도 고문을 동원할 정도로 그 어떤 광기(狂氣)에 빠져 있었다. '3선 개헌'이라는 목표 달성을 위해 광기는 점점 도

---

59) 김충식, 『정치공작사령부 남산의 부장들 1』(동아일보사, 1992), 145~146쪽.

차관과 정치자금의 관계를 다룬 『신동아』 1968년 12월호.

를 더해 갔다.

동아일보사가 발행하는 월간 『신동아』는 68년 12월호에 〈차관(借款)〉이라는 심층보도 기사를 실었는데, 이 기사의 필자는 『동아일보』 기자 김진배와 박창래였다. 68년 5월 김종필의 정계 은퇴 특종으로 한국기자상을 받고 그 부상으로 동남아 여행을 하고 돌아오던 김진배는 68년 11월 25일 김포공항에서 중앙정보부로 연행되었다. 그는 공동 필자인 기자 박창래와 같이 구속 기소되었다. 〈차관〉이라는 기사 때문이었다.

이 기사는 59년 1월부터 68년 9월까지 9년 간 한국에 도입된 차관 12억 달러의 내역과 경제에 미친 공과를 비판적으로 분석한 것으로, 그 주된 내용은 "차관이 정경유착의 표본이며 정치자금의 원천이 되고 있다"는 것이었다. 당연히 문제가 된 것은 '차관과 정치자금의 관계'였다. "공화당이 무슨 돈이 있는가. 공화당은 생산적인 정당으로 자처하지만, 그렇다고 생산적인 정치를 하자는 것이지 물건을 만들어 팔아 돈을 버는 공장은 아니다"는 등 차관의 커미션을 통한 정치자금 조달 행태를 비판한 것이 구속 사유가 된 것이다.[60]

중앙정보부는 트집을 더 잡기 위해 10월호에 실렸던 〈북괴와 중소 분열〉이라는 기사도 문제삼았다. 이 기사의 필자는 당시 미국 미주리대 교수 조순승이었는데, 문제가 된 건 '남만주 빨치산 운동의 지도자 김일성'이라는 표현이었다. 이건 이미 문제가 되어 11월호에 '공비의 두목'이라는 말의 오역이었다고 정정기사를 게재하였음에도 불구하고 박 정권은 발행인 김상만에게 소유 주식을 포기하고 『신동아』를 자진 폐간하라고 압력을 넣었다.

『동아일보』는 그런 압력에 굴복하여 12월 7일 오역을 다시 한번 사과하는 굴욕적인 사고(社告)를 게재하였으며, 그와 동시에 천관우 주필, 신동아 주간, 신동아 부장의 사표를 수리하였다. 이 사건을 지켜 본 신문편집인협회 회장 최석채는 『기자협회보』 68년 12월 27일자 인터뷰에서 "신문은 편집인 손에서 떠났다"고 토로하였다.[61]

'신문은 중앙정보부의 손으로 넘어갔다'

기자들에 대한 중앙정보부의 가혹행위가 국회에서 문제가 되자, 김형욱은 "사회적으로 충고를 주기 위해 출입기자들을 모셔와 브리핑해 주었을 뿐 강제연행한 일은 없다"고 주장했다.[62]

김형욱은 회고록에서 그 기사로 인해 타격을 받은 건 이후락과 김성

---

60) 허용범, 『한국언론 100대 특종』(나남, 2000), 110쪽.
61) 동아일보사 노동조합, 『동아자유언론실천운동백서』(동아일보사 노동조합, 1989), 18~20쪽.
62) 김충식, 『정치공작사령부 남산의 부장들 1』(동아일보사, 1992), 115쪽.

곤이었으며 자신은 오히려 동아일보사를 보호해주었다고 주장했다. 박정희의 특명이 떨어져 5명의 기자를 연행해 조사하고 『동아일보』와 관련이 있는 업체들에 대한 세무사찰에 들어갔으나, 『동아일보』 정치부장 이웅희가 찾아와 타협을 종용해 이웅희의 의견에 따랐다는 것이다. 공보장관 홍종철에게도 『동아일보』의 로비가 들어가 문제가 된 기자들을 해임하는 것으로 마무리지었다는 것이다. 박정희에게도 그렇게 보고했으나 실은 관련 기자 전원 해임은 허위보고였으며, 기자들은 한직으로 옮겨 계속 근무했다는 것이 김형욱의 주장이다.[63]

박 정권 내부 사정은 어떠했건, 이 사건에서 가장 중요한 건 『동아일보』를 제외하곤 모든 언론 매체들이 이 사건에 대해 단 한 줄도 보도하지 못했다는 사실이었다. 이는 신문이 편집인 손에서 떠나면서 중앙정보부의 손으로 넘어갔다는 걸 의미하는 것이었다. 이에 대해 김해식은 다음과 같이 말한다.

"심지어는 이 사건이 정치 문제화되어 국회에서 논란이 되었는데도 국회 활동상마저도 제대로 보도하지를 못했다. 권력을 상대로 기자들의 연행·구속 사실을 항의하는 일은 생각도 할 수 없는 풍토가 되고 말았다. 적어도 이 사건이 일어나기 전까지는 어떤 필화사건이 일어났을 경우 언론계는 그 사실만큼은 신속하게 보도했었다. 『신동아』사건이 있기 전까지만 해도 언론인의 연행 구속이 있을 때는 그때마다 당하는 사(社)나 언론단체가 항의하곤 했다. 심지어는 대통령을 상대로 항의문을 전달하는 경우도 있었던 것이다."[64]

박 정권은 국내 언론은 무자비한 탄압으로 통제하는 한편 외국 언론에 대해선 그들의 환심을 사기 위해 애를 썼다. 1968년 미국 워싱턴 포

---

63) 김경재, 『혁명과 우상: 김형욱 회고록 ②』(전예원, 1991), 286~292쪽.
64) 김해식, 『한국언론의 사회학』(나남, 1994), 122쪽.

스트의 동북아시아 책임자로서 한국을 처음으로 담당하기 시작했던 셀리그 해리슨은 당시를 다음과 같이 회상하였다.

"그 시절 박정희 정권은 도쿄에 있던 외국 특파원들을 자기편으로 끌어들이려고 애썼는데, 우리는 서울 방문 때마다 호사스런 기생파티를 제공받았고 고위층과도 쉽게 접촉할 수 있었다. 내 경우 남들이 부러워하는 대통령과의 단독 회견을 가졌다. 그러나 기생파티는 내가 박 정권의 3선 개헌안에 대한 대중적 반대투쟁을 광범하게 보도하기 시작한 69년 7월에 끝났다."[65]

『선데이 서울』의 활약

신문이 편집인 손에서 떠나 중앙정보부의 손으로 넘어간 대신, 자유가 주어진 건 오락성 주간지들이었다. 1968년을 전후해 각 일간지들은 자매지로 주간지를 발행하였다. 68년의 경우 이미 발행되고 있던 『주간한국』 이외에 『주간중앙』(68년 8월 24일), 『선데이 서울』(68년 9월 22일), 『주간조선』(68년 10월 20일), 『주간경향』(68년 11월 17일) 등이 창간됐다. 이 주간지들의 창간은 『주간한국』의 성공에 자극을 받아 이루어진 것이었는데, 『주간한국』의 발행부수는 68년에 이르러 『한국일보』의 발행부수를 능가하는 40만 부를 오르내렸다.[66]

이 주간지들 가운데 '성(性)의 상품화'와 관련해 압권은 단연코 『선데이 서울』이었다. "대중의 구미에 맞는 '넘치는 멋'과 '풍부한 화제' 그리고 '감미로운' 내용을 담은" 대중 잡지라는 기치를 내걸고 창간된 『선데이 서울』은 세미 누드 화보와 함께 '눈초리에 몸이 아파요'(스트립쇼걸

---

65) 셀리그 해리슨, 〈박정권 외신보도 통제 안간힘〉, 『한겨레신문』, 1996년 1월 15일, 5면.
66) 주동황·김해식·박용규, 『한국언론사의 이해』(전국언론노동조합연맹, 1997), 114쪽.

서울신문사가 창간한 『선데이 서울』 창간호.

인터뷰), '퇴근 뒤의 애정 관리' 등 당시로선 파격적으로 '낯뜨거운' 내용들을 과감히 다뤄 창간호 6만 부를 발매 2시간만에 팔아치우는 대성공을 거두었다. 『주간경향』도 창간 3주만에 10만 부를 넘어섰다.[67]

이런 주간지들의 번성과 관련하여 정진석은 "60년대 이후 대도시를 중심으로 급속한 산업화가 진행되면서 도시로 몰린 공장 노동자들이 주

---

67) 『5·16』은 75년에 이르러 월 1억 원의 순수익을 올려 『서울신문』의 어려운 재정 형편에 큰 도움이 되었으며 78년엔 발행부수가 23만 부를 돌파하기도 했다. 김동원, 〈『5·16』 창간에서 폐간까지〉, 『미디어오늘』, 1995년 12월 6일, 9면.

요 독자층을 형성하게 됐다"면서 "당시 정부로부터 증면을 억제 받고 있
던 신문사들이 오락, 흥미 위주의 주간지 발행을 통해 이들 독자들을 흡
수하게 된 것"이라고 분석했다.[68]

『선데이 서울』은 〈미스터 기막혀〉(고두현), 〈고인돌〉(박수동), 〈다모
남순이〉, 〈임꺽정〉(방학기), 〈미스 언제나〉(권평국) 등을 연재함으로써 성
인 만화발전에 기여하였다. 손상익에 따르면,

"이 만화들은 당시 성인만화 영역을 처음 일궈낸 작가들의 대표작으
로 우리 만화의 영역을 넓히고 살찌우는데 결정적인 역할을 담당했다.
『선데이 서울』의 성공으로 『주간경향』 등 유사 주간지들이 잇달아 생겨
나면서, 우리 문화계는 비로소 성인만화라는 장르를 확고히 뿌리내릴 수
있었다."[69]

『한국일보』 장기영의 활약

『주간한국』의 성공에서 엿보이듯, 일간지의 매체 다각화를 선도한 신
문은 『한국일보』였다. 장기영은 1960년 7월 17일 『소년한국일보』 창간
을 시초로 하여 1960년 8월 1일에 『서울경제신문』, 1964년 9월 27일에
『주간한국』, 1969년 1월 1일에 『주간여성』, 1969년 9월 26일에 『일간스
포츠』를 창간하였다. 장기영은 부총리(64년 5월~67년 10월)를 끝내고
돌아온 68년에 한국일보사 사옥이 불탄 뒤 새 건물을 지을 때 건물 꼭대
기에 높은 TV 안테나 탑을 세워 50년대 말 실패로 끝난 TV 방송국의 재
개국을 기약하는 열망을 드러내기도 했다.[70]

---

68) 김동원, 〈『5 · 16』 창간에서 폐간까지〉, 『미디어오늘』, 1995년 12월 6일, 9면. 『5 · 16』은 91년 12월, 『주간
　　경향』은 95년 6월에 폐간됐다.
69) 손상익, 『한국만화통사 하(下): 1945년 이후』(시공사, 1998), 164~165쪽.
70) 정진석, 『한국 현대언론사론』(전예원, 1985), 439쪽.

장기영의 매체다각화와 관련, 정진석은 다음과 같이 말한다.

"신문 기업은 하루 몇 시간 동안의 피크타임을 기준으로 인력과 시설을 유지해야 한다. 그러므로 같은 시설을 활용하여 여러 개의 신문을 발행한다면 인력과 시설 면에서의 로스를 최소한으로 줄이고 풀로 가동할 수 있다는 것이 장기영의 생각이었다. 그는 경제기획원 장관을 물러나 『한국일보』로 되돌아 온 후 당시 우리나라 신문이 하루는 8면, 하루는 4면으로 발행되는 제도는 경영상의 로스가 너무 많다고 말한 적이 있다. 4면을 내는 날도 8면 낼 때의 인원과 시설을 그대로 가지고 있어야 하기 때문이었다. 거기다가 『한국일보』는 다른 신문에 비해 지나치게 많은 인원을 거느리고 있었다. 원래 조간은 석간보다 많은 인원이 필요하지만, 그보다는 『한국일보』는 1950년대 중반 이후 매년 한두 차례씩 공개 채용한 견습 기자가 수용 한계를 넘치고 있었다. 잉여 인원을 활용할 수 있는 지면이 더 필요했다고 할 수도 있다. 장기영의 개성과 스케일도 크게 작용했을 것이다."[71]

그런 배경 때문인지 『한국일보』는 다른 신문들의 인력 양성소 노릇을 톡톡히 했다. 『한국일보』를 거쳐 다른 신문들로 옮긴 기자들이 많은 것이다. 그래서 장기영은 '왕초'니 '대기자'니 하는 별명을 얻기도 했다. 그러나 그건 『한국일보』의 약점이기도 했다. 60년대 말 『한국일보』 기자들의 임금은 『조선일보』와 『동아일보』 기자들과 비교하여 직급에 따라 30~50% 정도의 차이가 났다.[72] 그러니 유능한 인재를 다른 신문사에 빼앗길 수밖에 없었다.

장기영은 신문 제작에 있어서도 많은 아이디어를 낸 인물로도 유명했다. 그는 『한국일보』에 한국 최초로 과학부와 기사심사부를 설치했고,

---

71) 정진석, 『한국 현대언론사론』(전예원, 1985), 439쪽.
72) 김영호, 『한국언론의 사회사 하(下)』(지식산업사, 2004), 43쪽.

'모임' 난과 공항에 드나드는 사람을 취재하는 '오는 사람 가는 사람' 등 참신한 아이디어를 수없이 개발했다. '이산가족 찾기 운동'도 그의 아이디어였다. 외국 연예단체를 초청해 흥행사업을 벌이는 일, 광고와 기사의 구분을 어렵게 만드는 '광고 기사'도 그의 작품이었다.[73]

이 또한 좋게만 볼 일도 아니었다. 장기영의 세세한 간섭은 "내가 아니면 『한국일보』는 망한다"는 강박관념으로까지 발전해 『한국일보』의 자생력을 약화시키는 결과를 초래하였기 때문이다.[74]

『조선일보』의 코리아나호텔 특혜

언론의 치열한 상업성 추구는 박 정권이 바라던 바였다. 박 정권은 언론에게 각종 특혜를 베풀어 언론이 오직 상업적 성장에 몰두하게 유도하였다. 67년 당시 일반 자금의 대출 금리가 25%였을 때 신문들은 18%의 낮은 금리로 대출 특혜를 받았으며, 신문용지에 대한 수입관세에서도 신문들은 일반 수입관세 30% 대신 4.5%의 관세율을 적용 받았으며, 저리의 차관 도입이라는 특혜까지 누렸다.[75]

주태산에 따르면, "어떤 신문사는, 사설에서는 차관 망국론을 언급하면서도 뒤로는 일본의 차관 도입으로 호텔을 지으면서 '빨리 인가를 내달라'고 기획원에 압력을 넣어 관리들을 곤혹스럽게 만들었다."[76]

그 신문사는 바로 『조선일보』였다. 박정희와 가까웠던 『조선일보』는 1968년 박 정권이 베푼 특혜에 힘입어 신문사 건물과 코리아나호텔을

---

73) 정진석, 『한국 현대언론사론』(전예원, 1985), 439~440쪽; 김영호, 『한국언론의 사회사 상(上)』(지식산업사, 2004), 386쪽.
74) 김영호, 『한국언론의 사회사 하(下)』(지식산업사, 2004), 385쪽.
75) 이용준, 〈1960년대 신문산업의 재생산구조〉, 김왕석·임동욱 외, 『한국언론의 정치경제학』(아침, 1990), 167쪽.
76) 주태산, 『경제 못살리면 감방간대이: 한국의 경제부총리, 그 인물과 정책』(중앙 M&B, 1998), 36쪽.

짓기 위해 일본에서 4천만 불의 상업차관을 아주 좋은 조건으로 들여왔다. 차관 도입 당시 『조선일보』 경제부에 근무했던 한 기자는 다음과 같이 증언하였다.

"코리아나호텔 건립을 위한 자금은 67년경 대일 청구권 자금 중 상업차관으로 들어온 것이며 언론사에 대한 상업차관으로는 이것이 첫 번째인 것으로 알고 있으며, 당시 국내 금리가 연 26%나 됐던 것과 비교하면 연 7~8%에 불과한 상업차관을 허용한 것 자체가 엄청난 특혜임에 틀림없다. …… 당시 상업차관을 주선한 사람은 방일영씨와 막역한 사이이며 공화당의 돈줄로 통하는 김성곤 씨로 알고 있으며, 방씨와 김씨가 각별한 사이라는 것은 현재 『조선일보』에 김씨의 아호를 딴 성곡도서실이 있다는 사실로 잘 알 수 있다."[77]

그런가 하면 경제계 소식에 밝은 한 언론계 인사는 다음과 같이 증언했다.

"당시 차관도입 자체가 엄청난 특혜였기 때문에 차관을 도입한 측은 정부측에 30~40% 정도를 정치자금으로 내놓는 등 차관 도입에 따른 비리가 많았다. …… 경제개발 계획 초기인 당시에 기간산업도 아닌 관광호텔 건립을 위해 귀중한 외자를 배정하는 것에 대해 경제기획원의 실무담당 과장이 끝까지 외자도입 허가를 동의하지 않아 코리아나호텔 상업차관은 외자도입 허가서류에 실무 담당자의 서명 없이 외자도입이 허가된 유일한 사례가 됐다."[78]

『조선일보』가 가장 심한 경우였다는 것일 뿐 60년대 후반은 모든 신문들의 사세 확장이 눈에 띄게 이루어졌으며 이는 무엇보다도 가시적으로 사옥의 신·증축과 대규모화 추진으로 나타났다. 『조선일보』의 1968

---

77) 김해식, 『한국언론의 사회학』(나남, 1994), 119~120쪽.
78) 김해식, 위의 책, 120쪽.

년 신축 및 코리아나호텔 건 이외에도 『동아일보』의 1962년, 1968년 두 차례 증축, 『중앙일보』의 1965년 신축, 『한국일보』의 1968년 신축, 『서울신문』의 1965년 별관 신축, 1969년 신축 등을 들 수 있을 것이다.[79]

신문은 편집인 손에서 떠나 중앙정보부의 손으로 넘어갔고, 이후엔 중앙정보부의 손을 맞잡은 경영자의 손으로 넘어가게 된다.

---

79) 김민남 외, 『새로 쓰는 한국언론사』(아침, 1993), 348~349쪽.

1969년

제11장

독선 · 독단 · 독주의 정치

박정희: "단군 이래의 위인"

1969년은 '싸우면서 건설하는 해'

1968년에 벌어진 일련의 북한 도발 사건으로 전쟁을 일으킬 생각까지 했던 박정희는 새해를 맞으며 69년을 '싸우면서 건설하는 해'로 하겠다는 신년사를 발표하였다.

이에 따라 서울시장 김현옥은 '서울시 요새화계획'을 발표했다. 그 계획 중 하나는 평화시에는 교통시설로 사용하고 전시에는 30만~40만 명을 수용할 수 있는 대피소로 쓰기 위해 남산에 1, 2호 터널을 뚫는 것이었다. 삼일로에서 보광동에 이르는 1호 터널은 3월 13일, 이태원과 장충동을 잇는 2호 터널은 4월 21일에 기공식을 가졌다.[1]

"싸우면서 건설하자"는 "싸우면서 공부하자"는 것도 포함하는 것이었다. 박정희는 "학생들의 국가 방위에 자진 참여하는 기본자세 확립과 심

---

[1] 손정목, 〈남기고 싶은 이야기들: 서울 요새화 계획〉, 『중앙일보』, 2003년 9월 16일, 27면.

신의 연마 및 집단행동능력 배양의 목표"를 내세워 군사교육(교련)을 실시할 것을 발표하였다.

모든 분야의 사람들이 싸우면서 일할 것을 요구받았다. 물론 그 싸움은 반공을 위한 싸움이었다. 싸울 만한 대상을 찾기 위해 모두 다 안달하는 듯 보였다. 69년 6월 서울지검 공안부가 한 건 올렸다. 서울지검은 당시 어린이들에게 인기를 끌었던 '피카소 크레파스' '피카소 수채화 물감' 등을 생산하고 있던 삼중화학공업 대표 박정원을 반공법 위반 혐의로 입건하고 그 제품의 판매 및 광고를 금지시켰다. 피카소 크레파스와 수채화 물감은 피닉스 파스라는 이상한 이름을 얻게 되었다. 이유는 단하나, 피카소가 공산당원이라는 이유 때문이었다.[2]

박정희: '뒤집기 전문가'

'싸우면서 건설하자'는 건 곧 3선 개헌을 하자는 말이기도 했다. 공화당 의장서리 윤치영은 또다시 총대를 메고 69년 1월 7일 "단군 이래의 위인인 박정희 대통령을 계속 집권시키기 위한 개헌이 필요하다"고 주장했다.

어떤 이들은 이런 윤치영을 보고 "늙은이가 할 일 없어 젊은 박정희에게 붙어 벼슬을 하려고 단군이래 1등 가는 아첨을 일삼고 있다"고 욕하기도 했다.[3] 윤치영은 1898년생으로 그때 71세였다. 그건 박정희가 좋아하는 멸사봉공(滅私奉公) 정신의 발휘였을까?

사전 각본이 있었음에 틀림없었다. 그 직전 '정도령론'이 전국의 역

---

2) 고종석, 〈되살아난 크레파스의 기억〉, 『시사저널』, 2001년 9월 13일, 108면; 이재봉, 〈피카소가 고발한 신천 학살〉, 오연호, 『노근리 그후: 주한미군 범죄 55년사』(월간 말, 1999), 104~105쪽; 노재현, 〈피카소와 '코끼리'〉, 『중앙일보』, 2004년 5월 5일, 27면.
3) 송광성, 〈윤치영: 외세와 독재권력에 아부하여 '잘 먹고 잘 산' 자의 표본〉, 반민족문제연구소, 『청산하지 못한 역사 1: 한국현대사를 움직인 친일파 60』(청년사, 1994), 78쪽.

술계를 휩쓸었던 건 '단군 이래의 위인'이라는 말에 사람들이 웃음을 터뜨리지 않게끔 하는 데에 기여했을 것이다. 한상범은 '정도령론'에 대해 이렇게 말한다.

"68년 영구집권의 발판으로 3선 개헌을 합리화하는 공작에 그(박정희)는 '역술인'이란 직업을 가진 무당, 점쟁이, 관상가 등을 대대적으로 조직·동원했다. 그들은 전국 조직망을 거미줄처럼 얽어 박정희가 '정도령'이고 민중 대망의 '진인'이며 '미륵불'의 현신이고 도래한 '메시아'라고 떠들어댔다. 그것이 어느 정도 뜸을 들였다고 보자, 당시 공화당 의장인 친일파 윤치영은 ……."[4]

이어 개헌을 지지하는 정체불명의 정치 단체들이 속출해 신문에 개헌 필요성 광고를 내기 시작했고, 군정시절 민정 이양 논란 때 연출되었던 박정희의 '번의(飜意) 정치'가 또다시 등장했다. 박정희는 67년 총선 때 "3선 개헌은 절대로 하지 않는다"고 수없이 공언했으며, 68년 신민당 국회의원 김상현과의 청와대 회담에선 "내가 만약 3선 개헌을 한다면 김상현 의원 당신도 단도를 들고 나에게 덤벼라. 당신들에겐 당연히 그렇게 할 권리가 있다"고까지 말했었다.[5]

그러나 69년 들어 '뒤집기 전문가'로서의 박정희의 실력이 서서히 발휘되기 시작했다. 박정희는 처음에는 "개헌할 의사가 없다"고 말하더니 곧 "개헌을 하더라도 아직은 시기가 아니다"로 바뀌었다.[6] 박정희가 1월 10일 연두 기자회견에서 한 말을 들어보자.

"헌법을 개정할 필요가 있더라도 지금 왈가왈부할 게 아니라 금년만큼은 온 국민이 힘을 합쳐 공산당과 대결하고 경제건설을 해야 하며, 이

---

4) 홍성태, 〈폭압적 근대화와 위험사회〉, 이병천 엮음, 『개발독재와 박정희시대: 우리 시대의 정치경제적 기원』(창비, 2003), 336쪽에서 재인용.
5) 김교식, 『다큐멘터리 박정희 4』(평민사, 1990), 117쪽.
6) 김문, 『장군의 비망록 I: 격동의 현대사를 주도한 장군들의 이야기』(별방, 1998), 64쪽.

러한 문제가 꼭 논의돼야 한다면 금년 말이나 내년 초쯤 가서 논의해도 시기적으로 늦지 않을 것입니다."

개헌반대론인 듯했지만 실은 개헌에 대한 적극적인 뜻을 내비친 것이었다. 신민당 총재 유진오는 "나는 당의 운명을 걸고 대통령 3선 개헌을 저지할 것입니다"라고 밝히면서 총력투쟁을 선언했다. 한 달 뒤 박정희는 한발 물러섰다.

"본인 임기 중에 현행 헌법을 고치지 않았으면 하는 것이 솔직한 심정이며 지금은 경제건설이 시급하니 앞으로 개헌 문제를 더 이상 거론하지 말기 바랍니다."

그러나 보름 뒤 윤치영이 "정세에 따라서는 개헌도 가능하지 않겠는가"라고 다시 치고 나왔다. 일종의 양동작전(陽動作戰)이었다.[7]

4·8 항명사건

4월초 신민당은 국회에서의 폭언 등을 이유로 문교부장관 권오병의 해임건의안을 냈다. 김종필 계열의 공화당 의원들도 통과시켜야 한다는 입장이었다. 이들은 "이번 기회에 해임건의안을 통과시켜야만 박정희 대통령도 국회의원들을 마음대로 할 수 없다고 느낄 것이다. 3선 개헌에 대해서도 다시 생각하게 될 것이다. 이번 기회에 우리 힘을 보여줘야 한다"고 판단했다.

권오병은 사과를 했고, 박정희는 부결시키라는 지시를 내렸다. 그럼에도 불구하고 해임건의안은 4월 8일 총 투표수 152표 중 찬성 89표, 반대 57표, 무효 3표로 가결되었다. 투표에 참여한 공화당 의원이 모두 100명이었으니 최소한 40여 명이 이탈한 것으로 추정되었다.

---

7) 이만섭, 〈나의 이력서: 3선 개헌①〉, 「한국일보」, 2002년 8월 2일, 25면.

박정희는 분노했다. 그날 진해 해군사관학교 졸업식에 참석하고 있던 박정희는 현지에서 항명 소식을 듣고는 급거 귀경하여 확대간부회의를 소집했다. 박정희는 당명에 거역한 김종필 계를 "당의 지도체제에 도전하는 반당적인 불평분자들"로 규정하면서 당기위원회로 하여금 1주 이내에 항명한 자들을 철저히 가려내 숫자가 몇 십 명이 되더라도 가차없이 처단하라고 지시를 내렸다. "만일 당기위원 중에 반당 행위에 관련됐거나 그에 동정하는 자가 있어서 일을 처리 못하면 총재직을 걸더라도 용납지 않겠다." 이상우에 따르면, "그날 간부회의에 참석했던 사람들은 박정희의 불호령이 어찌나 대단했던지 말 한 마디 하는 사람이 없었고, 오금이 저려 손 하나 까딱하지 못했다고 한다."[8]

박정희의 추상과 같은 지시에 따라, 양순직, 예춘호, 박종태, 김달수, 정태성 등 주동 의원 5명이 제명되었다. 이에 대해 당시 공화당 의원이었던 이만섭은 이렇게 말한다.

"4·8 항명사건은 JP계에 큰 타격을 안겼다. 그것은 공화당 내 3선 개헌 반대세력이 힘을 잃게 되는 결과와 다름없었다. 기세가 오른 개헌파는 한 달 뒤 공식적으로 개헌 논의에 불을 지피기 시작했다."[9]

4·8 항명사건 직후 일본에서 김종필과 이병철이 만났다. 우연한 만남이었던 것 같다. 김종필은 이병철을 믿고 자신이 3선 개헌을 반대하는 이유를 말했다고 한다. 김형욱은 이병철이 서울로 돌아오자마자 청와대로 쫓아가 박정희에게 김종필의 말을 일러 바쳤으며, 그래서 박정희가 또 한번 분노했다고 주장했다.[10]

---

8) 이상우, 『박정권 18년: 그 권력의 내막』(동아일보사, 1986), 200쪽.
9) 이만섭, 〈나의 이력서: 3선 개헌②〉, 『한국일보』, 2002년 8월 3일, 15면.
10) 김경재, 『혁명과 우상: 김형욱 회고록 ②』(전예원, 1991), 268~269쪽.

김영삼 테러 미수 사건

6월 10일 신민당 총재 유진오는 가능한 방법을 총동원하여 개헌 저지 운동을 벌이겠다고 말했다. 6월 13일 신민당 원내총무 김영삼은 국회 본회의에서 "3선 개헌 음모는 제2의 쿠데타"이며, 개헌 음모의 총본산은 중앙정보부라고 비판했다.

"우리나라의 암적 존재요, 잡으라는 공산당은 안 잡고 엉뚱한 것을 잡고 있는 정보부가 개헌 음모에 가장 깊이 관여하고 있다. 김형욱 정보부장에게 충고한다. 제2의 최인규가 되지 않기 위해, 민족의 영원한 반역자가 되지 않기 위해 그런 무리한 짓을 말라. 총리는 정보부장 파면을 대통령에게 건의할 생각은 없는가."[11]

1주일 후인 6월 20일 밤 김영삼이 크라운차를 타고 자택 근처에 도착했을 때 괴한 3명에게 피습당했다. 괴한들은 김영삼을 향해 초산을 퍼부었으나 창문이 닫혀 있어 피해는 없었다. 신민당 총재 유진오는 국회에서 신상발언을 통해 "김 의원이 모 기관을 신랄하게 비판한 다음날 일어난 일이기 때문에 개헌을 위한 공포분위기를 조성키 위한 일단의 조처로 간주하며, 이 사건은 100% 정치테러로서 국회의원이 생명의 위협을 느껴 발언을 못하게 하려는 악랄한 행위"라고 비난하였다. 김영삼도 국회 본회의에서 "박정희는 독재자요, 테러는 중앙정보부의 소행"이라고 비판했다. "이 독재국가를 끌고 나가는 원부(怨府)가 바로 중앙정보부요, 그 책임자 김형욱은 최인규와 같은 민족반역자다. 이번 일은 나를 죽이기 위한 정보부의 음모다." 김영삼의 집엔 "더 이상 사건을 확대하면 일가족을 몰살하겠다"는 협박전화가 계속 걸려왔다.[12]

---

11) 김충식, 『정치공작사령부 남산의 부장들 1』(동아일보사, 1992), 153~154쪽.
12) 송건호, 『한국 민족주의의 탐구: 송건호 평론선』(한길사, 1977), 232쪽.

그러나 언론은 김영삼의 13일 발언은 물론 21일 발언도 일체 보도하지 않았다. 아니 보도할 수가 없었다. 언론은 이미 중앙정보부의 완전한 통제 하에 놓여 있었다.[13]

윤치영의 아첨에 대한 비판

6월 23일 경희대생 50여 명의 3선 개헌 반대 시국선언문 낭독 및 결의문 채택, 6월 27일 고려대생 500여 명의 개헌 반대 데모 이후 3선 개헌 반대 시위가 전국적으로 일어났다. 7월 3일과 4일 이틀 간에 걸쳐 5천 명의 시위군중이 경찰과 충돌했고, 그 와중에서 259명의 부상자가 발생했다. 그러나 언론은 이 같은 사실을 보도조차 할 수 없었다.[14]

7월 19일 서울 효창운동장에선 3선 개헌반대 시국대강연회가 열렸다. 이 강연회에서 김대중은 박정희를 "단군 이래의 위인"으로 치켜세우며 3선 개헌을 주장했던 윤치영의 발언에 대해 이렇게 말했다.

"공화당에 윤치영 씨라는 사람이 이런 말을 했어. '박정희 대통령은 단군 이래의 위인이다' 이랬다 말이여! 단군 이래의 위인이니까 신라의 김유신, 고려의 태조 왕건, 이조의 세종대왕, 이순신 장군보다 더 위대하다 그 말이여! 그런데 이 사람 대통령 갈릴 때마다 똑같은 소리를 한다 말이여. 과거 이 박사가 사사오입 개헌 때도 '이 박사는 개국 이래의 위인이다' 이랬어! 우리가 과거에 결혼식에 가면 축사를 많이 했는데 축사를 하는 사람마다 똑같은 소리를 해. 신랑은 대학을 나온 모범청년이고 신부는 가정에서 부덕을 닦은 요조숙녀라고 (폭소) 아마 이 양반 대통령에 대한 아첨을 무슨 결혼식의 축사로 착각을 한 모양이여. (폭소, 박수,

---

13) 김영삼, 『김영삼 회고록: 민주주의를 위한 나의 투쟁 1』(백산서당, 2000), 293쪽.
14) 김정원, 〈군정과 제3공화국: 1961~1971〉, 김성환 외, 『1960년대』(거름, 1984), 198쪽.

3선 개헌 반대시위.

환성) 이번에 아폴로 11호가 달세계로 가는데 제발 안 되었지만 이런 양반들을 실어다가 거기다 두었으면 대한민국이 편할 텐데.(폭소, 박수)"[15]

나중에 신민당 의원 송원영도 국회에서 윤치영에게 이런 질문을 던졌다.

"귀하는 과거에 이승만 박사의 비서실장으로서, 우리나라 초대 내무부장관으로서 …… 이승만 박사의 불행한 종말에 대해서 어느 정도의 책임을 느끼고 있습니까? …… 이승만 박사가 종신 집권을 원하는 3선 개

---

15) 김삼웅 엮음, 『인동초가 피기까지: 대통령 김대중의 정치철학(논문·연설문·강연록)』(한울, 1998), 71~72쪽.

헌을 하지 않고, 정권을 평화적으로 이양했던들, 그러한 사태는 없었을 것이올시다. 귀하는 그 당시에 이승만 박사에게 헌법을 지키고 하야하라고 권고한 일이 있습니까? 또 그런 기회가 없었다고 할 것 같으면, 이승만 박사의 불행을 박 대통령이 이어받지 말도록 대통령 박정희 씨에게 3선 개헌을 하지 말도록 권고해도 시원치 않을 일인데, 오늘날 다시금 3선 개헌에 앞장을 서서 대통령을 어디로 끌고 가려고 합니까?"[16]

박정희의 '벼랑끝 전술'

7월 25일 박정희는 기자회견을 자청해 "개헌 문제로 국론이 분란해서 국민 여러분께 직접 묻겠습니다. 3선 개헌을 위한 국민투표를 실시할 것입니다. 만일 국민이 지지해 주지 않으면 나와 정부는 미련 없이 물러설 것입니다."라고 말했다.

개헌안에 자신의 신임을 연계하는 배수진 또는 벼랑끝 전술이었다. 이미 쿠데타 초기부터 쿠데타 지지를 표명했던 전 민의원 의장 곽상훈은 『서울신문』 7월 26일자에 기고한 〈박 대통령의 7·25 담화를 반긴다〉라는 글에서 "시기에 맞는 적절하고 현명한 조치" "더 이상 사태를 관망할 수 없다는 그의 용단"이라고 칭찬했다. 곽상훈은 야당 욕까지 하고 나섰다.

"야당은 아직까지도 뚜렷한 개헌 반대의 이유를 밝히지 못한 채 학생 데모에 편승하여 사회적인 불안감을 조성시키려는데 급급한 인상을 씻을 수 없게 하는가 하면 어디까지나 국내 문제인 개헌 이유를 외국에까지 끌고 나가려는 면모를 보인 것은 정말 한심한 일이라 아니 할 수 없다."

---

16) 이는 69년 9월 10일에 한 발언이다. 윤금중, 『국회의원 마누라가 본 이 나라의 개판정치』(한국문원, 2000), 169쪽.

곽상훈은 개헌안이 부결될 경우까지 염려하였다.

"난국을 타개하는 데 있어 국민이 탁월한 영도자를 요구한다면 그것은 그것으로 끝난다. 국민을 위해 한 번 더 수고해 달라는 국민의 요청이 절실하다면 심부름꾼은 이에 복종해야 할 의무가 있는 것 아닌가? 내가 한 가지 지적하고 싶은 점은 대통령은 개헌안이 국민투표에서 부결될 경우 즉각 물러서겠다고 언명하고 있지만 나는 그 같은 대통령의 의견에는 반대할 수밖에 없다는 것이다. 국민의 신임을 얻어 막중한 임무를 맡고 있는 대통령에게 4년의 임기는 보장된 것이다. 앞으로 남은 2년의 임기를 박차고 나간다는 것도 역시 지도자의 할 일은 아니라는 얘기다."[17]

민주당 정권 시절 주미대사를 지낸 장리욱은 『서울신문』 7월 29일자에 〈용기 있는 결단〉이란 제목의 칼럼을 기고하였다. 서울대 총장까지 지낸 실력 탓인지 그의 지지 논리는 비교적 교묘했다.

"비록 국민이 마련해준 치정의 임기를 스스로 단축시킬 여지를 남기는 것은 책임 정치의 입장에서 볼 때 반드시 바람직한 일이라고만 볼 수는 없겠으나 정권의 진퇴를 국민의 신임에 건 박 대통령의 처사는 지도자의 결단력 있는 조치로서 받아들여지지 않을 수 없다. …… 개헌 문제에 있어 나 자신도 원칙적으로는 반대하는 사람이나 적법한 국민의 주권행사가 자유로이 이루어진 결과로 개헌이 된다면 이를 수긍하는 것이 다수결 원리를 신봉하는 민주시민의 기본의무라고 본다."[18]

박정희 : "눈물로 시작해 눈물로 완성한 역사"

비서실상 이후락, 중앙정보부장 김형욱, 재정위원장 김성곤, 사무총

---

17) 김삼웅, 『곡필로 본 해방 50년』(한울, 1995), 126~127쪽에서 재인용.
18) 김삼웅, 위의 책, 127쪽에서 재인용.

장 길재호 등 4인방은 공화당 내 반(反)개헌 세력 설득작업에 들어갔다. 이만섭에 따르면,

"네 명은 청와대 비서실장 방에 아예 진을 쳤다. 이들은 그때까지 서명하지 않은 의원들을 한 사람씩 이 곳으로 불렀다. 어지간한 강심장이 아니면 서명을 하지 않을 수 없었다. 대통령을 직접 만나 얘기해 본 뒤에 서명하겠다던 의원들에게는 서명을 받고 난 뒤에야 대통령을 만나게 해주었다."[19]

박정희의 기자회견 사흘 뒤인 7월 29일 공화당 의원총회가 열렸다. 3선 개헌에 반대했던 이만섭은 5가지 선행조건을 내걸고 조건부 찬성이라는 타협안을 내놓았다.

"첫째, 권력형 부정부패의 책임자인 이후락, 김형욱은 즉각 물러날 것. 둘째, 중앙정보부는 대공 사찰에만 전념하고 정치 사찰은 일절 하지 말 것. 셋째, 당의 체질을 창당 이념에 맞게 개혁할 것. 넷째, 국민투표는 지는 한이 있더라도 공명정대하게 할 것. 다섯째, 권오병 문교부장관 해임건의안 파동 때 제명한 예춘호 양순직 의원 등 5명을 복당 시킬 것."

이만섭은 의원총회에 참석하기 전 아내에게 이렇게 말했다.

"이후락, 김형욱을 물러나라고 하는 선행 조건은 아주 위험한 발언이오. 그렇지만 나는 오늘 반드시 할 것이오. 문제는 내가 그 말을 하면 김형욱이 무슨 짓을 할지 모른다는 것이오. 당신도 알다시피 김형욱은 김영삼 의원의 얼굴에 초산을 뿌리려고 했다는 이야기도 있소. 그리고 얼마 뒤 인천 앞 바다에 떠 오른 시체 2구가 그 하수인이라는 말도 나돌고 있오. 나도 그렇게 되지 말라는 법이 없으니 오늘 당신은 집을 깨끗이 치워놓으시오. 혹시 습격을 받더라도 뒤를 깨끗이 해놓아야 하지 않겠소."[20]

---

19) 이만섭, 〈나의 이력서: 3선 개헌⑤〉, 『한국일보』, 2002년 8월 7일, 25면.
20) 이만섭, 위의 글.

의원총회엔 공화당 소속의원 109명 가운데 101명이 참석했다. 며칠 전 박정희를 만난 김종필은 이미 마음을 돌린 상태라 김종필 계 의원들은 발언을 자제하고 있었다. 박정희가 김종필에게 '차기'를 약속해 김종필이 마음을 돌렸다는 주장이 있는가 하면, 김종필이 조건 없이 굴복했다는 주장도 있다. 김종필은 이 무렵 문인들과의 모임에서 박정희의 개헌 의지를 "자식들이 옹기종기 앉아있는 집에 '말 안 들으면 불을 지르겠다'며 횃불을 처마 밑에 들이미는 무서운 아버지"에 비유했다고 한다.[21]

이만섭의 제안은 만장일치로 채택되었다. 시간은 이미 자정을 넘기고 있었다. 잠도 자지 않고 회의 결과를 기다리고 있던 박정희는 재가를 얻으러 온 김성곤과 국회부의장 장경순에게 책상을 걷어차고 컵을 내던지면서 화를 냈다.[22]

결국, 모든 걸 자신에게 맡겨달라는 박정희의 요구가 받아들여졌다. 박정희의 역사는 눈물로 시작해서 눈물로 완성한 역사였다. 3선 개헌에 대한 공화당 내 지지도 그의 눈물이 없었더라면 얻어내기 어려웠을 것이다. 이상우에 따르면,

"박정희는 외모에서 풍기는 강인한 인상과는 달리 곧잘 눈물을 흘렸다. 사극영화를 즐겼던 그는 청와대에서 단종애사를 그린 영화를 관람하고는 같이 구경하던 측근이 민망할 정도로 엉엉 소리내어 울었다. 같이 5·16에 가담했던 혁명동지가 자기를 배신했다 하여 침대맡에서 눈물을 흘렸는가 하면 3선 개헌 당시 반대 의원을 설득하면서도 눈물을 글썽거렸다."[23]

---

21) 중앙일보 특별취재팀, 『실록 박정희』(중앙 M&B, 1998), 316쪽.
22) 이만섭, 〈나의 이력서: 3선 개헌⑥〉, 『한국일보』, 2002년 8월 8일, 25면.
23) 이상우, 『박정권 18년: 그 권력의 내막』(동아일보사, 1986), 184쪽.

박정희의 '제주도 핵기지화' 카드

7월 말 공화당은 신민당 소속 의원 성낙현, 연주흠, 조홍만 등 3인을 끌어 들였다. 이들 3인은 "개헌을 반대해서 박 대통령을 물러나게 하는 것은 국가를 위해 도움이 안 된다"는 성명을 발표하였다. 중앙정보부장 김형욱은 회고록에서 "적지 않은 정치자금이 넘어갔다"고 썼다.[24]

대한불교 조계종 장로원장 이청담은 『서울신문』 7월 31일자에 쓴 〈민족단합의 계기〉라는 글에서 "박정희 대통령의 7·25 선언은 주권자인 국민에게 스스로의 정권을 걸고 심판을 바라온 책임 있는 정치적 결단으로 반가이 받아들인다"는 찬사와 더불어 3선 개헌 지지 의사를 밝혔다. 천도교 교령 최덕신은 『서울신문』 8월 1일자에 쓴 〈책임질 줄 아는 정치〉라는 글에서 "우리 민주역사의 새 전환점" 운운하며 박정희를 격찬했다.[25]

박정희는 8월 21일 미국 대통령 리처드 닉슨과의 정상회담을 위해 미국 방문 길에 올랐다. 7월 25일, 닉슨이 발표한 이른바 '닉슨 독트린' 때문이었다. 괌에서 발표했다 하여 '괌 독트린'이라고도 불렸다. 그 주요 내용은 "아시아 국가들은 미국 의존도를 줄이고 그들의 안보문제를 독자적으로 해결하기 바라며 미국이 또다시 월남전과 같은 사태에 말려들지 않도록 협조해야 한다"는 것이었다.[26]

이는 한국에서의 미군 철수를 예고한 것이었다. 박정희는 그걸 막아보기 위해 미국으로 떠나기 4일 전인 8월 17일 미국 시사주간지 『유에스뉴스앤드월드리포트』와의 단독회견에서 한국의 안전 보장 문제와 관련하여 "제주도를 미군기지로 제공할 용의가 있으며, 또 필요하다면 핵무기 설치도 허용할 것"이라고 말했다.

---

24) 김충식, 『정치공작사령부 남산의 부장들 1』(동아일보사, 1992), 159쪽.
25) 김삼웅, 『곡필로 본 해방 50년』(한울, 1995), 129쪽에서 재인용.
26) 현대사 연구소 연구팀, 〈주한미군 철수 6〉, 『중앙일보』, 1995년 10월 24일, 10면.

아시아 국가들의 독자적인 안보를 제기한 '닉슨 독트린'에 놀란 박정희는 닉슨을 직접 방문해 주한미군의 계속 주둔을 요청했다.

『서울신문』 69년 8월 19일자 사설 〈제주도의 핵기지화〉는 박정희의 제의에 지지를 보냈다. "제주도의 핵기지화는 북괴에 대한 침략 저지력이 될 것이다. 한반도의 안전 보장은 결국 극동 전체의 평화와 직결되어 있다는 점까지 생각한다면, 제주도의 기지화는 오끼나와에 대한 당연한 대안이라 하겠다."[27]

지식인의 아첨, 신민당의 변절자 응징

『조선일보』 9월 2일자 사설 〈운명의 국회에 부치는 말〉은 야당의 자제를 당부했다.

"여기서 의정질서만을 강조한다면 그것은 중과부적으로 열세에 놓일 것이 뻔한 야당에게 가혹한 강조임에 틀림없다. 그렇다고, 의정질서고 뭐고 어떠한 극한투쟁이라도 어쩔 수 없는 야당의 최후적 권리라고 용인

---

27) 최진섭, 『한국언론의 미국관』(살림터, 2000), 266~267쪽에서 재인용.

한다면 그것은 의회정치의 종언을 의미하게 된다. 더구나 개헌안을 에워싼 찬반의 소용돌이는 원내에만 국한된 일이 아닌 것 같고 전국에 메아리쳐 지고 있는 지금의 분위기로 보아 자칫하면 큰 혼란을 야기 시킬 가능성마저 예견될 수 있는 것이다."[28]

목사 이인식 등 250여 명의 목사는 '개헌 문제와 양심 자유 선언을 위한 기독교 성직자' 명의로 9월 3일 각 신문에 5단 통 광고를 통해 3선 개헌 반대 범국민투쟁위원장인 목사 김재준을 비난했다. 이들은 "기독교인은 성서의 가르침을 따라 날마다 그 나라의 수반인 대통령과 영도자들을 위하여 기도하여야 하며 기도함이 없는 비판은 비생산적이며 비기독교적"이라고 주장했다.[29]

압권은 서울대 총장 최순환이 신문에 쓴 글이었다. 그는 "대통령 개인의 영달의 길이 있음에도 사욕을 버리고 독재자라는 비난을 받아가면서 개헌을 하려는 충정을 지식인들이 공명하고 있다"고 주장했다.[30]

9월 7일, 성낙현, 연주흠, 조흥만 등 3인을 '변절자'로 비난해온 신민당은 이들의 의원직을 박탈하기 위해 당 해체를 결의하였다. 당시 정당법은 당을 해체하면 의원직을 자동으로 상실하게 돼 있었다. 신민당은 3인을 무기정권 처분한 뒤 소속 의원 전원을 변절자를 막지 못한 책임을 묻는 형식으로 당기위에 회부, 제명해 놓고 당 해체를 결의한 것이다. 신민당은 해체와 동시에 새롭게 원내 교섭단체 가입원과 신당 창당준비위원 승낙서를 작성해 차례로 서명하는 절차를 밟았다. 이제 신민당은 신민회가 되었다가 13일 만인 9월 20일에 재 창당하였다.[31]

---

28) 김삼웅, 「곡필로 본 해방 50년」(한울, 1995), 135~136쪽에서 재인용.
29) 김삼웅, 위의 책, 141쪽에서 재인용.
30) 김삼웅, 위의 책, 141쪽에서 재인용.
31) 이영석, 「야당 40년사」(인간사, 1987), 254쪽.

'월남에서 돌아온 김 상사'

베트남 특수

베트남 파병에 따른 '파월 외환 수입'은 1966년부터 1970년까지 5년 간 총 6억2천502만 달러에 달했으며, 한국은 베트남 전쟁으로 총액 약 10억 달러 이상의 외화를 획득하여 제2차 경제개발 5개년계획(1967~1971)에 필요한 재원을 충당했다.[32]

한국의 대(對) 베트남 수출은 물품 군납의 증가에 힘입어 65년 1천 770만 달러에서 70년 7천만 달러로 증가하였다. 베트남은 미국, 일본 다음 가는 한국의 수출시장이 되었으며, 한국 수출 총액에서 베트남이 차지하는 비중은 70년 8.4%에 이르렀다. 베트남 특수가 GNP에서 차지하는 비중은 65년 0.6%에서 69년 3.0%로 올랐다.[33]

32) 임영태, 『대한민국 50년사 1』(들녘, 1998), 352쪽.
33) 정성진, 〈한국전쟁과 영구군비경제〉, 경상대학교 사회과학연구소 엮음, 『한국전쟁과 한국자본주의』(한울 아카데미, 2000), 119~121쪽.

월남 파병은 많은 신화를 만들어냈다. 그 신화의 주인공 가운데 하나는 한진그룹일 것이다. 한진그룹은 월남 특수 5년 동안 1억3천만 달러를 벌어 전형적 '월남 재벌'이 되었다. 한진그룹은 이 공로를 인정받아 박정희의 배려로 69년 3월 국영기업이던 대한항공을 인수해 대재벌로 도약하기 시작했다.[34]

월남 파병은 한일협정과 더불어 60년대 후반기 고도성장을 이끈 쌍두마차였다. GNP성장률은 66년 12.6%, 67년 7.8%, 68년 12.6%, 69년 15.0%를 기록했다.[35] 60년대 후반(65~69년)의 연평균 경제성장률은 11.8%로, 이는 60년대 전반기(60~64년)의 성장률 5.5%의 두 배가 넘는 것이었다. 외환 보유고도 64년 1억2천900만 달러에서 70년 5억8천400만 달러로 급증했다.[36]

이런 '베트남 특수'를 들어 파병을 정당화하는 주장이 있다. 이런 논리에 대해 한홍구는 이렇게 말한다.

"베트남 특수의 최대 수혜자는 피 한 방울 흘리지 않은 일본이었다. 일본은 매년 우리가 베트남 특수의 전 기간에 벌어들인 금액보다 훨씬 많은 달러를 벌어들였다. 또 베트남의 하늘에 더 많은 깃발이 휘날리길 원했던 미국의 요구에 따라 단 20여 명의 병력을 파견한 대만, 한 사람의 병력도 파견하지 않은 싱가포르나 홍콩이 베트남 특수를 누리지 못하거나 냉전의 정치경제적 논리 속에서 선택적으로 개방된 미국 시장에서 배제되지는 않았다. 한국이 돈으로 환산할 수 없는 인명 피해에, 민간인 학살이라는 멍에에, 미국 '용병'이라는 손가락질을 받아가며 베트남전에서 얻은 경제적 소득은 겨우 20여 명의 병력을 파견한 대만이 얻은 소

34) 백승열, 『재벌그룹 · 재벌총수들』(문원, 1995), 314쪽.
35) 이종오, 〈반제반일민족주의와 6 · 3운동〉, 『역사비평』, 창간호(1988년 여름), 66쪽.
36) 정성진, 〈한국전쟁과 영구군비경제〉, 경상대학교 사회과학연구소 엮음, 『한국전쟁과 한국자본주의』(한울아카데미, 2000), 117~121쪽.

득을 약간 상회하는 정도였다."[37]

전사 5천명, 부상 1만6천명

'베트남 특수'를 입에 올리기엔 희생이 너무 컸다. 64년 9월 이동 외
과병원과 태권도 교관단 파견에서부터 73년 3월 주월 한국군사령부 철
수에 이르기까지 10년 간, 연인원 32만 명을 파병하고 평균 5만여 명을
상시 주둔시킨 가운데 한국군 전사자는 5천여 명, 부상자는 1만6천여 명
에 이르렀다.

역사 속에서의 숫자는 사람들의 피를 끓게 만들지 못한다. 만약 당시
에 이런 규모의 전사지와 부상자가 사실 그대로 언론에 보도되었더라면,

'월남 특수'를 거론하기엔 한국군의 피해가 너무 컸다. 사진은 국립묘지를 찾은 주월 한국군.

---

37) 한홍구, 〈박정희 정권의 베트남 파병과 병영국가화〉, 「역사비평」, 제62호(2003년 봄), 134~135쪽.

한국인들은 과연 배 좀 부르자는 이유만으로 그런 현실에 눈을 감았을 지는 의문이다.

65년만 해도 한국군 전사자 수가 정기적으로 신문에 보도되었지만 그 수가 300명을 넘어서면서부터 이런 기사는 신문에서 사라졌다. 이후 언론은 전과들만 대서특필하였다. 박 정권의 기자들에 대한 위협은 기본이었고, 온갖 회유와 포섭 공작이 잇따랐다. 여기에 대중문화까지 가세하였다. 한국군의 대량 사망은 은폐된 채, 신중현 작사 · 작곡 김추자 노래의 〈월남에서 돌아온 김 상사〉(69년 발표)만 울려 퍼졌다.[38]

"월남에서 돌아온 새까만 김상사 이제서 돌아왔네/월남에서 돌아온 새까만 김상사 너무나 기다렸네/말썽많은 김총각 모두 말을 했지만/의젓하게 훈장달고 돌아온 김상사/동네사람 모여서 얼굴을 보려고 모두다 기웃기웃/우리 아들 왔다고 춤추는 어머니 온동네 잔치하네//굳게 닫힌 그 입술 무거운 그 철모 웃으며 돌아왔네/어린 동생 반기며 그 품에 안겼네 모두 다 안겼네/말썽많은 김총각 모두 말을 했지만/의젓하게 훈장달고 돌아온 김상사/폼을 내는 김상사 돌아온 김상사 내 맘에 들었어요/믿음직한 김상사 돌아온 김상사 내맘에 들었어요"

이영미는 "미국에서는 반전운동적 저항성의 표현이었던 록이, '한국 록의 아버지'라고 일컬어지는 신중현에게는 월남전의 용사를 찬양하는 노래를 만드는 양식으로 쓰였다는 것은 참으로 아이러니컬하다"고 말한다.[39]

그 아이러니는 아마도 굶주림과 굶주림의 기억에 대한 공포 때문에 빚어진 것이었는지도 모른다. 한홍구는 2003년 1월 25일에 쓴 〈월남에서 돌아온 새까만 김 상사 님께: 마음까지 새까맣게 타버린 당신!〉이라는 공개 편지를 통해 이렇게 말했다.

---

38) 한홍구, 〈박정희 정권의 베트남 파병과 병영국가화〉, 『역사비평』, 제62호(2003년 봄), 133쪽.
39) 이영미, 『한국 대중가요사』(시공사, 1998), 231쪽.

"베트남 전쟁에서의 민간인 학살 의혹이 한창 제기될 무렵, 저는 한 방송사 TV 토론에 나간 적이 있었는데 그 때문에 김 상사 님의 옛 전우들에게서 많은 전화를 받았습니다. 그런 전화의 대부분은 거친 전화였지만, 한 분의 전화만큼은 달랐습니다. 찢어지게 가난한 집에서 태어나 부모님께 송아지라도 한 마리 사드리려고 머나먼 남쪽나라로 가는 배에 올랐는데, 돈 있고 백 있는 놈들은 다 빠지고 자기 같은 사람들만 어쩔 수 없이 가게 되었다, 그리고 지금은 고엽제 후유증에 시달리는데, 그런 자신이 용병이고 학살자냐고. 울음 섞인 전화에 저의 가슴도 찢어졌습니다."[40]

'돈 있고 백 있는 놈들'

그랬다. 월남 한번 갔다 온다고 팔자 고치는 것도 아니었고 모두 다 온 동네 잔치 판에 초대되는 건 아니었지만 '송아지 한 마리' 정도의 효도는 할 수 있었다. 아니 귀국할 때 텔레비전 한 대라도 들고 오면 그 이상도 가능했다. 채명신의 증언이다.

"TV 한 대 값이 당시 1백20달러(약 3만5천 원)였어요. 그걸 들고 부산에 내리면 그 자리에서 7만 원에 팔립니다. 장병들이 돈 벌러 월남간 것은 아니지만, 거기서 헛되게 뿌릴 이유도 없거든요. 나는 장병들에게 여기서 돈 쓰지 말고 저축하자고 수시로 말했어요. 또 원하는 사람은 봉급의 80%를 전액 고국에 송금시켰습니다. 나머지 20%를 1년 모으면 꼭 TV 1대 값이 나옵니다. 그러니 장병들이 그 돈을 어떻게 씁니까. 비닐주머니에 차곡차곡 쌓아 넣고 전투할 때도 그걸 쑤셔 넣고 나갑니다. 그때 7만 원이면 큰돈이에요. 전세방 하나 들 수 있고, 촌에서는 돼지새끼 20마리를 살 수 있었어요."[41]

---

40) 한홍구, 『대한민국사 02: 아리랑 김산에서 월남 김상사까지』(한겨레신문사, 2003), 56쪽.

가난한 나라인지라 부대 차원에서 탄피를 주워 모아 비밀리에 국내에 반입하기도 했다. 미군이 항의했지만 계속 못 들은 척 했다. 탄피를 수백 톤 들여와 그걸 판 돈으로 춘천에 군인자녀들을 위한 학교를 세우는 당 장병들의 복지향상을 위해 썼다.[42]

그러나 '가난했기 때문에'라는 말로 모든 게 정당화될 수는 없을 것이다. 내부의 정의마저 없었으니 더욱 그랬다. 한홍구에게 전화를 건 사람이 말했듯이, '돈 있고 백 있는 놈들'은 다 빠졌다. 아니 아예 병역을 기피하는 자들도 부지기수였다.

53년부터 66년까지 해외유학 인정 선발시험을 통과해 해외로 유학한 사람은 모두 7천398명인데, 이중 귀국한 사람은 6%에 불과했다. 상류층 자제들의 병역기피는 상식으로 통용됐다. 이는 군사정권 하에서도 전혀 달라지지 않았다. 69년 말에 터진 병무비리 파동이 그걸 잘 말해주었다. 그 결과에 충격을 받아 70년 8월 국방부의 외청으로 중앙병무청이 신설되지만 그 뒤로도 병역비리는 끊이지 않고 나타났다.[43] 60년대 전반기에 많이 완화되었던 군 내부의 부정부패도 베트남 참전 이후 다시 성행했다.[44]

이른바 '월남 특수'라고 하는 피의 대가는 골고루 돌아가지 않았다. 피를 흘린 사람만 억울하게 당하는 체제, 그게 바로 '월남에서 돌아온 김 상사'가 흥겹게 울려 퍼지던 60년대 말의 한국 사회였다.

---

41) 68년경 국방부에서 주월한국군사령부에 귀국장병의 TV 휴대를 전면 금지하라는 전문을 보내자, 채명신은 TV 휴대는 사기 진작 군기사고 예방과 함께 국가 경제에도 도움이 된다는 내용으로 답장을 보냈다. 나중엔 티켓제로 바뀌었다. 귀국 장병들이 줄로 TV를 들고 내려오는 게 모양도 좋지 않을 뿐더러 파손의 위험도 있어 월남에서 티켓을 발급 받아 귀국 후 국산TV로 바꾸는 형식으로 고쳐졌다. 김일동, 〈"장기집권 반대하다 군복 벗었다": 전 주월한국군사령관 채명신 증언〉, 「신동아」, 1990년 3월, 280~282쪽.
42) 김문, 『장군의 비망록 I: 격동의 현대사를 주도한 장군들의 이야기』(별방, 1998), 97~98쪽.
43) 한홍구, 『대한민국사: 단군에서 김두한까지』(한겨레신문사, 2003), 305~306쪽.
44) 한홍구, 〈박정희 정권의 베트남 파병과 병영국가화〉, 「역사비평」, 제62호(2003년 봄), 135쪽.

'뺑뺑이 세대': 중학교 추첨배정제

'무즙 파동'과 '창칼 파동'

군사정부는 부정 척결 차원에서 1962년에 대입자격 국가고시제를 도입했지만 이 제도는 실패로 끝났다. 박정희 정권은 69년부터 대입 예비고사 제도를 도입했다. 대입 예비고사를 통과한 학생만이 대학 본고사를 볼 수 있는 자격이 주어졌다. 대입 예비고사의 도입은 사학(私學)의 부정이 극에 이르렀기 때문에 취해진 조치였다. 당시 많은 사립대들이 정원 외로 뽑는 이른바 '청강생 장사'를 통해 엄청난 돈을 거둬들이고 있었기 때문이다.

1류 대학 입학은 1류 고등학교 출신들이 거의 독식했기 때문에 경쟁은 중학교 입시 때부터 시작되었다. 살벌한 경쟁이었다. 그래서 5대 공립(경기, 서울, 경복, 용산, 경동)이니, 5대 사립(중앙, 양정, 배제, 휘문, 보성)이니 하는 말이 생겨났다. 중학교 입시경쟁이 얼마나 치열했던가를 보여주는 몇 가지 일화가 있다.

64년 '무즙 파동'이라는 것이 발생했다. '무즙 파동'이란 64년 12월 7일 전기 중학입시의 공동출제 선다형(選多型) 문제 가운데 "엿기름 대신 넣어서 엿을 만들 수 있는 것은 무엇인가"라는 시험 문항의 답안이 빚어낸 사건이었다. 이 문제에 대한 정답은 디아스타제였다. 그런데, 학부모들이 당시 보기 가운데 하나였던 무즙도 정답이 된다고 주장하고 나서면서 사건이 확대되기 시작했다.

무즙을 정답으로 표기했다가 낙방한 학생의 학부모들은 급기야 이 문제를 법원에 제소하였고, 나아가 무즙으로 엿을 만들어 솥 채 들고 나와 무즙으로 만든 엿을 먹어보라는 시위를 전개했다. 결국 이 '무즙 파동'은 6개월이나 지나 무즙을 정답으로 써서 떨어진 학생 38명을 경기중학 등에 입학시키면서 일단락 되었다. 이 파동으로 서울시 교육감 등 8명이 사표를 제출했다.[45]

65년 봄엔 고교 입시 문제 누설사건이 터졌다. 이는 명문대 학생들이 주동이 돼 문제를 빼돌려 팔아먹은 사건이었던지라 세상을 떠들썩하게 만들었다.

67년 중학입시에선 '창칼 파동'이 일어났다. 서울시내 전기 중학교 미술문제 중 "목판화를 새길 때 창칼을 바르게 쓰고 있는 그림은 어느 것인가?"의 정답이 두 개라는 것이 파동을 일으킨 당사자들의 주장이었다. 경기, 서울중학교 낙방생 학부모 549명은 소송을 제기해 대법원까지 상고했으나 패소해 끝내 불합격 처리되고 말았다.

문제 하나로 합격·불합격이 결정되고, 합격해서 명문 중학교의 배지만 달면 인생이 달라지는 경쟁, 그게 바로 한국사회의 독특한 특성이자 경쟁력의 원천이었는지도 모른다. '목숨 거는 경쟁의식'을 배양시킨다

---

45) 김도형, 〈배워야 산다〉, 한국역사연구회, 『우리는 지난 100년 동안 어떻게 살았을까 1: 삶과 문화 이야기』 (역사비평사, 1998), 56쪽.

는 점에서 말이다.

'치맛바람 자숙운동'

'목숨 거는 경쟁의식'은 '치맛바람'으로까지 비화되었다. 66년 봄 한국부인회는 '치맛바람 자숙운동'과 '과외공부 시키지 않기 운동'을 벌였으며, 67년엔 아예 〈치마바람〉(이규웅 감독)이라는 제목의 영화가 나오기까지 했다. 호현찬에 따르면,

"남편들의 경제 활동에 불만을 느낀 주부들간에 계(契)라는 사적(私的) 적금 방식이 대유행이었다. 이로써 여성들은 자신의 힘으로 돈을 만지게 되고 경제권을 갖게 되는데, 당시에는 이를 '치맛바람'이라고 불렀다. 여성이 경제권을 확보한다는 것은 그만큼 여성의 지위나 발언권이 강화되었음을 의미한다. 치맛바람은 학교까지 번져 교육계를 혼탁하게 할 만큼 사회문제를 야기했다. 치맛바람, 마침내 여인들의 천하가 되는 시초였다. 이 무렵 여성들의 목소리가 커지는 코미디, 멜로 드라마가 많이 나타났다. 마침내 조선시대 500년 동안 억눌려 왔던 여인들이 자유를 향해 해방되는 세상의 풍속도가 나오기 시작한 것이다."[46]

'KS(경기고 –서울대)병'

경기중고등학교와 같은 최정상의 학교에 들어간 극소수의 승자(勝者)는 큰 영예를 누릴 수 있었지만 대다수는 패자(敗者)가 되었고 사람에 따라선 큰 상처를 받았다. 아마도 60년대 초반에 중학교를 다닌 김용옥만큼 큰 상처를 받은 사람도 없을 것이다. 그의 책들엔 경기중고등학교 이

---

46) 호현찬, 『한국 영화 100년』(문학사상사, 2000), 158쪽.

야기가 여러 차례 등장한다. 한 대목만 살펴보자.

"나는 장형(제일 큰형) 집에서 조카들과 함께 생활하면서 학교를 다녔습니다. 그런데 내 조카들은 머리가 탁월하게 좋았습니다. 그들은 아버지로부터 시작해서 세 아들이 모두 경기중학을 들어갔으니까요. 요새는 중고교에 학벌 경쟁이 예전같이 없어서 참 좋아졌습니다만 나 학교 다닐 때만 해도 경기중학생이라는 것은 과거의 장원급제생보다도 더 뻐길 수 있는 그러한 높은 프라이드를 지닌 인물들이었습니다. 정말 천재가 아니면 발을 들여놓을 수 없는 그러한 곳이었죠. 그들의 교모 빳지와 가슴에 달린 마름모꼴의 명찰은 정말 눈부시게 빛났습니다. 나는 사립의 명문이라는 보성중학을 다녔지만 나의 조카가 다니는 공립의 왕중왕 경기중학에는 감히 명함을 내밀 수가 없었습니다. 정말 그 앞에서는 부끄러운 존재였습니다."[47]

그래서 'KS(경기고-서울대)병'이라는 게 생겨났다. 그건 많은 사람들이 KS 앞에선 주눅이 들어 부끄러운 존재로 자신을 폄하하는 병(病)인 동시에, 일부 KS 출신들은 기고만장해 치졸할 정도로 오만방자해 지는 병(病)을 의미하는 것이었다. 60년대 말 문인 S가 걸렸던 'KS병'에 대한 이호철의 증언이다.

"S는, 그 무렵부터 매우 기고만장해 있었는데, 그것은 바로 초창기의 소위 'KS마크병'이었다. 말하자면, 경기중학에 서울대학 출신이 아니면 온전한 사람 취급을 안 하는 '안하무인병'이 그것이었다. 나도 어쩌다가 같이 술자리 같은 데 끼여 보면, 그이는 노상 비아냥조의 재담 같은 것을 즐겼고, 웬만한 명사들도 일거에 '저능아'로 떨어져 가곤 했다. 그의 입에서 거의 떨어지지 않는 단어가 '저능아'였다. 특히, 같은 경기중학 출신이라도, 자기보다 공부를 못했거나, 석차가 떨어진 사람들은 죄다 '저

---

47) 김용옥, 『중고생을 위한 김용옥 선생의 철학강의』(통나무, 1989, 중판 1997), 124~126쪽.

능아 대열'에 들곤 했다. 차마 여기서 그 이름들을 밝힐 수는 없지만, 지금 학계의 대가로 활동하고 있는 분들 여럿도 그런 '저능아'에 해당하곤 했다."[48]

명문 중학교에 들어가기 위해 어린 국민학생들이 벌이는 치열한 전쟁을 그대로 방치할 수 없다는 결단이 마침내 박정희 정권에 의해 내려졌다. 그건 바로 68년 7월 15일에 발표돼, 69년 서울에서부터 시작된 중학교 무시험 추첨 배정제였다. 69년 2월 5일 서울의 어린이들은 은행 알을 넣은 수동식 추첨기를 뺑뺑 돌려 학교를 배정받았다. 그래서 이들을 '뺑뺑이 세대'라고 불렀다. 중학교 무시험 추첨 배정제는 70년에는 다른 대도시로, 71년에는 전국으로 확대되었다.

서울로 몰려드는 줄

60년대와 70년대의 한국 사회에서 통용되던 최대의 '인간 승리'는 단연 대학 입시와 관련된 것이었다. 이영기가 지적했듯이, "대학 입시가 끝나면 식당 파출부하며 자식 교육시킨 홀어머니의 불어터진 손을 붙잡고 환하게 웃던 '수석입학자'의 모습이 매스컴을 장식했고, 그 감동의 장면은 '성공신화'가 되어 수천만 서민들로 하여금 현실의 고통을 잊게 만들었던 것"이다.[49]

모두 다 화려한 '인간 승리'의 주인공은 될 수 없었지만, 한 집안의 입장에서 보자면 농촌에서 자식을 서울 명문대에 입학시키는 것도 '인간 승리'였다. 물론 그 승리의 과실을 따기까진 겪어야 할 고통이 만만치 않았다. 60년대를 다룬 많은 소설들이 이 점을 비켜가지 않았다. 김윤식과

---

48) 이호철, 『문단골 사람들: 이호철의 문단일기』(프리미엄북스, 1997), 244~245쪽.
49) 이영기, 〈'우리'에 갇힌 우리의 10대〉, 『중앙일보』, 1998년 6월 12일, 36면.

정호웅은 『한국 소설사』에서 이렇게 말한다.

"본격적인 근대화가 시작된 60년대이래 가장 큰 사회적 변동은 도시로의 인구 집중이다. 이를 따라 시골 출신의 머리 좋은 청년들이 도시로 몰려들었고, 그들은 근대화를 주도하는 서구적 합리주의를 교육받고 받아들였다. 그 같은 근대화는 그런데 그들이 떠나온 농촌의 희생 위에서 가능한 것이었으니 대학은 상아탑이 아니라 '우골탑(牛骨塔)'이었던 것. 여기서 고향에 대한 그들의 죄의식이 싹트는 것은 당연하다. 그 같은 죄의식으로 괴로워하면서도 고향의 희생 위에 이루어지는 근대화 논리를 따르지 않을 수 없는 분열 상태에 운명적으로 빠져들 수밖에 없었던 것이다."[50]

'고향에 대한 죄의식'을 다루는 소설들이 많이 나왔지만, 그러나 그건 소설 속의 이야기일 뿐이고 현실은 정반대였다. 고향에 대한 죄의식은 문학작품에서만 표현될 뿐, 실제로는 우월의식을 만끽하는 데에도 시간이 모자랐다. 설사 실패하더라도, '인간 승리'를 쟁취할 수 있는 유일한 무대는 서울이었다. 서울로 몰려드는 줄이 길게 늘어서고 있었다.

---

50) 오욱환, 『한국사회의 교육열: 기원과 심화』(교육과학사, 2000), 350쪽에서 재인용.

'서울의 찬가': 서울은 초만원이다

'종이 울리네 꽃이 피네'

작곡가 길옥윤은 가장 기억에 남는 곡으로 〈서울의 찬가〉를 꼽았다. 동아방송에 69년 1월의 노래로 작곡해 준 건데, 당시 서울시장 김현옥이 찾아와서 서울의 노래로 만들겠다며 선물을 할 테니 뭐든지 말하라고 했다는 것이다. "지금 생각하면 음악학교 지을 땅이나 조금 달랄 걸, 아무 것도 없다고 했지요."[51]

"종이 울리네 꽃이 피네/새들의 노래 웃는 그 얼굴/그리워라 내 사랑아 내곁을 떠나지 마오/처음 만나 사랑을 맺은 정다운 거리 마음의 거리/아름다운 서울에서 서울에서 살으렵니다//봄이 또 오고 여름이 가고/낙엽은 지고 눈보라 쳐도/변함없는 내 사랑아 내곁을 떠나지 마오/헤어져 멀리 있다 하여도 내품에 돌아오라 그대여/아름다운 서울에서 서울에서

---

51) 오효진, 〈재즈와 인생과 패티킴: 도쿄에서 만난 길옥윤의 독백〉, 『월간조선』, 1993년 7월, 446쪽.

살으렵니다"

69년 길옥윤 작사·작곡, 패티김 노래로 나온 〈서울의 찬가〉는 서울특별시의 시가(市歌)였지만, 노래도 좋고 가수도 좋은 탓인지 인기 가요로 널리 불려졌다. 그런데 비단 〈서울의 찬가〉 뿐만이 아니라, 60년대 후반엔 건전가요풍의 노래가 많이 나왔다. 이에 대해 이영미는 이렇게 말한다.

"심지어 〈서울의 찬가〉처럼 정부의 권장에 의해 나온 작품인지 아닌지가 작품만으로는 구별이 안 되는 것도 상당수이다. 이렇게 건전가요가 대중가요 속에서 많이 살아남을 수 있었던 것은, 이 시대의 대중가요에 서민의 희망을 그려내는 작품이 꿋꿋하게 자리를 잡고 있었기 때문이다. 그 희망이 얼마나 실현 가능한 것인지, 정부의 근대화 이데올로기와 '하면 된다' 이데올로기에 의해 얼마나 부추겨진 것인지는 따져볼 일이지만, 적어도 당시의 대중들은 이를 어느 정도까지는 자신의 것으로 받아들여 '그래도 잘 돼갈 것이다', '이렇게 가는 것만도 행복이다' 라는 생각들을 하고 있었던 것은 확실하다."[52]

'농민의 도시화'

〈서울의 찬가〉는 서울특별시 내에서만 울려 퍼졌던 게 아니었다. 모두 서울에 말뚝을 박고 있는 방송 탓에 전국 구석구석까지 파급되었다. 그 노래를 들은 농민들은 무슨 생각을 하였을까?

전체 인구에서 농촌 인구가 차지하는 비중은 60년의 72%에서 70년에는 59%로 감소하였다.[53] 도시화율은 60년 28.3%에서 70년 43.1%로

---

52) 이영미, 『한국 대중가요사』(시공사, 1998), 168~169쪽.
53) 박길성, 〈1960년대 인구사회학적 변화와 도시화: 사회발전론적 의미〉, 한국정신문화연구원 편, 『1960년대 사회변화연구: 1963~1970』(백산서당, 1999), 39쪽.

뛰어 올랐다. 같은 기간 동안 아시아는 21.2%에서 24.2%, 개발도상국은 21.85%에서 25.82%로 증가했으니 한국의 변화 속도는 경이로운 것임에 틀림없었다. 이 의미에 대해 강명구는 이렇게 말한다.

"이는 전 세계의 도시화율 변화 속도나 선진국, 후진국, 아시아 등 거의 모든 지역의 도시화율을 압도하는 급속한 도시화가 1960년대에 한반도의 남쪽 부분에서 발생했음을 보여주는 것이다. 단적으로 말하여 60년대의 10년 간 한국은 세계 여타 지역에서 보기 힘든 '압축적' 도시화를 경험한 것이다."[54]

강명구는 특히 66~70년 간의 도시 인구증가율 7.16%는 아마 전무후무한 기록일 것이라고 말한다. "이 기간 동안 농촌의 인구증가율은 -1.16%를 기록하여 당시 농촌의 인구증가율이 높았던 점을 감안한다면 이와 같은 농촌 절대인구의 감소는 농촌 탈출(rural exodus)의 정도를 가늠케 해준다. 이는 단적으로 한국의 도시화가 농촌의 와해 위에 이루어진 '농민의 도시화'(cities of peasants)였음을 입증해준다."[55]

60~66년 사이 도시 인구 증가분 중 인구 이동이 차지하는 비중은 41%, 66~70년 기간 동안에 인구 이동이 도시 인구 증가분 중 차지하는 비중은 75.5%였다.[56] 68년 인구 증가율은 13.9%를 기록했는데, 이 증가율은 5년 만에 인구가 두 배로 커진다는 걸 의미하는 것이었다.[57]

한국의 도시화를 주도한 건 서울이었다. 60년대의 10년 동안 전국적인 인구성장률은 연평균 2.3%인 반면 서울의 인구성장률은 연평균 8.2%였다.[58] 66년에서 70년 사이에 서울의 인구증가가 한국 전체 인구

54) 강명구, 〈1960년대 도시발달의 유형과 특징: 발전주의국가의 공간조작〉, 한국정신문화연구원 편, 「1960년대 사회변화연구: 1963~1970」(백산서당, 1999), 65쪽.
55) 강명구, 위의 책, 66쪽.
56) 은기수, 〈한국 인구의 변동〉, 한국사회사학회 엮음, 「한국현대사와 사회변동」(문학과지성사, 1997), 91쪽.
57) 최종헌, 〈도시화와 종주성 문제〉, 임희섭·박길성 공편, 「오늘의 한국사회」(나남, 1993), 289쪽; 김형국, 〈강남의 탄생〉,「황해문화」, 제42호(2004년 봄), 13쪽.
58) 김익기, 〈인구변동과 환경변화〉, 한국인구학회 편, 「인구변화와 삶의 질」(일신사, 1997), 260~261쪽.

증가의 77%를 차지했다. 이 기간의 서울 전체 인구증가 중 81%는 순 인구이동에 의한 것이었다.[59]

1천만 평 강남개발

이런 높은 인구 증가율에 대해 정부가 취한 대응책은 서울을 넓히는 것이었다. 그건 바로 강남 개발이었다. 처음에 강남 개발에 눈독을 들인 건 화신 재벌 박흥식이었다. 그가 남서울 계획안을 만들었고 66년 서울시장 윤치영이 이를 차용해 강남 개발구상을 발표했지만, 민간 주도의 이 안은 성사되지 못했다.[60] 당시에 구상된 '대서울 도시기본계획'은 서울을 3핵(核)으로 만든다는 구상을 담고 있었는데, 3핵은 서울 사대문 안의 기존 도심 핵, 여의도를 포함한 영등포 일대, 그리고 지금의 강남 일대를 가리키는 것이었다.[61]

본격적인 강남 개발의 신호탄은 1967년 4월 29일에 터졌다. 바로 그날 경부고속도로 건설이 박정희의 대선 공약으로 공표 되었던 것이다. 경부고속도로 건설공사의 공식적인 착공일은 68년 12월 1일로 돼 있지만, 서울-오산간의 공사는 그보다 훨씬 앞선 67년 11월부터 시작되었다. 경부고속도로 건설사업이 착수되면서 서울시는 토지보상 없이 도로 용지를 확보하기 위해 강남개발을 추진하게 되었다.

66년 1월 19일에 착공한 제3한강교(한남대교)가 69년 12월 26일에 완공되면서 강남은 서울생활권으로 들어오게 되었다. 제3한강교 기공식 이후 이른바 '말죽거리 신화'로 불리우는 부동산 투기 붐이 일었다. 현양재역 부근을 가리키는 말죽거리의 땅값은 66년 초 평당 200~400원

---

59) 김익기, 〈도시문제〉, 고영복 편, 『현대사회문제』(사회문화연구소, 1991), 57쪽.
60) 조명래, 〈신상류층의 방주(方舟)로서의 강남〉, 『황해문화』, 제42호(2004년 봄), 27쪽.
61) 김형국, 〈강남의 탄생〉, 『황해문화』, 제42호(2004년 봄), 12쪽.

67년 말부터 시작된 경부고속도로는 70년 7월에 개통됐다. 경부고속도로의 도로용지 확보를 위해 강남개발은 추진되었다.

수준이었는데 68년 말부터 평당 6천 원을 넘게 되었고, 이런 땅값 폭등은 강남 전역으로 확산되었다.[62)

당시 강남에 붙여진 이름은 '영동(永東)'이었다. '영동'은 '영등포 동쪽'이라고 해서 붙여진 이름 또는 영등포와 성동구의 중간이기 때문에 붙여진 이름이라는 두 가지 설이 있다.[63) 제3한강교 – 양재동 구간의 428만 평(이후 520만 평으로 확대)이 '영동 제1지구 구획정리사업지구'로 지정된 데 이어 70년엔 삼성동·압구정동·대치동 등을 포함하는 '영동

62) 김형국, 〈강남의 탄생〉, 『황해문화』, 제42호(2004년 봄), 12쪽; 조명래, 〈신상류층의 방주(方舟)로서의 강남〉, 『황해문화』, 제42호(2004년 봄), 29쪽; 손정목, 『서울 도시계획 이야기: 서울 격동의 50년과 나의 증언 ③』(한울, 2003), 153~155쪽.
63) 민동용, 〈강남 어제와 오늘: 8학군…오렌지족…타워팰리스…그리고…〉, 『동아일보』, 2003년 11월 28일, 주말에디션 2면.

제2지구 구획정리사업지구'(365만 평)이 추가 지정되었다. 이로써 여의도의 13배가 넘는 1천만 평의 강남 땅이 공사판으로 바뀌게 되었다.[64)

왜 '복부인'을 탓했나?

영동지구 개발사업에서 사업비 충당용으로 책정된 체비지 가운데 일부 땅은 정치자금용으로 박정희 정권에 제공되었다. 서울시(시장 김현옥)가 정치자금을 마련하기 위해 사들인 대규모 땅이 강남 일대에 있었기 때문에 강남을 개발했다는 설도 있으나, 박정희 정권이 정치 자금을 부동산 투기를 통해 조달한 건 분명한 사실이었다.[65)

정권 차원의 정치자금 조달용 개발이 갈 길은 뻔했다. 오직 '탐욕'의 충족 일변도였다. 강남 그 넓은 지역에 공원이라곤 고작 도산공원 하나뿐이라는 것도 그 점을 잘 말해준다 하겠다.[66) 60년대 말~70년대 초의 한국 사회에서 탐욕 이외에 다른 개발 동력을 찾기는 어려웠을 것이다. 그러나 당시 정부가 주도한 탐욕의 질주엔 브레이크가 없었다.

욕망에 불을 지르는 방법이라고나 할까. 땅값이 하늘 높은 줄 모르고 치솟으면서 강남 개발은 순풍에 돛단 듯이 이루어지기 시작했다. 63년 땅값 수준을 100으로 했을 때 70년에 강남 학동은 2천, 압구정동 2천5백, 신사동 5천이었다. 7년 만에 각각 20배, 25배, 50배로 오른 것이다. 같은 기간 중구 신당동과 용산구 후암동은 각각 10배와 7.5배 상승에 그쳤다.[67)

64) 조명래, 〈신상류층의 방주(方舟)로서의 강남〉, 『황해문화』, 제42호(2004년 봄), 27~28쪽.
65) 김형국, 〈강남의 탄생〉, 『황해문화』, 제42호(2004년 봄), 15쪽; 조명래, 〈신상류층의 방주(方舟)로서의 강남〉, 『황해문화』, 제42호(2004년 봄), 28쪽; 장상환, 〈해방 후 한국자본주의 발전과 부동산투기〉, 『역사비평』, 제66호(2004년 봄), 59쪽.
66) 김형국, 위의 책, 15쪽.
67) 조명래, 위의 책, 29쪽.

손정목에 따르면, "'청와대와 상공부장관이 돈을 내고 서울시 도시계획국장이 하수인으로서 토지를 매점하고 서울특별시장이 땅값 빨리 올라라 깃발을 흔들고 많은 시민이 땅값 올리기에 동참을 했으니' 생각해보면 온 국민의 분통이 터지는 웃지 못할 만화요 연극이었다."[68]

이때 복부인(福婦人)이라는 용어도 나왔는데, 비판의 화살은 투기를 부추긴 정부가 아니라 '아줌마의 탐욕'에 돌려짐으로써 박 정권의 정치자금 조달과 언론을 포함한 가진 자들에 의한 투기판의 영구화 획책을 은폐했다.

남산 개발

박 정권의 개발 열기는 남산도 그대로 놔두질 않았다. 60년대부터 "서울 안에서 반짝거리고 허우대가 큰 것들은 죄다 남산 기슭에 붙박혀 있다는 말이 나올 정도로 각종 시설물들이 들어섰다."[69]

굵직한 것들만 열거해도 62년 케이블카·재향군인회관, 63년 중앙공무원교육원·야외음악당·남산 순환도로, 64년 반공연맹회관, 68년 타워호텔, 69년 어린이회관(준공은 70년)과 외인아파트(준공은 72년) 등이었다. 이에 대해 손정목은 이렇게 말한다.

"인간이라는 것이 얼마나 어리석은 존재인가를 실감한다. 야외음악당 같은 것이 대표적인 예라고 생각한다. 야외음악당은 그 준공 일에도 음악이라는 것이 연주되지 않았다. 그후에도 이곳에서는 심심찮게 관제데모나 구국기도회 같은 것이 열린다 혹은 열렸다는 보도는 접한 일이 있으나 음악회가 개최되었다는 보도는 없었다. …… 야외음악당보다 몇 갑

---

68) 손정목, 『서울 도시계획 이야기: 서울 격동의 50년과 나의 증언 ③』(한울, 2003), 156~157쪽.
69) 심승희, 『서울: 시간을 기억하는 공간』(나노미디어, 2004), 29쪽.

절이나 더 어리석은 짓은 남산에 어린이회관을 지은 일이었다. …… 모든 신문이 사회면 톱기사로 '동심의 궁전, 여기는 우리들 세상, 동양 최대의 어린이회관' 따위의 표제를 달아 대대적으로 보도했다. 독재권력에 대한 충성심 경쟁이었다. …… 그러나 이 건물은 개관 당초부터 어린이회관으로는 부적합하다고 판명되었다. 교통편이 좋지 않았을 뿐 아니라 어린이들이 올라가기에는 너무 힘든 장소였던 것이다."[70]

손정목은 남산 외인아파트는 "인간이 얼마만큼 바보일 수 있는가의 극치를 알려주는 사례 중의 하나일 것"이라고 말한다. 원래 취지는 좋았을 것이다. 공업화로 많은 외국인들이 몰려오는데 그들을 위한 아파트를 지어야 한다는, 수출전쟁의 일환으로 착안된 것이었다. 당시의 주택공사 총재는 군인 출신으로 박정희 측근 중의 한 사람인 장동운이었다. 그는 69년 5월 건설부장관을 제쳐놓고 청와대로 가서 대통령 결재를 받았다. 16, 17층 짜리로 각각 한 동씩 모두 427세대였다. 69년 6월 25일 기공식이 거행되었다.

그런데 왜 하필 남산이었던가? 군사문화 이외엔 달리 설명할 길이 없었다. 손정목에 따르면, "1960년대 후반기, 16, 17층 짜리 고층건물은 종로·중구에도 없었다. 장동운 총재 입장에서는 경부고속도로에서 서울로 들어오면서 바로 바라보이는 남산 언덕에 주택공사가 지은 고층아파트가 자리함으로써 주택공사 아파트가 지닌 우수성, 기술적 우월성을 자랑하고 싶었다. 바로 같은 시기, 김현옥 시장이 시민아파트라는 것을 시내 고지대마다에 짓고 있었다. 높은 곳에 지어야 대통령을 비롯한 많은 사람이 볼 수 있고 칭찬을 받을 수 있다는 발상이었다. 군인 출신 지휘자들이 지닌 현시성 때문에 전시효과가 높은 산 위에 지은 게 시민아파트였고 외인아파트였다."[71]

---

70) 손정목, 『서울 도시계획 이야기: 서울 격동의 50년과 나의 증언 ⑤』(한울, 2003), 248~251쪽.

72년 11월 30일에 준공했을 때 준공식에 참석한 박정희는 흡족해했고, 그런 흡족함은 73년 남산에 하이야트호텔 건설허가로 이어진다.(준공은 78년)

맨땅에 내던져진 빈민들

박 정권은 서울의 인구 폭증에 대응해 강남 개발을 하는 동시에 서울의 판자촌 빈민들을 경기도로 이전시키는 일을 추진했다. 1963년 1월 1일 경기도 광주군 언주면과 대왕면, 시흥군 신동면이 서울로 편입되었는데, 바로 이 지역이 훗날 강남으로 불려지게 되었다. 정부는 서울의 빈민을 수용(추방)하기 위해 68년부터 경기도 광주(73년 성남시로 승격)에 35만 평 규모의 '광주대단지' 건설계획을 추진하였다. 박태순에 따르면,

"소요 자원은 269억 원으로 예상되었다. 문제는 이 막대한 자원의 염출에 있었으니 이때의 유언비어는 김현옥, 양택식 서울시장의 엉뚱한 비화를 전해준다. 이런 내용이었다. 조선시대 어느 임금이 북한산에 올라 시내를 굽어보며 탄식하기를 '저 많은 사람들이 과연 어떻게 먹고사는고?' 하였다. 웃으며 신하가 말하기를 '사람들 10만 명을 모아놓으면 저희들끼리 뜯어먹고 살아들 갑니다' 하였다."[72]

이 유언비어는 놀랍게도 정책으로 그대로 실현되었다. 정부는 69년 5월부터 서울의 청계천 일대를 비롯한 판자촌을 대거 철거하면서 14만5천여 명의 주민들을 광주로 강제 이주시켰는데, 아무런 생계대책을 세워주지 않은 채 그냥 맨 땅에 내던지다시피 했다. 그건 마치 "쓰레기를 내다버리듯 차에 실어다 황무지에 버린 것"과 같은 형국이었다.[73] 이 빈민

71) 손정목, 『서울 도시계획 이야기: 서울 격동의 50년과 나의 증언 ⑤』(한울, 2003), 255쪽.
72) 박태순, 〈분당·일산의 저항과 분노: 무엇을 위한 신도시 건설인가〉, 『사회와 사상』, 1989년 7월, 75쪽.

들은 "굶주리다 못해 말하기조차 끔찍하게 인육을 먹었다는 소문까지 떠돌 정도로"[74] 굶주린 나머지 대대적인 저항에 나섰는데, 그게 바로 71년 8월 10일에 일어난 이른바 '광주 단지 폭동 사건' 이었다.

---

73) 박은숙, 〈도시화의 뒤안길, 달동네 사람들〉, 한국역사연구회, 『우리는 지난 100년 동안 어떻게 살았을까 2: 사람과 사회 이야기』(역사비평사, 1998), 163쪽.
74) 양길승, 〈1970년대-김지하: '오적' 그리고 '타는 목마름으로'〉, 『역사비평』, 제31호(1995년 겨울), 208쪽.

고층건물과 자동차

박정희가 추진하는 '조국 근대화'의 상징 중의 하나는 고층빌딩이었다. 박정희는 높은 걸 유난히 좋아했다. 그래서 관료들도 그 점을 놓치지 않았다. 외인 아파트가 남산에 지어진 것도 그런 이유 때문이었지만, 심지어 시민아파트마저도 자꾸 산으로 올라갔다.

서울시장 김현옥은 69년 400동에 달하는 시민아파트를 주로 높은 산 위에 지었다. 국장과 과장들이 "아파트를 너무 높은 데 지으면 위험하기도 하고 주민이 오르내리는 데도 불편하지 않겠습니까"라고 이견을 제시하자 김현옥은 이렇게 말했다. "야 이 새끼들아, 높은 곳에 지어야 청와대에서 잘 보일 것 아냐."

"야 이 새끼들아"는 박정희 시절 군 출신 행정 책임자들의 관용어였으니 너무 탓할 일은 아니다. 제일 먼저 지은 게 68년 6월 18일에 기공식을 올린 서대문구 현저동의 금화아파트 19개 동이었는데, 당시 청와대 뜰에서 서쪽을 바라보면 금화아파트 119동의 모습이 정면에 바로 들어왔다.[가]

70년 4월 8일 33명의 목숨을 앗아간 와우아파트 붕괴 사건이 일어난 이유 중의 하나도 와우산 중턱, 너무 높은 곳에 지었기 때문이었다.

60년대 전반 서울에서 가장 높은 건물은 소공동에 있던 지상 8층의 반도호텔이었으며, 서울시내에 엘리베이터가 있는 건물은 10여 개에 지나지 않았다.[나] 66년 서울에 6~9층 건물은 총 111개, 10층을 갓 넘은 건물이 18개였다. 그런데 70년에는 6~9층 건물이 487개, 10층 이상 건물이 122개로 늘어났다.[다]

가) 손정목, 『서울 도시계획 이야기: 서울 격동의 50년과 나의 증언 ①』(한울, 2003), 305~306쪽.
나) 손정목, 위의 책, 35쪽.
다) 강명구, 〈1960년대 도시발달의 유형과 특징: 발전주의국가의 공간조작〉, 한국정신문화연구원 편, 『1960년대 사회변화연구: 1963~1970』(백산서당, 1999), 84쪽.

'조국 근대화'의 전시효과를 위한 방편으로 고층건물은 세워졌다. 1969년 4월 서울의 시민 아파트를 방문한 박정희.

고층빌딩은 근대화의 상징이자 실체였다. 그래서 '3선개헌반대 범국민투쟁위원회'가 69년 7월 17일에 발표한 〈역사 앞에 선언한다〉라는 성명도 '고층건물'을 '정권 연장을 위한 전시효과' 중의 하나로 간주하였을 것이다.

70년에 삼일빌딩이 준공되었을 때 전 국민이 자랑스럽게 생각했다. 31층이라고 해서 삼일빌딩이라는 이름을 얻게 된 이 건물은 서울의 명소가 되었다. 서울 구경 온 시골 사람들의 필수 코스가 되었다. '조국 근대화'의 또 다른 상징은 자동차였다. 66년 서울 자동차 수 2만638대에 지나지 않았을 정도로 자동차는 귀한 물건이었다. 그러나 그나마도 서울에만 몰려 있었으니 시골 사람이 서울에 오면 제일 먼저 눈이 휘둥그래지는 게 자동차의 '물결'이었다. 시골에서 고급 서울 자동차를 보는 것도 귀한 눈요기였다. 60년대 말 충남 예산 대회리의 금오국민학교 2학년생이었던 이승호의 회고다.

"그 즈음 서울에서 은행장으로 출세하였던 집안 어른이 그 깡촌을 방문하였습니다. 시골학교에서 영어선생을 하시던 아버지의 병이 깊어져 문안을 오셨던 것이지요. 근데, 그분이 '자가용'을 타고 오신 겁니다! 아, 파리가 앉으면 미끄러질 정도로 반짝이던 그 검은색 승용차는 어찌 그리 아름답고 신기했던지요. 대회리의 주민 93%가 차를 보러 몰려들었습니다. 그 자리에 불참한 7%의 주민은 병으로 누워있는 사람, 외지로 며칠 일보러 나간 사람들이었지요. 93%의 주민들은 차를 둘러싸고 토론을 벌였습니다. 백낙이네 둘째형은 타이어를 꾹꾹 누르면서 '고무신 만들어 신으면 3년은 족히 신을 수 있겠다'는 의견을 개진했으며, 금오상회 할머니는 차 값을 끊임없이 궁금해 하셨습니다. 차에 딸려온 운전기사가 그런 시골 사람들을 가소롭다는 듯이 한번 둘러보고 나서, 소피를 보러가며 제게 내린 특명은 이러했습니다. '야, 너 이 차 아무도 못 만지게 잘 지키고 있어라!' 하하, 졸지에 '완장'을 차게 된 저는, 그리하여 가슴마저 두근거리며 맡은 바 임무를 수행하였지요."[라]

신진자동차는 66년 5월 코로나, 67년 5월 크라운, 68년 8월 퍼플리카 등의 승용차를 내놓았고, 현대자동차는 68년 11월 코티나, 아세아자동차는 70년 4월 피아트를 출고하였다.

라) 이승호, 〈이승호의 옛날 신문 들춰읽기〉, 『문화일보』, 2003년 2월 17일, 20면.

3 · 3 · 35운동

일제 말기에 일제는 "낳아라! 불려라! 길러라!"라는 표어를 내걸고 10명 이상의 자녀를 낳은 가정에 대한 표창식을 거행하며 출산을 장려했었다. 해방 후 이승만 정권도 다산(多産) 여성에 대한 표창을 계속했다.[가]

그러나 61년에 이르러선 가족계획사업이 국가시책으로 채택되었고, 62년부터 실시되었다. 국가시책으로서의 가족계획 사업 채택은 인도와 파키스탄에 이어 한국이 세 번째였다. 해외이주가 국가의 공식정책으로 수립된 것도 62년에 해외이주법이 제정되면서부터였다. 62년 최초로 17가구 92명이 브라질로 농업이민을 떠났다.[나]

가족계획사업은 전국의 모든 군에 보건소가 설치된 65년부터 본격화되었다. 이른바 '3 · 3 · 35운동'이 벌어졌다. "3명의 아이를 3살 터울로 35세 이전에 낳자"라거나 "3살 터울 셋만 낳고 35세 단산하자"는 구호를 내건 운동이었다.

정부의 가족계획사업에 대해 정책결정자, 사업참여자, 인구학자 등은 비관적 전망을 하고 있었다. 한국인의 자식 욕심이 워낙 강하다는 걸 잘 알고 있기 때문이었다. 그런데 의외의 결과가 나타났다. 가족계획사업의 대상자들이 강한 출산 억제의 욕구를 갖고 있었다는 것이 확인되었기 때문이다.

한국의 가족계획 사업은 캠페인의 성공 사례로 국제적으로 자주 거론되지만, 캠페인이 결정적인 이유는 아니었다. 권태환은 "가족계획사업은 성공할 수밖에 없는 환경적 조건에서 태어났고, 그 공헌은 출산력 저하

가) 소현숙, 〈너무 많이 낳아 창피합니다: 가족계획〉, 여성사 연구모임 길밖세상, 『20세기 여성 사건사: 근대 여성교육의 시작에서 사이버 페미니즘까지』(여성신문사, 2001), 175쪽.
나) 김두섭, 〈인구문제〉, 고영복 편, 『현대사회문제』(사회문화연구소, 1991), 404~407쪽.

의 시기를 앞당기고 속도를 촉진한 데 있는 것으로 평가된다"고 말한다.[다]

60년대 후반의 한국인들은 경제환경의 급격한 변화를 겪으면서 이제 더 이상 자식이 재산이 아니라는 걸 깨달았을 것이다. 그러나 아직 '미신'에 대한 집착도 강했다. 66년은 출산율이 낮은 해였는데, 그건 66년은 말띠 해 중에서도 60년 만에 한번 씩 찾아온다는 백말띠 해로 이 해에 태어난 여자는 불행하다는 미신이 퍼져 있었기 때문이었다.[라]

68년부터 행정적 지원 하에 마을 단위로 '가족계획 어머니회'가 조직되었다. 12~15명의 여성들로 구성된 어머니회는 가족계획 요원의 지도를 받았다. 초기에 지도요원들은 마을 할아버지들이 지팡이를 들고 쫓아나와 도망 나오기 일쑤였다고 한다. 이 제도는 실적에 따라 차등 지원을 함으로써 경쟁을 유발시켰다. 초기 회원은 19만여 명이었지만 10년 후엔 조직 수만 2만7천여 개에 회원 수도 약 75만 명으로 증가했다.[마]

60년대 후반 출산률 감소의 주요 이유는 피임, 인공유산, 혼인 연령의 상승 등이었다. 초혼 연령은 1925년 남자 21.1세 여자 16.6세, 1940년 남자 21.8세 여자 17.8세, 1955년 남자 24.7세 여자 20.5세, 1960년 남자 25.4세 여자 21.5세, 1966년 남자 26.7세 여자 22.9세, 1970년 남자 27.2세 여자 23.3세로 변화되었다. 1995년엔 남자 29.4세 여자 26.1세로까지 높아졌다.[바]

박 정권의 인구정책은 성공을 거두긴 했지만 성장 위주의 경제개발 계획의 일환으로 채택된 나머지 적잖은 부작용을 초래했다. 조기 인공임신중절을 출산 억제 수단으로 허용하였기 때문에 인명경시 풍조를 부추겼고, 급격한 출산력 감소로 인구구조가 불안정해졌다.[사]

다) 권태환, 〈출산력 변천의 과정과 의미〉, 권태환 외, 『한국 출산력 변천의 이해』(일신사, 1997), 47쪽.
라) 은기수, 〈한국 인구의 변동〉, 한국사회사학회 엮음, 『한국현대사와 사회변동』(문학과지성사, 1997), 88쪽.
마) 소현숙, 〈너무 많이 낳아 창피합니다: 가족계획〉, 여성사 연구모임 길밖세상, 『20세기 여성 사건사: 근대 여성교육의 시작에서 사이버 페미니즘까지』(여성신문사, 2001), 179~181쪽.
바) 은기수, 〈한국 인구의 변동〉, 한국사회사학회 엮음, 『한국현대사와 사회변동』(문학과지성사, 1997), 89쪽.
사) 홍문식, 〈인구정책의 방향〉, 한국인구학회 편, 『인구변화와 삶의 질』(일신사, 1997), 289~290쪽.

'언론의 타락, 민주주의의 죽음'

『사상계』의 몰락, 여성지의 번영

세상은 달라졌다. 이제 더 이상 『사상계』가 힘을 쓸 수 있는 시대는 아니었다. 『동아일보』 69년 4월 11일자는 〈탈바꿈하는 잡지계〉라는 제목의 기사에서 이렇게 말했다.

"한때 7만 부를 돌파했던 『사상계』는 발행인의 교체를 전후하여 경영난에 봉착, 납본용(納本用)만을 찍어내면서 근근히 명맥을 유지하는 형편. 민권투쟁에 앞장섰던 『사상계』의 쇠퇴는 정치적 절규만으로 독자를 계몽하던 시대가 끝나고 보다 구체적이며 분석적인 내용을 원하는 독자들의 요구를 반영한 것으로 종합지의 앞날에 많은 교훈을 남겼다고 할 수 있다."

이 기사에 대해 발행인 부완혁은 한국신문윤리위원회에 제소하였지만, 한국신문윤리위원회는 "『동아일보』의 기사가 사실을 심히 왜곡했거나 불공정한 논평을 가한 현저한 잘못이 있었다고 할 수 없다"며 부완혁

1965년 1월 함석헌(사진 중앙)과 함께 한 장준하(왼쪽에서 두 번째).

의 제소를 기각했다.[75]

장준하는 세상의 그런 변화를 이해할 수 없었다. 정치적 절규만으로 독자를 계몽하던 시대가 끝났다니, 정치가 과거에 비해 훨씬 더 좋아졌다는 말인가? 아니었다. 정치는 죽어가고 있었다. 변한 게 있다면 먹고사는 문제에 좀 변화가 생겼다는 점이었을 것이다. 그렇다면 과거에 그 많은 독자들이 다 먹고사는 문제 때문에 『사상계』에 열렬한 지지를 보냈단 말인가? 장준하로선 도무지 이해할 수 없는 일이었다. 그는 그런 심경을 1972년에 쓴 〈사상계 수난사〉라는 글에서 이렇게 토로하였다.

"오늘날 생각할 때 나는 자유당 정권 시절에 대해서 한 가지 불가사의가 있다. 뭐냐면 그 시절에 내가 생각하기로는 자유당 정권은 이미 패망한 히틀러의 나치즘이나 무솔리니의 파시즘 또는 일제의 군국주의의 망

75) 정진석, 『한국언론사』(나남, 1990), 239~240쪽.

령이 되살아나지나 않았나 하리만큼 그 독재성과 정치 악이 거의 극에 달해서 결국은 자멸하기에 이른 것이라고 그렇게 확신했던 것인데 우리 『사상계』가 그토록 강력하게 그 정권을 비판·매도하는 것으로 일관하여 왔는데도 그 정권 하에서는 쓰러지지 않고 오히려 번창하여 왔던 것이다. 그런데 『사상계』가 싸워 온 오늘의 정권은 아직도 건재해 있는데도 『사상계』는 벌써 오래 전에 오늘의 정권을 못 이겨 먼저 쓰러져 버렸기 때문에 생각되는 일이다. 독재나 그에 따르는 언론탄압 방법도 세월과 함께 발달하는 것이어서 옛 식의 독재는 이미 골동품 독재에 불과한 것이 되고 말았다는 의미인가."[76]

『사상계』는 몰락해가고, 화려한 여성지들이 각광을 받기 시작했다. 67년 11월 『여성동아』 복간, 69년 11월 『여성중앙』 창간과 함께, 여성지 시장은 기존의 『주부생활』과 『여원』 등과 함께 4파전을 형성하게 되었다.

원초적 본능엔 무제한 자유

박정희 정권은 언론의 정치보도에는 엄격한 통제를 가하였다. 아니 경제보도도 마찬가지였다. 정권에 불리한 내용은 뉴스가 되면 안 되는 일이었다. 아예 경제기사의 취재원인 공무원의 입에 재갈을 물렸다. 60년대 말 이맹희가 직접 목격한 일이다.

"그때는 나도 중앙정보부에 불려 가는 일은 항다반사였는데 하루는 한국은행의 조사부장이라는 사람이 엉뚱하게도 그곳에 불려와 매를 맞고 있었다. 내가 하도 이상해서 '왜 여기에 왔느냐'고 물었더니 그 사람은 자신도 왜 끌려 왔는지 모르겠다는 것이었다. 나중에 알아보니 참으

---

76) 박경수, 『장준하: 민족주의자의 길』(돌베개, 2003), 299쪽.

로 엉뚱한 일로 불려왔다. '그 새끼 아주 나쁜 놈이야. 물가가 올랐다고 발표했어.' 이 말이 당시 권력 핵심부에 있던 사람의 이야기였다. 말하자면 물가가 오르니까 물가가 올랐다고 발표했는데, 그게 마음에 들지 않는다고 발표한 사람을 데려다 몰매를 주던 시절이었다."[77]

그러나 박 정권이 모든 경우에 다 엄격한 통제를 가한 건 아니었다. 정치보다 더욱 원초적인 인간의 욕망에 부응하는 저널리즘 행위에 대해선 거의 무제한의 자유를 허용하고 있었다. 이에 대해 송건호는 다음과 같이 말한다.

"언론자유에 …… 가혹한 권력 당국이 청소년들의 타락을 자극하면서 눈뜨고 차마 읽을 수 없는 저속한 주간지들에 대해서는 거의 무제한이라 할 만큼의 자유를 허용하고 있었다. …… 젊은 세대의 본능을 좀먹어 들어가 그들의 정치적 사상적 의식화를 저지하는 데 어느 정도의 효과가 있는지는 알 수 없으나, 명색이 사회의 공공 · 공익 사업이라 할 언론기관에서 젊은 세대를 타락시키는 문화사업에 앞장서고 있다는 것, 더욱이 이러한 타기 할 저속한 출판이 정부의 기관지라 할 『서울신문』이나 『경향신문』같은 신문사일수록 더욱 심했다는 것은 개탄을 금할 수 없는 일이었다."[78]

69년 6월 10일, 서울 문리대 기독학생회는 교내 4 · 19기념탑 앞에서 섹스물 중심의 일부 주간지를 소각하는 항의 시위를 하면서 "윤리의 방종과 노예화에서 상실된 인간성을 회복하고자 이제 이 조국과 인류를 좀먹는 탈선 매스컴을 불태운다"고 선언하였다.

69년 9월 3일 연세대 총학생회는 언론인들에게 보내는 메시지를 채택해 "외부의 압력이나 제재로 인한 언론의 타락은 바로 민주주의의 죽

77) 이맹희, 『묻어둔 이야기: 이맹희 회상록』(청산, 1993), 228쪽.
78) 송건호, 『한국현대언론사』(삼민사, 1990), 167쪽.

음이므로 언론인들은 다시 한번 냉정한 언론인의 양심과 지성과 용기를 찾아야 한다"고 호소했다.[79]

그러나 언론인 개개인의 양심과 지성과 용기에 호소하기엔 이미 언론계에 그 어떤 구조적 변동이 일어나고 있었다. 신문은 더 이상 자유당 정권 시절의 정론지(政論紙)가 아니었다.

60년대는 신문이 이윤을 추구하는 기업으로서 탈바꿈하기 시작한 기간이었다. 60년대의 경제성장률은 연 평균 8~10%인 반면, 신문 기업의 성장률은 20%에 이르렀다.[80] 61년 한국의 신문 총 부수는 74만 부로 인구 100명당 2.9부 꼴이었으나 65년엔 1백만 부 돌파로 3.9부, 67년에 150만 부 돌파로 5.1부 꼴로 늘어났다. 그러나 당시의 경제개발 전략이 그러했듯이, 신문은 대도시에 집중되었는데 61년 전체 발행부수의 72%가 서울을 비롯한 10개 도시에 집중되었으며 60년대 말 서울과 부산의 신문 구독자수는 전체의 42.6%에 이르렀다.[81]

신문사들의 다각적 경영도 60년대부터 시작되었는데 당시 신문계의 정상을 차지하고 있던 『동아일보』의 경우, 다각적 경영에 의한 수입은 61년 전체 매출액의 4%에 불과했으나 70년에는 29%에 이르렀다. 광고 수입 의존도도 50년대까지는 20~30%에 불과했으나 68년 41%, 70년에는 50%에 육박하게 되었다.[82]

기자의 빈곤

그러나 기자들은 여전히 가난했다. 유력 언론사의 기자라 하더라도,

79) 동아일보사 노동조합, 『동아자유언론실천운동백서』(동아일보사 노동조합, 1989), 22쪽.
80) 송건호, 『한국현대언론사』(삼민사, 1990), 163쪽.
81) 이상철, 『커뮤니케이션발달사』(일지사, 1982), 193쪽.
82) 주동황 · 김해식 · 박용규, 『한국언론사의 이해』(전국언론노동조합연맹, 1997), 121~122쪽.

60년대의 기자는 수십 년 후의 기자와는 달리 경제적으로 풍족한 직업이 아니었다. 춥고 배고픈 직업이었다. 송기동은 60년대 중반 기자들은 '몇 달을 앞당겨 살았던 가불 인생'이었다고 회고한다.

"'제기랄, 빨리도 다가오누면. …… 쳇 …….' 이날 오후만 되면 현관 안팎은 어김없는 시장바닥이 된다. 밀치고 막아서고 고함지르고 삿대질하고……. 월급날 광경인 게다. 외상술값 받으러 온 기세등등한 목청 큰 '여인 부대' 들이라 신문사 앞이 왁자지껄해지는 건 오히려 당연하다. 딱지가 붙어버린 몇몇 '미꾸라지 기자' 들은 25일만 되면 맡은 일만 후닥닥 해치워 놓고는 후문도 없는데 귀신같이 빠져나가 버리고 마니 술집마담들이 직접 편집국에 쳐들어와 담판 짓겠다고 악쓰는 것도 무리는 아니다.…… 이래저래 가불 신세는 못 면하게 짜여져 있다. 월급봉투가 얄팍한 건 그렇다 치더라도 그 봉투에다 '가사에 보태 쓰십시오'라고 박혀있는 글자가 더 약 오르게 했다. '보태 쓰라니 …….' 그러니까 진짜 생활비는 다른 데서 쓱싹하고 거기에다 쥐꼬리 월급을 보태어 생활하라는 말인가. 이 지경이니 25일이 다가서는 게 미치고 속 타는 것이다."[83]

60년대 말에도 형편은 크게 달라지지 않았다. 1969년도 기자협회의 조사에 따르면 중앙 종합일간지 본사 기자의 12.1%(313명), 지방 주재기자의 51%(743명)가 면세점 이하의 급료를 받고 있는 것으로 나타났다. 1969년 11월 2일에 벌어진 『동아일보』 마산 주재기자인 박성원 일가족 자살 사건은 양심적으로 세상 살기가 얼마나 어려운가 하는 걸 웅변해준 사건이었다. 월급 1만7천 원(당시 최저 생계비 2만5천790원)으로 부인과 4남 1녀를 부양하던 박성원은 계속되는 생활고로 가정불화가 잦자 이를 비관해 부인 아들과 함께 음독자살을 하고 말았던 것이다.[84]

---

83) 송기동, 〈몇달을 앞당겨 살았던 가불 인생〉, 『대한언론인회보』, 1992년 5월 31일, 7면.
84) 주동황·김해식·박용규, 『한국언론사의 이해』(전국언론노동조합연맹, 1997), 211~122쪽.

촌지 또는 전직(轉職)

'현명한' 기자들은 촌지를 챙기는 것으로 가계를 꾸려 나갔고, 그 일에 재미를 붙이다가 탐욕스러워지는 기자들도 나타났다. 아니 박 정권이 기자들을 그렇게 길들였다고 봐야 할 것이다.

69년 8월 샌프란시스코에서 열린 박정희와 닉슨의 정상회담 시 워싱턴의 주미 특파원들은 청와대 출입기자들의 촌지에 깜짝 놀랐다. 청와대 출입기자 하나가 책상 위에 펼쳐놓은 수첩을 슬쩍 봤더니 '김성곤 500불' '이후락 500불' 'OOO의원 300불' 식으로 명단이 죽 써 있는데 모두 합쳐 보니 5천 불은 되겠더라는 것이다. 당시로선 상당히 큰돈이었다. 그 돈을 받고 기자들은 청와대 대변인이 불러주는 대로 기사를 써댔다. 아니 스스로 창작까지 했다. 회담장 주변엔 월남전 반대 시위가 요란했는데도, 기자들은 "수많은 시민들이 손에손에 태극기와 성조기를 들고 박 대통령 일행을 열렬히 환영했다"는 거짓 보도까지 했다.[85]

기자들은 육체적 굶주림보다는 탐욕에 굶주려 있었던 건 아니었을까. 문명자는 약을 사기 위해 호텔 지하의 드럭 스토어(약과 화장품 등을 파는 상점)로 내려갔다가 묻지도 않았는데 여점원이 손을 저으며 "팬티호스(여자용 스타킹)와 두바리 콜드 크림은 이제 없다"고 말하는 걸 들었다. 그 사연은 이랬다.

"알고 보니 기자단이 와서 모두 쓸어 간 것이었다. 그들은 호텔 상점만이 아니라 그 주변 상점까지 싹 쓸어 버렸다고 했다. 나중에 팬암항공 직원에게 들으니 이후락 비서실장이 팬암항공에 몇 만 달러를 주고 빌린 박 대통령 전세기가 중량 초과로 예정보다 3시간이 지나도록 뜨지 못하

---

85) 문명자, 〈문명자의 박정희 취재파일 ⑤ 비운의 영부인 육영수: "청와대는 영원한 나의 집이 아니다"〉, 「말」, 1997년 12월, 110~111쪽; 문명자, 「내가 본 박정희와 김대중」(월간 말, 1999), 100~101쪽.

는 소동까지 벌어졌다고 한다. 수행 기자, 경호원 할 것 없이 텔레비전, 냉장고까지 사서 전세기에다 실었기 때문이었다."[86]

그런가하면 어떤 기자들은 아예 정관계로 전직(轉職)을 하였다. 나라를 사랑하는 애국심 하나로 전직을 한 기자가 전혀 없다고 말할 순 없겠지만, 신분이 급상승했던 건 분명한 만큼 그리 떳떳한 일은 아니었다. 이에 대해 김형욱은 회고록에서 이렇게 말한다.

"박정희의 언론에 대한 지나친 방어심리는 비판적인 기자들을 자기 심복으로 끌어들여 그들의 저항정신을 용해시킴으로써 병적 증오를 병적 애정으로 보상받으려는 자기승화로 나타났다. 그래서 한때 날카로운 필봉을 휘두르는 것으로 이름을 떨치던 소장 언론인들 즉 예를 들면『동아일보』의 유혁인, 최영철, 이동복,『한국일보』의 임방현, 임홍빈,『조선일보』의 이종식, 동양통신의 김성진 같은 기자들이 예외 없이 박정희의 다소 병적인 총애와 은혜를 입다가 거의 모조리 변절하여 그에 의해 중용되는 현상이 일어났다. 그래서 세간에서는 진짜 출세를 하려면 야당지 신문사에 들어가 적당히 박정희를 비판하는 것이 지름길이라는 풍자적 출세론이 무성하기도 하였다."[87]

'미원 · 미풍 조미료 광고방송 사건'

1969년 11월 편집인협회 주관으로 열린 매스컴 세미나에서『동아일보』의 편집국장 대리 박권상은 "한국의 언론 기업에는 언론 기관을 공익 기관으로서보다 자기의 정치적 또는 경제적 사유물로 생각하는 경향이 보인다"고 말하고, "우리나라의 3대 통신 모두, 그리고 중앙의 8대 일간

---

86) 문명자,『내가 본 박정희와 김대중』(월간 말, 1999), 102~103쪽.
87) 김경재,『혁명과 우상: 김형욱 회고록 ②』(전예원, 1991), 279쪽.

지 가운데 적어도 3개 신문이 유력한 재벌 소유"라고 지적했다.[88]

재벌 소유의 언론은 무엇이 문제인가? 69년 4월 3일에 일어난 '미원·미풍 조미료 광고방송 사건'이 그 예증을 제시하였다. 미풍 조미료 제조회사인 삼성 계열의 제일제당과 미원 조미료의 제조회사인 미원주식회사가 조미료의 원료인 이노신산 소다를 일본에서 불법적으로 몰래 들여온 게 사건의 발단이었다.

동양방송은 4월 4일 밤 10시 뉴스에서 조미료 밀수사건을 보도하며 미원이 조미료 밀수 혐의로 조사를 받고 있다는 내용만 부풀리고 제일제당의 조미료 밀수사건을 전혀 보도하지 않았다. 게다가 그동안 미원이 광고를 후원하던 프로그램에 더 이상 광고를 내지 못하게 했으며, 『중앙일보』는 밀수사건에 대한 미원의 해명광고 게재를 거부했다. 이에 미원은 4월 5일 『동아일보』 2면에 동양방송의 불공정 보도와 『중앙일보』의 해명 광고 게재 거부에 항의하는 호소문(의견광고)을 실었다.[89]

69년 『조선일보』 사장 방우영은 『중앙일보』 사장 홍진기에게 이렇게 말했다.

"재벌이 자금을 동원해 신문업계를 장악하려고 하니 장사가 본업인지 신문이 본업인지 모르겠다. 중앙이 일등을 하겠다며 물불을 가리지 않고 독주할 때 나오는 부작용과 원망을 어떻게 감수할 것이며, 그것이 삼성에 무슨 도움이 되겠는가."[90]

그러나 『조선일보』는 정치가 본업인지 신문이 본업인지 모를 정도로 다른 방향으로의 출구를 마련했으며, 그건 3선 개헌 지지로 나타나게 된다. 정도의 차이는 있었지만, 『조선일보』와 『중앙일보』만 그런 건 아니었

---

88) 동아일보사 노동조합, 『동아자유언론 실천운동백서』(동아일보사, 1989), 21쪽.
89) 특별취재반, 〈중앙일보 '삼성' 감싸기: "한국비료 사카린밀수 사실과 다르다"〉, 『한겨레』, 2001년 4월 3일, 3면; 주동황·김해식·박용규, 『한국언론사의 이해』(전국언론노동조합연맹, 1997), 99~100쪽.
90) 특별취재반, 위의 글.

다. 박 정권 치하의 언론이 보여준 가장 대표적인 특성은 본업에 충실하지 않은 것이었다.

영화의 쇠락, TV의 성장

1969년: 한국영화의 최전성기

1968년엔 195편의 영화가 제작되었다. 그 해 여름에 개봉된 정소영 감독의 〈미워도 다시 한번〉은 유부남의 아이를 낳은 여인, 두 여인 사이에서 갈등하는 유부남, 그리고 아이를 생부에게 돌려주는 여인의 모성적인 아픔을 그린, 전형적인 멜로영화로 36만 명의 관객을 동원하는 대기록을 세웠다. 이 영화는 이후 6편의 후속 및 아류작을 낳게 된다.[91]

60년대는 배우의 시대였다. 관객은 자신이 좋아하는 스타 위주로 영화를 선택했다. 그래서 주연급 배우들이 동시에 서너 편의 영화에 겹치기 출연하는 것은 예사였고, 신성일은 한때 12편의 영화에 동시 출연하는 기록을 세우기도 했다. 신성일은 해마다 최다 출연 기록을 갱신해 나갔는데, 62년 5편, 63년 22편, 65년 38편(총 제작 161편), 67년엔 65편

---

91) 조선희, 〈눈물의 바다에 빠뜨려라〉, 『씨네21』, 1998년 2월 24일, 31면.

〈미워도 다시한번〉의 포스터.

(총 제작 185편)을 기록했다.[92]

　　여자 배우들은 김지미·엄앵란·최은희·태현실 이후 문희(1965년 『흑맥』으로 데뷔), 남정임(1966년 『유정』으로 데뷔), 윤정희(1967년 『청춘극장』으로 데뷔) 등의 3명으로 이른바 '트로이카 체제'가 구축되었다. 69년 9월 한 달 동안 한 일간지 광고 면에 실린 한국영화(재개봉관 상영작

---

92) 김종원·정중헌, 『우리 영화 100년』(현암사, 2001), 305쪽; 백은하, 〈「검사와 여선생」에서 「내 마음의 풍금」까지, 배우 박광진의 단역인생 50년-내일은 내일의 해가 뜨겠지〉, 『씨네21』, 2001년 3월 20일, 46면.

포함) 15편 중 12편이 트로이카의 몫이었다.[93]

1969년엔 229편의 영화가 제작되었다. 70년엔 231편이 제작되었지만, 관객 동원에선 69년이 한국영화사상 최고조를 이룬 해였다. 한국영화는 이후 내리막길을 걷게 된다. 텔레비전 때문이었다. 영화 관객은 69년 1억9천400만 명으로 최고 기록을 수립한 이후 매년 평균 13%씩 감소하게 된다. 71년에 1억5천만 명, 73년에 1억1천만 명, 75년에 7천800만 명, 77년에 6천500만 명, 그리고 90년엔 5천300만 명 수준으로 떨어진다. 1969년에 한국 국민은 1인당 1년에 극장을 6번이나 갔지만 이 수치는 78년에 2번, 84년 이후 1번으로 줄게 된다.

전자산업 육성, MBC-TV 개국

1966년 정부는 전자산업을 수출육성산업으로 지정하여 재정적인 지원과 함께 면세 혜택을 주었다. 박정희는 67년 1월 17일 연두교서에서 "전자공업 발전과 …… 국산화 개발에도 힘쓸 것"이라고 언급했다. 1968년부터는 텔레비전 수상기의 국내 조립생산이 가능해졌다. 정부는 1969년엔 전자산업육성법을 공포하여 전자산업 지원에 박차를 가하였다.

1969년 8월 8일 MBC-TV가 개국하였다. 이후 MBC는 계속 지방국을 개국함으로써 1971년 4월에 이르러 전국 네트워크를 형성하게 되었으며, 6월엔 7대 재벌이 주요 주주로 참여하는 적극적인 상업방송으로 변모하여 TBC-TV와 치열한 경쟁을 벌이게 되었다.

그렇게 방송사들이 치열한 경쟁을 벌이면서 전자산업이 TV 수상기를 양산해 내는 가운데 수상기의 보급은 1966년에 4만3천여 대에 이르던

---

93) 이영진, 〈한가위 흥행 40년사-보따리 풀어라, 대목에 한몫 보자〉, 『씨네21』, 2001년 10월 9일, 88면; 김재범, 〈다큐멘터리로 엮은 한국영화 발자취〉, 『TV저널』, 1992년 10월 30일, 47면.

것이 67년에 7만3천여 대, 68년에 11만8천여 대, 69년에 22만3천여 대, 70년에 37만9천여 대에 이르게 되었다. 이 통계는 공식적으로 집계된 것이라 실제론 그 이상 보급되었을 것이다. 1970년 서울의 TV 보급률은 30% 선을 넘었다는 기록도 있다.[94]

TV는 많은 영화 관객을 안방에 주저앉혔다. 특히 일일연속극이 큰 기여를 했다. 일일연속극은 64년 TBC 개국 프로그램 〈눈이 나리는데〉가 최초였지만 실패했고, MBC가 69년 개국하면서 다시 시도해 성공을 거두어 다른 채널들에도 파급되었다. 오명환은 텔레비전 보급과 일일극 인기와의 함수관계를 주장한다. 전년 대비 수상기 증가율이 가장 현저했던 69년(89.2%), 70년(69.7%), 71년(62.4%) 3년 간은 일일연속극의 인기상승률이 가장 높았다는 것이다.[95]

임종수는 다른 가전제품과는 달리 지붕 위로 솟아나 있는 텔레비전 안테나는 그 집안의 경제적 수준은 물론이고 문화적 근대화의 수준을 가늠하는 척도였기 때문에 텔레비전 구매는 다른 어느 것보다 급한 일이었다고 말한다. 당시 텔레비전은 '상류층 스테이터스의 심볼'이자 '좀도둑을 끌어들이는 불안한 재산'이라는 문화적 상징물이었다는 것이다.[96]

텔레비전 안테나는 70년대까지도 '번영과 문명화'를 상징하는 것으로서 "그것은 무당 집의 백기(白旗)와는 이질적인 새 힘의 다스림을 의미하는 것이었다."[97]

텔레비전은 특히 어린이들에게 마력적인 것이었기 때문에 텔레비전 수상기 소유 여부는 부모의 능력과 관련해 중요한 의미를 갖는 것이었

94) 정순일, 『한국방송의 어제와 오늘: 체험적 방송 현대사』(나남, 1991), 182쪽.
95) 임종수, 〈1960~70년대 텔레비전 붐 현상과 텔레비전 도입의 맥락〉, 『한국언론학보』, 48권2호(2004년 4월), 86쪽에서 재인용.
96) 임종수, 위의 책, 97쪽. 그래서 텔레비전과 관련된 범죄가 많았다. 고가품인데다 안테나가 있어 소유 여부를 알려주기 때문에 손쉬운 목표가 되었을 것이다. 한동안 텔레비전 전문 절도단이 극성을 부렸다.
97) 강인숙, 『박완서 소설에 나타난 도시와 모성: 강인숙 문학평론집』(둥지, 1997), 125쪽.

다. 무리해서라도 텔레비전 수상기를 구매했을 가능성이 높았다는 것이다.

만화방과 TV

대형 이벤트들은 텔레비전의 매력을 더욱 돋보이게 만들었다. 60년대 후반 가장 큰 TV 이벤트는 인간의 달 착륙이었다. 1969년 7월 16일 미국은 인류 역사상 최초로 아폴로 11호를 발사하여 인간을 달에 착륙시키는 데에 성공하였는데, 당시 한국 TV의 중계 경로는 매우 복잡했다. 화면은 미국의 케이프케네디 발사 현장에서 미국 ABC-TV가 인공위성 인털새트 2호에 쏘아 올렸고, 이것을 일본의 NHK가 지구국에서 받아 전국에 중계하는 한편 한국을 위해 대마도에서 마이크로웨이브로 보내 주었다. 이것을 부산 금련산에서 받아 서울에 보내 다시 전국 텔레비전 망을 통해 방송하는 방식을 채택했던 것이다. 금산 지구국이 준공된 건 1970년 6월 2일이었다.[98]

미국 공보원은 남산 야외음악당에 대형 TV 스크린을 설치해, 17일엔 생중계, 22일엔 녹화중계로 두 번에 걸쳐 보여 주었다. 가랑비 내리는 남산엔 각각 5만, 10만의 인파가 몰려들었다. 이때에 텔레비전 구경을 위해 관광객을 싣고 가던 버스가 전복되는 사고가 벌어지기도 했다.[99]

TV는 만화방이 꼭 갖춰야 할 필수 품목이었다. 만화방이 가장 번성했던 시기는 1970년 전후로 이때 전국의 만화방은 약 1만8천 개였다. 60년대 서울에서 만화방을 운영했던 박봉희의 회고다.

"낮에 만화방을 찾았던 고객에게 비표(딱지)를 나눠주어 저녁시간대

98) 노정팔, 『한국방송과 50년』(나남, 1995), 466쪽.
99) 임종수, 〈1960~70년대 텔레비전 붐 현상과 텔레비전 도입의 맥락〉, 『한국언론학보』, 48권 2호(2004년 4월), 92~93쪽.

TV 방영의 관람권을 대신했다. TV 방영 시간이면 의자를 치우고, 수상기 앞에다 멍석을 깔아 관람객들이 앉아서 시청하도록 했다. 이때 수상기를 더 잘 보려고 고개를 번쩍 치켜드는 사람이 많아, 이를 방지하기 위해 길다란 막대기로 휘휘 허공을 내질렀다. 만화방의 저녁시간대 TV 방영은 동네 어린이는 물론 성인들에게도 인기가 대단했다. 사람들이 몰려서 즐겁게 TV를 볼 때면 간혹 동네 파출소의 경찰들이 찾아와 '공연윤리법'에 저촉된다며 으름장을 놓고 가는 등 웃지 못할 일들도 벌어지곤 했다."[100]

TV 광고의 발전

1968년 코카콜라, 1969년 펩시콜라의 한국 상륙은 TV광고에 큰 영향을 미쳤다. 69년 1월에 설립된 광고대행사 만보사도 코카콜라로부터 영향을 받은 것이었다.[101] 신인섭은 코카콜라 광고는 한국 광고계에 일대 혁신을 일으켰다고 말한다.

"그 근본이 된 것은 서구에서는 지극히 당연하나 한국에서는 예외적이라 할 수 있던 광고대행사의 이용이었다. 거의 모든 광고주 회사가 자사에 광고부서를 두고 광고를 직접하던 이 무렵에 코카콜라는 만보사를 광고대행사로 씀으로써 근대적인 광고제도를 이 나라에 토착화시키는 사례를 남겼다. 또한, 미리 연구·조사해서 정한 컨셉트에 따라 일년 동안 동일 테마를 가지고 계절에 따라 표현을 바꾸어가며 캠페인을 전개했다. 전 매체를 동원해서 통일된 표현을 썼으며, 따라서, 상황이 허락하는 한 인쇄, 전파 및 기타 매체의 광고제작이 동시에 이루어졌으며, 또한 막

---

100) 손상익, 『한국만화통사 하(下): 1945년 이후』(시공사, 1998), 209쪽.
101) 만보사는 OB맥주 사장 박용곤이 동아방송 이사 김상기, 동양방송 사장 김덕보 등과 함께 차린 광고대행사였다.(훗날의 오리콤)

대한 제작비를 투입했다. 이러한 제작방법은 그 당시 한국에서는 드물게 보는 것이었는데, 사실상 길게 보아 오히려 제작비를 절감하는 것이기도 했다. 제작을 위해서는 국내 톱 클라스의 크리에이터를 동원했는데, 스틸 사진에는 김한용, 작 · 편곡에 최창권, 노래에 조영남을 썼다. 'It's the real thing' 이란 코카콜라 캠페인은 '산뜻한 그 맛, 오직 그것뿐' 으로 옮겼으며, 1970년대에 한국에서 가장 널리 알려졌고, 성공했으며, 가장 장수한 광고가 되었다."[102]

---

102) 신인섭, 『한국광고발달사』(일조각, 1992), 326쪽.

클리프 리처드와 스타킹 광고

69년 10월 클리프 리처드 내한공연은 기성세대를 경악시켰다. 리처드는 시민회관과 이화여대에서 두 차례 공연를 가졌는데, 이화여대 공연이 문제였다. 여대생과 여고생들이 괴성을 지르며 손수건과 속옷을 무대 위로 던져댄 것이 당시의 기성세대에겐 충격으로 다가온 것이다.[가]

어줍잖은 '민족주의'에다 '남성 쇼비니즘'까지 가세해 특히 이화여대생들을 비난하는 목소리가 높았다. 무대 위로 던진 것이 속옷 중에서도 과연 무엇이었으며, 몇 개나 되었는가를 놓고 온갖 유언비어도 난무했다. 이때의 소동과 애국적인 한국 남성들의 반발 때문에 71년엔 리처드의 국내 공연 허가가 나오지 않았다.

이 파동은 당시 스타킹 광고로 나설 모델을 구할 수 없을 정도로 문화적 보수성이 심했다는 걸 감안할 때에 비로소 이해될 수 있을 것이다. 남영나이론 사장 남상수는 60년대 말 광고대행사 만보사와 계약을 맺고 브래지어와 스타킹의 광고 제작을 맡겼는데, 속옷 모델을 구할 수가 없어서 광고제작에 상당한 어려움을 겪었다고 말한다.

"당시만 해도 여성 의류 모델 자체가 거의 없었다. 하물며 속옷 모델은 더더욱 찾기 어려웠다. 동방예의지국에서 여성이 아슬아슬한 속옷만 걸치고 사진을 찍는다는 것은 상상조차 할 수 없는 '사건'이었다. 브래지어를 찍으려면 가슴 부위가 노출될 수밖에 없으니 그렇다 치더라도, 스타킹 모델은 다리만 나오게 찍는데도 꺼려했을 정도니 지금 생각하면 격세지감이 크다. 모델이 없으니 그림을 그릴 수밖에 없었다. 그래서 미술전문가에게 의뢰해 일러스트 기법으로 브래지어와 스타킹을 착용한

가) 선성원, 『8군쇼에서 랩까지』(아름출판사, 1993), 118쪽.

모델을 구하지 못해 그림으로 대신한 60년대 말의 여성 속옷과 스타킹 광고. 당시의 문화적 보수성을 엿볼 수 있다.

모습을 그려 광고를 내보냈다."[나]

격세지감(隔世之感)이라고나 할까? 오늘날과 비교할 때에 놀라울 정도의 문화적 격차는 연예저널리즘의 경우에도 마찬가지였다. 60년대 말의 연예저널리즘에 대해 최희준은 이렇게 회고한다.

"당시 연예계 소식은 주로 월간 오락지를 중심으로 소통됐다. 『아리랑』『명랑』『야담과 실화』『로맨스』『사랑』 등. 좀 있다가 『주간한국』『선데이 서울』로 자리바꿈을 하지만, 꽤 오랫동안 이런 잡지가 연예소식을

나) 남상수, 〈남기고 싶은 이야기들: "속옷 모델 못한다"〉, 『중앙일보』, 2002년 6월 7일, 19면.

전담하다시피 했다. 잡지 화보 촬영에는 일종의 공식이 있었다. 가요계와 영화계의 스타를 둘 셋 넷으로 묶어 찍는 단체 사진 말이다. 독사진은 드물었다. 이 통에 나는 문희·윤정희·남정임·홍세미·고은아·전양자 등 은막의 스타들과 많은 화보를 찍었다. 문희·윤정희·남정임은 '은막의 트로이카'로 인기가 대단했다. '귀를 빌립시다'라는 타이틀로 윤정희와 찍은 사진 설명의 한 대목은 이랬다. '정희 씨. 아, 아름답습니다.' '아이 참 희준 씨도. 난 또 맛있는 것 사준다는 줄 알았어요.' '무얼 잘 먹습니까.' '저야 물론 아이스크림이죠. 희준 씨, 오늘 아흔아홉 개만 사주세요.' '야, 정희 씨도 대식가인가 봐.' '호호호.'"[다]

60년대 말의 대중문화는 변화의 과도기였다. 이영미는 70년대의 청년문화는 1968년경부터 시작되었다고 말한다. 68년은 대중적인 포크 듀엣 트윈폴리오, 비판적인 포크의 대표주자 한대수가 활동을 시작한 해이며, 신중현이 펄시스터즈를 통해 〈커피 한잔〉과 〈님아〉로 본격적인 인기를 얻은 시기였다는 점에서 그렇게 볼 수 있다는 것이다.[라]

69년에 나온 신중현 작사·작곡, 박인수 노래 〈봄비〉는 과거와는 다른 새로운 감성으로 많은 젊은이들을 매료시켰다.

다) 최희준, 〈남기고 싶은 이야기들/인생은 나그네길: 연예인 화보 촬영〉, 『중앙일보』, 2002년 8월 26일, 21면.
라) 이영미, 『한국 대중가요사』(시공사, 1998), 187쪽.

약육강식(弱肉强食): 하이에나와 독수리

부패를 단속하면 행정이 마비되는 나라

앞서 지적했듯이, 1965년부터 공화당 재정위원장을 맡은 김성곤은 박 정희의 지시에 따라 정부가 발주하는 사업에선 무조건 10%를 떼어내 정 치자금을 조성하였다. 당시의 전반적인 부패 수준에 비추어 보면 10%는 매우 낮은 수준의 뇌물이었다. 그래서 재벌들은 10%를 뜯기면서도 고마 워하면서 "앞으로 이런 기회를 자주 달라"고 애원하였던 것이다.[103]

대통령부터 부정부패를 천연덕스럽게 해대는데, 공무원들이라고 가 만있을 리는 만무했다. 박정희는 공무원의 부정부패가 너무 극심하다는 걸 알았던지 67년 중앙정보부에게 부정부패 단속 지시를 내린 적이 있었 다. 그래서 중앙정보부가 부정부패 단속에 뛰어들었는데, 그 일을 계속

103) 우종창, 〈"중정 신분증에 권총 차고 정치자금 날랐다": '박정희 정치자금 창구' 성곡 김성곤씨의 비서 '미 스터 리' … 24년만의 고백〉, 『주간조선』, 1995년 5월 4일, 42~46면; 조용중, 〈1971년 '10.2 항명파동' 의 전말: 대정객 김성곤, 박정희에 항명하다!〉, 『월간조선』, 1995년 4월, 673쪽.

할 수가 없었다. 부패 공무원이 워낙 많아 행정과 치안이 마비될 지경에 이르렀기 때문이었다.[104]

67년 미군 군납에서 발생하는 한인 업자들간의 덤핑을 조정하기 위한 업무를 맡았던 중앙정보부 감찰실장 방준모는 그 일에서 발생하는 온갖 부패의 악취를 맡으면서 이런 결론을 내렸다. "빽과 돈, 힘을 쥔 자들만 이 살아남는 풍토였다."[105]

도로 공사비의 30~40%는 뇌물

당시 이병철의 장남으로 경제계에서 맹활약을 하던 이맹희의 증언이 다.

"내가 다른 사람들과 함께 차를 타고 가다가 '우리나라의 대부분 도로 가 공사비 중 30~40%의 돈은 엉뚱한 데로 흘러가고 건설비의 60~ 70%로 지은 것이다'라고 하면 아무도 내 말을 믿지 않으려 한다. 그러나 불행히도 그것은 사실이었다."[106]

이맹희는 삼성전자를 만드는 데에 들어간 뇌물만 5억 원이었으며, 당 시엔 뇌물을 바칠 줄을 찾는 데에도 뇌물이 필요했다고 말한다.

"당시는 어느 기업이나 모두 공장의 건설이나 외자(차관) 도입에 연관 되어 정부나, 혹은 박 대통령에게 적절한 대가(?)를 전해야 했다. 삼성전 자를 설립할 당시 내 기억으로는 5억 원을 주었던 것 같다. 이 액수는 당 시 차관액의 약 3%에 해당하는 돈이었다. 그래도 내 경우에는 삼성전자 를 설립할 무렵, 박 대통령과 적절한 라인이 있어서 비교적 액수가 적었

104) 문일석, 『KCIA 비록(秘錄)-X파일 2: 중앙정보부 전 감찰실장 방준모 전격증언』(한솔미디어, 1996), 59
~70쪽.
105) 문일석, 위의 책, 199, 244쪽.
106) 이맹희, 『하고싶은 이야기: 이맹희 경제단상』(청산, 1993), 168쪽.

던 셈이었다."[107]

기업인의 능력은 줄을 짧게 만들 수 있느냐에 달려 있었다. 줄이 다단계로 길어지다 보면 망하기 십상이었다

"을이라는 회사가 있었다. 종이 관련 회사였다. 처음 공장을 설립하면서 이 회사는 정치자금을 너무 많이 냈다. …… 이 회사가 상납한 자금은 자신들이 제공받은 차관의 무려 20%에 달하는 정도였다. 박 대통령에게는 5%밖에 전달되지 않았지만 나머지 15%는 박 대통령에게 전달되기까지 이른바 '줄 찾는데' 들어간 돈이다. 물론 권력 측근의 사람들이 나눠가졌을 것이다. 이렇게 많은 돈을 낭비하고서 회사가 정상적으로 운영될 수는 없었다. 결국 오래지 않아 망했고, 그 회사는 다른 기업의 손으로 넘어갔다."[108]

그 줄의 상층부에 속하는 권력자들이 점잖게 앉아서 기다리기만 한 것은 아니었다. 약점이 있는 기업에겐 적극적으로 달려들어 돈을 뜯어내기도 했다. 그건 박 정권 내부의 권력 투쟁이기도 했다. 권력자들 사이에서 영역 다툼이 벌어지기도 했고, 누구에겐 얼마를 주었는데 난 왜 이것밖에 안 주느냐고 협박해 더 뜯어내기도 했다. '조폭'의 행태와 크게 다를 바 없었다.

이맹희는 66년의 한국비료 사건 시 삼성이 박 정권의 그런 내부 권력(이권) 투쟁에까지 휘말려 들어 곤욕을 치렀다고 주장했다. 그 전에는 박정희의 눈치를 보느라 꼼짝 못하던 자들이 이젠 박정희와의 줄이 끊어졌다 싶으니까 삼성에게 정치자금을 내놓으라며 험상궂게 생긴 손을 내밀더라는 것이다.[109]

107) 이맹희, 『하고싶은 이야기: 이맹희 경제단상』(청산, 1993), 162쪽.
108) 이맹희, 위의 책, 163쪽.
109) 이맹희, 『묻어둔 이야기: 이맹희 회상록』(청산, 1993), 140쪽.

개발독재 체제는 '동물의 왕국'

박 정권의 부정부패 잔치판의 상당 부분은 이미 박정희의 통제권 밖에 있었거나 박정희는 자신에게 도전하지 않는 한 그걸 모른 척했다. 약육강식(弱肉强食)은 시대 정신이었다. 박정희의 개발독재 체제는 '동물의 왕국'을 방불케 했다. 사자가 식사하기를 기다리는 하이에나와 독수리 떼들의 모습은 아프리카에서만 볼 수 있는 건 아니었다.

하이에나와 독수리 떼의 정신은 사회 전 분야로 확산되었다. 위에서 먹는데 왜 나라고 못 먹느냐는 '평등 정신'의 발로였을까? 그래서 전문적으로 줄을 팔러 다니는 장사꾼들도 생겨났다. 줄이 있으면 안 당하지만, 줄이 있더라도 돈은 꼭 필요했다. 돈독이 오른 사람들이 권력을 주무르고 있었기 때문이다.

"경제는 당연히 대통령이 마음대로 주무르는 것으로 생각하고 아랫사람들은 대통령과의 물리적 거리가 가까우면 얼마든지 부정한 짓을 할 수 있는 것으로 생각했다. 경제인들 역시 박 대통령에게 최소한 밉게 보이지 않아야 살아 남을 수 있었으니 심지어는 '대통령에게 말을 잘 해줄 터이니 돈을 달라'고 뻐기는 사람들도 있었을 정도였다. …… 친구로서 오랫동안 사귀었던 정 아무개 장관도 나와 경북중학교 동기로 어린 시절부터 무척 친했음에도 불구하고 내가 미국에 출장을 가 있는 사이, 삼성에 와서 일방적으로 돈을 뜯어가곤 했으니 모두가 제정신이 아닌 것같이 살아가던 시절이었다."[110]

제정신이 아닌 게 아니라, 그게 바로 시대정신이었다. 삼성도 바로 그 정신으로 한국 제1의 재벌로 성장하게 된다. 그 시대정신에 부응치 못한 이맹희가 나중에 아버지로부터 쫓겨난 건 당연한 일이었는지도 모른다.

---

110) 이맹희, 「묻어둔 이야기: 이맹희 회상록」(청산, 1993), 228쪽.

안국화재에 세무감사가 들어왔다. 국세청 세무감사가 아니라 청와대 세무감사였다. 아무리 뒤져도 비리가 안 나왔다. 그러자 답답해진 청와대 직원들이 사장 이맹희에게 이렇게 말했다.

"이대로 우리가 돌아가면 청와대에서는 야단이 납니다. 그리고 비리가 발견되지 않은 것은 우리 능력이 부족해서라고 생각하고, 또 다른 팀을 보낼 겁니다. 안국화재의 입장으로서는 그들이 새로 감사를 한다 해도 새롭게 밝혀질 비리는 없습니다. 그러나 새로 감사를 받게 되면, 업무상의 지장도 많고 또 퍽 불편할 겁니다. 그러니 비리를 얼마간 있는 것으로 서류를 만듭시다. 그러면 위에서도 인정을 하고 그냥 지나갈 겁니다."

안국화재는 그 제의를 받아들일 수밖에 없었다. 그래서 청와대 감사팀과 협의를 해서 600만 원 정도의 비리가 있었던 것으로 서류를 조작했다. 그리고 300%에 해당하는 벌금 1천800만 원을 냈다. 그런데 그게 끝이 아니었다. 이맹희에 따르면,

"재미있는 것은 이때도 감사 나온 직원들에게 뇌물이 건너갔다는 것이다. 처음 3명과 나중의 12명에게 각각 100만 원씩 모두 1천500만 원을 주었다. 박 정권 하에서는 모든 일이 이런 식이었다. 기업의 자율도, 정당한 이윤 추구와 자본주의의 기본 원리도 지켜지지 않았다."[111]

정치자금 징수 경쟁

박 정권 하에서 정치자금 징수는 공화당 재정위원장만의 몫은 아니었다. 힘을 쓸 수 있는 모든 권력자들이 다 동원되었다.

69년 하반기 어느 날 부총리 겸 경제기획원장관 김학렬은 현대건설(정주영), 대림산업(이재준), 극동건설(김용산), 삼부토건(조정건), 동아건

---

111) 이맹희, 『하고싶은 이야기: 이맹희 경제단상』(청산, 1993), 166쪽

설(최준문)의 사장 5명에게 소집 명령을 내렸다. 이유는 간단했다. 3선 개헌과, 71년의 대선과 총선을 위해 돈을 내놓으라는 것이었다.

이들은 "우리는 공사를 수주할 때마다 공화당 재정위원장에게 정치자금을 상납하고 있다. 그런데 경제기획원장관이 또 정치자금을 상납하라는 것은 사리에 맞지 않는 일이다"고 반발했다. 그러나 김학렬이 그렇게 경우가 없는 사람이 아니었다. 김학렬은 정치자금을 내는 대가로 '잠실 공유수면 매립공사'라는 카드를 제시했다. 잠실섬의 남쪽 흐름을 막아 육지와 연결시키고 북쪽에 제방을 쌓으면 섬은 없어지는 대신에 엄청난 양의 택지가 조성되는데, 그걸 주겠다는 것이었다. 그건 엄청난 이권이었다. "진작 그 이야기부터 할 것이지!" 아마도 그렇게 말했을 성싶다. 사장들은 선뜻 그 제의를 받아들이면서 김학렬이 요구한 정치자금을 냈다.[112]

손정목은 이 사실을 안 서울시장 김현옥이 노발대발했다고 말한다.

"김 시장의 입장에서는 잠실섬 공유수면 매립면허는 서울시장의 권한이었고, 정치자금을 수합해서 윗분에게 상납하는 일도 자신에 의해서 이루어져야 했다는 강한 인식이 있었다. …… 잠실공유수면 매립면허를 둘러싼 김학렬·김현옥 간의 알력은 김현옥 시장이 그 자리를 물러남으로써 결말이 났다. 1970년 4월 8일 마포구 와우산 허리에 지은 시민아파트 한 동이 무너져 사망 33명, 부상 40명이라는 사건이 일어나 김현옥 시장이 시장 자리를 물러났던 것이다."[113]

실력자들 사이의 정치자금 징수 경쟁이었다고나 할까?

박정희의 금권(金權) 정치

박정희 정권은 무력에 의해서만 유지되었던 건 아니었다. 무력 못지

---

112) 손정목, 『서울 도시계획 이야기: 서울 격동의 50년과 나의 증언 ③』(한울, 2003), 188~189쪽.
113) 손정목, 위의 책, 190~191쪽.

않게 중요한 건 금권(金權)이었다. 박정희는 엘리트층 인사들에게 아낌없이 돈을 씀으로써 그들을 자신의 지지자로 만들거나 적어도 저항만은 하지 않게끔 하였고, 이는 큰 성공을 거두었다. 그런 돈질은 엘리트층 내부에선 '불우이웃 돕기' 수준의 선행(善行)으로 여겨지거나 박정희의 인정(人情)과 도량을 말해주는 것으로 여겨지기도 했으니, 이보다 더 좋을 순 없는 일이었다.

훗날 박정희 옹호에 열을 올리는 사람들이 거의 대부분 박정희로부터 개인적으로 큰 은혜를 입은 사람들이라는 것이 이 점을 잘 말해준다 하겠다. 박정희는 바로 그런 목적을 위해서도 거액의 정치자금을 절실히 필요로 하였던 것이다.

박정희는 숙청된 쿠데타 동지들에게도 생활비를 대주었으며, 야당 인사들에게도 격려금을 주었다. 푼돈이 아니었다. 박정희를 다시 보게 만들 수 있을 만큼 큰돈이었다. 박정희가 돈으로 수많은 사람들을 구워삶았다는 걸 말해주는 수많은 증언들이 있다.

이맹희의 증언이다.

"내가 직접 본 것으로도 박 대통령은 장군들이 청와대로 인사를 하러 오거나, 혹은 자신이 직접 군부대를 방문하면 늘 '서울에서 양옥 한 채 살 수 있을 정도의 돈'을 주었다. 이런 관행은 비단 대통령과 장성들 사이에만 있었던 것은 아니고, 그 하급의 청와대 경호실장이나 중정부장, 각급 정치인들도 그 대열에 끼어 들었다. 어느 경우에는 주는 입장에서 받는 입장으로 처지가 변하는 일도 있었지만 대부분 그런 고리 속에서 생활을 했다."[114]

이경남은 이렇게 말한다.

"국가 원수로서 그늘진 구석의 불우한 사람이나 품위 유지가 소망스

---

114) 이맹희, 『하고싶은 이야기: 이맹희 경제단상』(청산, 1993), 169쪽.

러운 사람들에게 '온정의 봉투'를 쥐어주는 것은 있어 마땅한 일이다.
그러나 박 대통령의 촌지봉투는 용인술의 한 수단으로서 마법처럼 활용
되었으므로 부도덕한 매수행위라는 지탄에서 면죄될 수 없는 일이다. 소
위 대통령 하사금이니 격려금이니 하는 봉투들이 수백만 원, 수천만 원
씩 두터웠고 그것을 받아든 수혜자들은 눈물을 찔끔거리면서 감읍에 겨
운 충성을 다짐하였으니, 그 자금의 출처는 어디였으며 예산 회계 범위
밖에서 자행되는 '돈질'을 어떻게 합리화할 수 있단 말인가."[115]

박정희의 돈 주는 버릇 때문에 인사(人事)를 점치는 이상한 일까지 벌
어졌다. 박정희는 장관을 그만 둔 사람들에게도 돈을 주었는데, 적게 받
은 사람은 웃지만 많이 받은 사람은 울상을 지었다. 돈을 많이 받은 사람
은 박정희가 이제 자신을 더 기용할 뜻이 없다는 것으로 해석하였다.[116]

7년 간 땅값 14배 폭등

60년대 후반의 부정부패에 대해 고개를 설레설레 흔드는 이맹희는
"이 시절 한국 경제는 속으로 골병이 들대로 들어 있었다"고 말한다.

"박 대통령이 한국 근대화의 공로자라고 하는 말을 내가 부정하는 것
은 바로 이런 점 때문이다. 언젠가는 청와대 내의 야당이라고 불리던 육
영수 여사가 어느 부정 사건을 듣고는 '이렇게 부정을 하는데도 예전에
비하면 살기가 좋아졌다는 이야기가 들리니 도무지 이해가 되지 않는다'
고 할 정도였다. 그러나 내부적으로는 썩을 대로 썩어 있었으니 그 당시
그런 경제체제 하에서 우리가 수출을 할 수 있었다는 것이 지금도 불가
사의한 일로 여겨진다."[117]

---

115) 이경남, 〈철혈대통령 박정희 재평가〉, 『월간중앙』, 1992년 10월, 285쪽.
116) 손정목, 『서울 도시계획 이야기: 서울 격동의 50년과 나의 증언 ④』(한울, 2003), 95~96쪽.
117) 이맹희, 『하고싶은 이야기: 이맹희 경제단상』(청산, 1993), 161쪽.

앞서 지적했듯이, 그 불가사의는 후진국에서의 부정부패는 엘리트들 상호간 싸움의 비용을 줄이고 자본축적을 용이하게 함으로써 경제개발에 도움이 된다는 이론 이외엔 달리 설명할 길이 없을 것 같다. 그러나 이 이론은 온 국민의 의식과 행태를 부정부패에 절게 만든다든가 하는, 그 이후의 사회적 비용에 대해선 말하지 않는다.

군사주의와 재벌주의는 같은 속성을 가진 '일란성 쌍둥이'였다. 그 속성은 '독점'이었다. 심지어 양측이 결합한 '부패의 독점'까지 이루어졌다.

60년대엔 약 40개의 기업이 거의 모든 산업을 독점했다. 박 정권은 온갖 특혜를 준 건 말할 것도 없고 경쟁자까지 막아줬다. 기존 산업에 신규 업체가 진입하는 것을 막기 위해 120여 가지의 규제가 만들어졌다. 훗날 재벌들은 규제가 많다고 아우성치게 되지만 그 시초는 기존 재벌들의 독점을 보호해 주기 위한 것이었다.[118]

독점의 장점은 많다. 무엇보다도 일사불란(一絲不亂)을 꼽을 수 있을 것이다. 어떤 상황, 어떤 점에선 탁월한 효율과 능률도 올릴 수 있을 것이다. 그러나 그건 국가주의의 관점에서 볼 때에 인정할 수 있는 장점일 것이다. 독점에서 배제된 약자들은 어찌할 것인가? 국가를 위해 개인은 희생되어도 좋은가? 멸사봉공(滅私奉公)을 외친 박정희는 '그렇다'고 답을 하겠지만, 그건 박정희가 총사령관임을 전제로 한 답일 것이다. 박정희건 그 누구건, 졸(卒)의 입장에서 멸사봉공의 국가주의를 반길 사람은 아무도 없다.

하이에나와 독수리 떼가 활개치던 박정희의 약육강식(弱肉强食) 체제 하에서 저질러진 최대의 부정부패는 정치자금 조달은 아니었다. 아마도 최대의 부정부패는 부동산 투기였을 것이다. 63년에서 70년까지의 7년

---

118) 서재진, 『한국의 자본가 계급』(나남, 1991), 85~86쪽.

간 물가는 2배, 국민총생산은 5배 증가한 반면 서울의 땅값은 14배 이상 폭등하는 '혁명적' 상황을 맞이하였다.[119]

전태일의 탄원서

박정희는 63년 『국가와 혁명과 나』에서 한 자신의 말을 배신하고 있었다.

"고운 손으로는 살 수 없다. 고운 손아, 너로 말미암아 우리는 그만큼 못살게 되었고, 빼앗기고 살아왔다. 소녀의 손이 고운 것은 미울 리 없겠지만, 전체 국민의 1% 내외의 저 특권 지배층의 손을 보았는가? 고운 손은 우리의 적이다. 보드라운 손결이 얼마나 우리의 마음을 할퀴고, 살을 앗아간 것인가. 우리는 이제 그러한 정객에 대하여 증오의 탄환을 발사하여 주자."[120]

그러나 부동산 부자들이 탄생하는 세상은 고운 손이 대접받는 세상이었다. 1% 내외의 특권층이라 하더라도 그들이 국부의 증대에 기여한다면, 그걸로 족하다는 것이 박정희 개발독재의 기본 원리였다. 70년 11월 13일에 분신자살한 전태일은 69년 11월 박정희 앞으로 이런 내용의 탄원서를 썼다.

"1개월에 첫 주일과 셋째 주일, 2일은 쉽니다. 이런 휴식으로서는 아무리 강철같은 육체라도 곧 쇠퇴해 버립니다. 일반 공무원의 평균 근무시간 일주 45시간에 비해, 15세의 어린 시다공들은 일주 98시간의 고된 작업에서 시달립니다. 또한 평균 20세의 숙련여공들은 대부분 6년 전후의 경력자들로서 대부분이 햇빛을 보지 못해 안질과 신경통, 신경성 위

---

119) 강명구, 〈1960년대 도시발달의 유형과 특징: 발전주의국가의 공간조작〉, 한국정신문화연구원 편, 『1960년대 사회변화연구: 1963~1970』(백산서당, 1999), 86쪽.
120) 박정희, 『국가와 혁명과 나』(지구촌, 1963, 재발간 1997), 275~276쪽.

장병 환자입니다. 호흡기관 장애로 또는 폐결핵으로 많은 숙련여공들은 생활의 보람을 못 느끼는 것입니다. 응당 근로기준법에 의하여 기업주는 건강 진단을 시켜야 함에도 불구하고 법을 기만합니다. 한 공장의 30여 명 직공 중에서 겨우 2명이나 3명 정도를 평화시장주식회사가 지정하는 병원에서 형식상의 진단을 마칩니다. X-레이 촬영 시에는 필름도 없는 촬영을 하며, 아무런 사후 지시나 대책이 없습니다. 1인당 300원의 진단료를 기업주가 부담하기 때문입니까? 아니면 전부가 건강하기 때문입니까? 이것도 이 나라의 경제발전을 위해서는 어쩔 수 없는 실태입니까? 하루 속히 신체적으로 약한 여공들을 보호하십시오. …… 저희들의 요구는, 1일 15시간의 작업시간을 1일 10시간~12시간으로 단축해 주십시오. 1개월 휴일 2일을 늘려서 일요일마다 휴일로 쉬기를 원합니다. 건강 진단을 정확하게 하여 주십시오. 시다공의 수당(현재 70원 내지 100원)을 50% 이상 인상하십시오. 절대로 무리한 요구가 아님을 맹세합니다. 인간으로서의 최소한의 요구입니다."[121]

그러나 당시는 이런 탄원이 먹힐 수 있는 세상이 아니었다. 그래서 전태일은 결국 죽음으로 저항의 메시지를 전달할 수밖에 없었다. 죽은 자는 말이 없는 법이다. 약한 자는 아무리 말을 해도 강한 자의 말만큼 무게를 갖지 못한다. 약한 자들의 희생 위에 선 경제성장의 공로는 훗날 박정희와 그 일행에게만 돌려진다.

---

121) 김인걸 외 편저, 『한국현대사 강의』(돌베개, 1998), 303쪽.

3선 개헌: "그는 '샤먼'이 되어 있었다"

주전자 뚜껑으로 날치기 통과

1969년 9월 13일, 3선 개헌안이 국회 본회의에 회부되었다. 야당 의원들은 급히 '개헌안 철회 권고동의안'을 제출했다. 13일 오후 2시 본회의에서 야당의 동의안은 재적 의원 158명 중 찬성 44표밖에 얻지 못해 폐기되었다.

약 2시간 뒤인 오후 3시 50분경 국회의장 이효상의 세 번째 정회 신호로 공화당 의원들은 모두 본회의장에서 퇴장하고 신민당 의원들은 단상을 점거한 채 무기한 농성에 들어갔다. 본회의장을 빠져나온 공화당 의원들은 집에 돌아가지 않고 각 상임위 단위로 몇 개의 호텔에 투숙하였다. 14일 새벽 1시, 지휘 본부로 지정된 반도호텔에 모인 당의장 윤치영 등 지휘부는 2시 정각에 국회 제3별관에서 모이라고 알렸다.[122]

---

122) 정운현, 『호외, 백년의 기억들: 강화도조약에서 전두환 구속까지』(삼인, 1997), 172쪽.

새벽을 틈타 비밀리에 마련된 변칙국회에서 공화당 및 무소속 의원들은 3선 개헌안을 날치기로 통과시켰다.

14일 새벽 2시 50분, 공화당 및 무소속 의원 122명은 야당 의원들에 의해 점령되어 있는 국회 본회의장을 버리고, 길 건너편에 있는 국회 제 3별관 3층에 있는 특별위원회실에 집결해서 개헌안을 25분만에 날치기로 통과시켰다. 국회의장 이효상은 의사봉이 미처 준비돼 있지 않자 국회 직원이 가져다 준 주전자 뚜껑으로 탕탕탕 책상을 쳤다. 윤금자에 따르면,

"이효상 의장은 일제 때 동경제국대학 독문학과를 나와 경북대학교 문리대 학장을 지낸 지성인이다. 저서도 있고 시집도 낸 문화인이다. 또 독실한 가톨릭 신자이기도 하다. …… 그러나 학식이 있으면 무얼 하고 지성인이면 어쩌겠는가. 집권자가 시키는 대로 도둑고양이들처럼 엉뚱한 곳에 모여 개헌안을 날치기 통과시키기 위해, 주전자 뚜껑이나 두들기는 인간으로 전락하고 말았으니……." [123)]

중앙정보부장 김형욱은 '날치기 처리'가 '개헌안 통과'로 신문에 보도되도록 하라고 신문사 파견 요원들에게 지시를 내렸다. 『동아일보』의 경우 기자들이 울분을 느껴 정보부원의 압력을 뿌리치고 〈개헌안 변칙 처리〉로 제목이 나갔다. 그 다음날 아침에 나타난 정보부 요원의 얼굴엔 여기저기 멍이 들어 있었다. 정보부에 들어가 흠씬 얻어맞은 것이었다.[124]

9월 22일, 개헌안 날치기 통과 후 가장 격렬한 개헌 반대운동을 벌였던 '4·19 6·3 범청년회'에 대한 소탕작전이 개시되었다. 국민투표를 앞두고 벌어진 끝내기 작업이었다. 그 모임의 사무총장을 맡았던 최형우는 중앙정보부로 끌려가 20여일 동안 고문을 당했다. 그의 죄명은 3선 개헌을 반대해서 사회를 혼란케 했으니 북괴를 이롭게 한 용공분자였다.[125]

'밀가루 헌법'과 '논공행상 잔치판'

개헌안에 대한 국민투표는 10월 17일로 예정되었다. 박 정권은 유권자들을 상대로 돈과 밀가루를 퍼붓기 시작했다. '밀가루 대통령'에 이어 '밀가루 헌법'을 탄생시키겠다는 굳은 의지의 표현이었다. 박 정권이 유권자 매수를 위해 쓴 돈은 1천500만 달러로 추산되었다.[126]

개헌 지지 유세를 위해 전국을 돌던 김종필은 10월 6일 공주에서 자신의 괴로운 심정을 내비치면서도 마지막 협박을 하였다. 그는 "개헌안이 국회에서 부결되었을 경우 그에 따르는 사회적 혼란과 국가위신 추락

---

123) 윤금중, 『국회의원 마누라가 본 이 나라의 개판정치』(한국문원, 2000), 173쪽.
124) 김충식, 『정치공작사령부 남산의 부장들 1』(동아일보사, 1992), 164~165쪽.
125) 김충식, 위의 책, 165쪽.
126) 김정원, 〈군정과 제3공화국: 1961~1971〉, 김성환 외, 『1960년대』(거름, 1984), 199쪽.

및 국민이 원치 않는 또 한번의 군의 정치 참여를 초래할 우려가 있으므로 측근 의원들에게 개헌 찬성을 종용했다"면서 군부가 다시 쿠데타를 일으킬지도 모른다는 가능성을 내비치며 개헌안에 대한 찬성을 유도했다.[127]

박 정권으로부터 차관 특혜를 얻은 『조선일보』는 투표 전날인 10월 16일자에 〈 '영광의 후퇴' 보다 '전진의 십자가'를 …… '나는 나를 버리고 국가를 위해 한번 더'〉라는 제목의 기사를 실었다. 공화당 기관지를 방불케 하는 기사였다. 또 이날의 『조선일보』는 11명의 '각계 인사'를 선정하여 개헌을 지지하고 찬양하는 소리를 잔뜩 늘어놓았다.[128]

10월 17일 투표가 실시되었다. 총 투표자 1천160만4천38명 중 찬성 755만3천655표, 반대 363만6천396표, 무효 41만4천14표였다. 투표율은 77.1%, 찬성률은 65.1%였다. 전국의 공화당 지구당 요원들 8천471명을 대상으로 논공행상 잔치판이 벌어졌다. 각 지역별 찬성표 비율에 따라 총 60만 달러의 보상금이 차등 지급되었다.[129]

'남산 멧돼지'의 용도 폐기

3선 개헌안이 국민투표로 통과되면서 그간 온갖 악역을 전담해 온 김형욱은 '용도 폐기'되었다. 박정희는 사흘 뒤인 10월 20일 중앙정보부장에 김형욱 대신 김계원, 비서실장에 이후락 대신 김정렴을 앉혔다. 김계원과 김정렴은 "모두 비교적 소리나지 않게 일하고 박 대통령에겐 지극히 고분고분했던 인물들이었다."[130] 박정희로선 3선 개헌에 성공한 이

---

127) 류승렬, 『뿌리깊은 한국사 샘이깊은 이야기 ⑦현대』(솔, 2003), 383쪽.
128) 민주언론운동연합 신문모니터분과, 〈체육관 대통령' 뽑으려고 선포한 계엄령도 '구국의 영단'〉, 『말』, 1998년 11월, 146쪽.
129) 김정원, 〈군정과 제3공화국: 1961~1971〉, 김성환 외, 『1960년대』(거름, 1984), 199쪽.
130) 김충식, 『정치공작사령부 남산의 부장들 1』(동아일보사, 1992), 167쪽.

상, 사나운 '돌격대'보다는 차분한 실무형을 원했던 건지도 모른다.

이후락은 청와대 전 직원이 모인 이임식에서 울음을 터뜨렸다.[131] 몇 사람이 인사차 그의 집을 방문해 박정희 이야기를 꺼내자 그는 또 울음을 터뜨렸다. 이후락은 박정희만 생각하면 그냥 언제든 울음이 터져 나오는 그런 사람이었다. 그게 진심인지 '쇼'인지 알 길은 없었지만, 그 구분은 무의미했다. 중요한 건 이후락의 울음은 박정희의 귀에 들어가게끔 돼 있었다는 점일 것이다. 박정희는 얼마 후 영구집권을 위해 이후락을 다시 중앙정보부장으로 기용하게 된다.

박정희에겐 김형욱을 토사구팽시키는 것도 일종의 군사작전이었다. 박정희는 김형욱을 계속 유임시킬 것처럼 김형욱에게 연막작전을 폈다. 무슨 효과를 노린 작전이었던가? 훗날 김형욱은 "비밀서류 한 장도 못 갖고 나왔다"고 밝혔는데, 박정희는 바로 그 점을 노렸을 것이다.[132]

김형욱에게 '토사구팽'을 미리 알릴 경우 김형욱이 무슨 일을 저지를지 모를 사람이라는 걸 박정희는 잘 알고 있었다는 것이다. 김형욱은 그간 자신이 저지른 일들 때문에 이후 보복의 공포에 떨다가 결국 10월 유신 후인 73년 초에 가족과 같이 미국으로 떠나 그곳에서 박정희를 비판하는 활동을 벌이게 된다. 박정희 병영체제의 한 단면이었다.

65년부터 67년 말까지 방첩부대장 윤필용은 훗날 자신의 과오를 인정하면서 "그 당시에는 대통령 각하를 모시고 앞으로 나가는 것만이 애국이라고 믿었기 때문에 장애는 제거하는 게 옳았다고 믿었다"고 말했다.[133]

'남산 멧돼지' 또는 '돈까스'라는 별명을 얻었던 김형욱도 마찬가지였다. 그는 박정희를 위한 일이라면 수단과 방법, 물불을 가리지 않았다.

---

131) 김종신, 『박정희 대통령과 주변사람들』(한국논단, 1997), 143~144쪽.
132) 김충식, 『정치공작사령부 남산의 부장들 1』(동아일보사, 1992), 167~168쪽.
133) 김충식, 위의 책, 106쪽.

박정희는 측근들의 '충성경쟁'을 부추긴 나머지 나중엔 박정희의 면전에서 싸움판이 벌어지는 일까지 생겼다.

69년 3월 1일 삼청동 안가 술자리에서 김형욱과 경호실장 박종규가 박정희 앞에서 한판 크게 붙은 사건은 박정희 용인술의 치부를 드러내주는 대사건이었다. 박종규가 김형욱이 인기 영화배우까지 건드린 걸 폭로하자, 박정희는 "고약한 것들!" 하면서 자리를 박차고 일어서 나가 버렸다. 박정희가 그렇게 화를 내고 나갔으면 반성을 해야 할 텐데, 이들은 오히려 육탄전을 벌였다. 박종규가 김형욱의 면상을 당수 치기로 후려치자 김형욱은 도망을 쳤고 박종규는 총을 뽑아들고 뒤를 쫓는 활극을 벌였다. 다음날 박종규는 그 사건을 무용담처럼 자랑스럽게 떠들었다.[134]

이게 바로 박정희 권력의 한 단면이었다. 김형욱은 3선 개헌 완료로 용도폐기 되었지만, 수많은 김형욱들이 박정희의 지명을 받기 위해 기다리고 있었다. 기회를 노리는 출세주의자들은 무궁무진했다. 그래서 토사구팽은 계속 이루어지게끔 돼 있었다.

박정희의 권력 중독

학생들은 무얼 하고 있었던가? 이재오에 따르면, "68년 6월 12일 서울대 법대생 500여 명이 '헌정수호 성토대회'를 개최한 이후 1969년 12월까지 실로 1년 반 동안 전국 각 대학, 고등학교에서 하루라도 시위가 그칠 날이 없었다. …… 4·19 혁명의 시발지인 대구가 이승만 정권을 무너뜨린 경험을 되살려 68년, 69년 운동의 가장 격렬한 싸움터가 되었다. 대구 시내 전 대학과 고등학생은 총동원되었으며 경북대에서는 '황소 파시즘 화형식'을 거행하였다."[135]

---

134) 김종신, 『박정희 대통령과 주변사람들』(한국논단, 1997), 112~113쪽.

그러나 박정희 정권은 이승만이나 장면 정권과는 전혀 다른 성격의 정권이었다. 학생 시위를 통제하고 탄압하는 데 있어서 대단히 유능했다. 그래서 대학생과 고등학생들이 숱한 반대 시위를 전개하였지만, 3선 개헌을 막아내기엔 역부족이었다.

사사건건 한국의 내정에 간섭해 온 미국은 3선 개헌에 대해 어떤 태도를 보였던가? 미국은 월남 파병 하나로 모든 걸 눈감았다. 이상우는 이렇게 말한다.

"보통의 경우 같으면 여론으로부터 압도적 반대를 받았던 3선 개헌에 관해 미국 측의 견제가 있을 법했고 적어도 이를 비난하는 코멘트 정도는 나올 만한 일이었다. 그러나 국군 파월이 절정에 이르렀던 69년의 3선 개헌에 대해 미국은 꿀 먹은 벙어리로 침묵을 지켰다. 비난은커녕 오히려 박정희를 두둔하는 한편 이를 반대하는 야당 세력에 냉소적인 태도를 보이기까지 했다. …… 한밤중에 날치기로 변칙 통과시켜, 훗날 유신 체제와 영구집권의 발판이 되었던 3선 개헌에 대해 미국은 '민주주의를 향한 진전'이라고 평가했다. 이 같은 엉뚱한 평가도 따지고 보면 월남 파병에 대한 미국의 추파였던 것이다."[136]

당시 주한 미국대사 윌리엄 포터는 70년 2월 미국 상원 외교위원회 청문회에서 이렇게 증언했다. "박정희 대통령은 군부 지도자의 위치에서 선거민의 압도적 지지를 받는 국가적 지도자로 되어 가고 있다. 최근 헌법 개정으로 3선이 허용되어 박 대통령은 1971년에 다시 출마할 수 있다. 이 헌법 개정은 국민투표에서 대충 65% 이상의 지지를 받았다. 한국의 정치는 인물과 권력 위주로 되어 있다. 한국의 야당은 문제 자체의 성격이나 공과에 관계없이 반대를 주임무로 생각하고 있으며, 언론도 종종

135) 이재오, 『해방후 한국학생운동사』(형성사, 1984), 254~255쪽.
136) 이상우, 『박정권 18년: 그 권력의 내막』(동아일보사, 1986), 82~83쪽.

반대의 입장에 서고 있다. 현재로서는 민주제도가 아직 어리며 갈 길을 모색하고 있다. 꾸준히 실천력 있는 민주주의를 향해 전진하고 있다."[137]

포터의 증언은 거짓말에 가까운 것이었다. 박정희는 권력 중독의 길을 향해 진전하고 있었기 때문이다. 67년 7월 박정희의 제6대 대통령 취임 경축전에서 송시(訟詩)를 낭독했던 구상은 3선 개헌 이후 박정희와의 접촉을 끊게 된다. 구상은 80년대 중반에 쓴 시에서 박정희가 3선 개헌 이후 어떻게 변질되어 갔던가에 대해 이렇게 증언하였다.

"그는 '샤먼'이 되어 있었다/그 장하던 의기(義氣)가/'돈키호테'의 광기(狂氣)로 변하고/그 질박하던 성정이/방자(放恣)로 바뀌어 있었다/오랜 역려(逆旅)에서 돌아온 나는/권좌의 역기능으로 굳어진/그 친구를 바라보며/공동묘지의 갈가마귀 떼처럼/활자마다 지저귀는 신문과/신의 무덤에 나아가/가마귀 떼처럼 우짖는/군중 속에서/원가(怨歌)가 없어/더욱 가슴아팠다"[138]

박정희의 권력 중독 현상은 대화에서도 나타났다. 박정희가 이야기하는 시간과 상대방이 이야기하는 시간의 비율이 세월이 감에 따라 역전된 것이다. 5·16 직후엔 1시간 대화에서 50분 듣고 10분만 말하던 사람이 제3공화국 중반 무렵까지는 40 대 20, 30 대 30으로 바뀌다가 3선 개헌 이후엔 10 대 50으로 역전되었다.[139]

비극의 씨앗: "나 아니면 안 된다"

박정희의 권력 중독은 경제가 어려워짐에 따라 더욱 악화되었다. 69년까지의 경제성장률은 매우 높았고, 이는 3선 개헌의 성공에 큰 영향을

---

137) 이상우, 『박정권 18년: 그 권력의 내막』(동아일보사, 1986), 83쪽.
138) 이상우, 위의 책, 160쪽.
139) 이상우, 위의 책, 176쪽.

미쳤지만, 한국 경제는 69년부터 심각한 불황국면에 접어들었다. 직접적 원인은 미국이 68년 달러 위기에 봉착하여 한국으로부터 경공업제품 수입 규제조치를 취하고 차관의 원리금 상환 압박이 가중됨과 동시에 신규 차관 도입이 어려워진 것에 기인하였다.[140]

외채 총액은 69년에 19억 달러, 70년엔 30억 달러에 이르게 된다. 원리금 상환 비율도 66년 2.2%이던 것이 71년에는 19.8%로 급증했다. 64년부터 4년 동안 수출실적 1위를 차지하던 천우사조차 부실기업으로 전락했다. 69년 5월 9일 정부는 차관업체 89개 등 정부기업의 45%가 부실기업이라고 발표했다.[141]

구조적 위기였다. 경제성장률은 둔화되었다. 노동계급은 60년 11.8%에서 70년 24.1%로 팽창하였지만, 노동자들을 기다리고 있는 건 궁핍이었다. 67년 광산노조의 광화문 시위, 68년 전매·철도노조 쟁의 및 조선공사 쟁의, 69년 면방 쟁의, 조선공사 쟁의, 부도노조 쟁의 등을 거치면서 노동운동은 점점 대규모화되고 격화되었다. 노동쟁의는 70년 1천656건으로 전년에 비해 10배 증가를 기록하게 된다.[142]

박정희는 그 위기를 70년대부터 더욱 강력한 독재체제로 돌파하는 노선을 걷게 된다. 70년 11월 13일 전태일 분신자살이 말해주듯이, 노동자들에겐 저항의 길조차 막혀 버렸다.

박정희는 이승만 하야 직후 이승만에 대해 동정적인 사설을 쓴 『국제신보』의 이병주에게 이런 반론을 폈다.

"그거 안 됩니다. 그에겐 동정할 여지가 전혀 없소. 12년이나 해먹었으면 그만이지 사선(四選)까지 노려 부정선거를 했다니 될 말이기나 하

---

140) 한국정치연구회, 『한국정치사』(백산서당, 1990), 351쪽; 김정원, 〈군정과 제3공화국: 1961~1971〉, 김성환 외, 『1960년대』(거름, 1984), 199~200쪽.
141) 역사학연구소, 『강좌 한국근현대사』(풀빛, 1995), 327~328쪽.
142) 한국정치연구회, 위의 책, 352~353쪽.

오? 우선 그, 자기 아니면 안 된다는 사고방식이 돼먹지 않았어요. 후세에 경종을 울리기 위해서도 춘추의 필법으로 그런 자에겐 필주(筆誅)를 가해야 해요."[143]

이제 박정희의 이 발언은 그 자신에게로 돌아가는 부메랑이 되고 말았다. 이제 독선·독단·독주의 정치 시대가 열리고 있었다. 박정희가 이승만에 비해 훨씬 유능한 지도자임을 인정한다 하더라도, 박정희가 잘 지적했듯이 "나 아니면 안 된다는 사고방식"이 모든 비극의 씨앗임을 훗날의 역사는 말해 줄 것이다.

---

143) 조갑제, 『내 무덤에 침을 뱉어라 3: 혁명 전야』(조선일보사, 1998), 185쪽.

거시적 · 미시적 분석의 조화

조지훈은 『새벽』 1960년 3월호에 그 유명한 '지조론'을 발표하였다. 기회주의에 대한 준엄한 비판이었다. 그러나 그마저 5·16 쿠데타에 대해선 긍정적인 평가를 내렸다.[1] 5·16 쿠데타는 기회주의의 산물이었는데, 그것이 어찌 '지조론'과 아무런 갈등을 일으키지 않았던 걸까?

5·16 쿠데타는 70년대의 역사로 인해 소급 평가된 점이 있다. 당시의 인식보다 부정적으로 평가된 점이 있다는 것이다. 5·16 쿠데타 당시 너무도 많은 사람들이 지지를 보냈고 또 너무도 많은 사람들이 저항을 포기했다. 집단적인, 역사에 대한 기회주의였을까?

수난을 많이 당한 한국인들은 좋은 기회에 굶주려 있었다. 희망이 보이지 않는 상황에서, 장면 정권을 지켜야 할 가치를 못 느끼는 상황에서,

---

1) 임대식, 〈1960년대 초반 지식인들의 현실인식〉, 『역사비평』, 제65호(2003년 겨울), 317쪽.

'원칙'이 새로운 기회에 대한 기대를 억누르기엔 역부족이었을 것이다. 그래서 대다수 국민은 5·16 쿠데타에 대해 '적극적인 지지도 적극적인 반대도 없는 침묵과 방관'으로 일관하였다.[2]

손호철은 5·16 쿠데타의 배경 내지 원인으로 ①흔히 '원조 경제의 위기'라고 불리는 1950년대 말부터 가시화된 한국 자본주의의 구조적 위기 ②이 같은 위기의 산물로 생겨난 4·19 혁명과 그후 급속히 표면화된 민중부문의 활성화와 조국통일운동, 민족자주화운동, 진보적 민주주의 운동 등 한국전쟁 이후 처음으로 표면화되기 시작한 변혁운동의 재생 ③주체적 역량의 미성숙 등 4·19 혁명이 안고 있었던 근본적 한계 등을 지적하였다.

진보학계에 속하는 손호철은 보수학계의 경우 5·16 쿠데타의 원인을 군 내부요인(군 내부 파벌투쟁 등)으로 간주하는 경향이 지배적이나, 이는 구조적 요인을 간과한 현상적이고 미시적 분석이라고 주장한다.[3]

그러나 진보-보수 측의 두 가지 견해가 상호 상충된다고 볼 이유는 없는 것 같다. 내외(內外)의 문제로 보는 게 옳지 않을까? 내적 요인과 외적 요인은 우열을 가리기 어려운 것이다. 또 구조적 원인과 동기적 원인은 각기 다른 성격의 것이다.

김영명의 분류를 원용하자면, 5·16 쿠데타의 원인은 ①구조적 내적 요인 ②동기적 내적 요인 ③구조적 외적 요인 ④동기적 외적 요인 등으로 나눌 수 있을 것이다. 이는 구체적으로 말하자면, ①군의 성장 ②군 내부의 불만 ③수입 민주주의의 위기 ④정치사회적 혼란 등을 의미하는 것이다.[4]

거시적 분석과 미시적 분석은 얼마든지 상호 보완적일 수 있는 것이

---

2) 김영명, 『한국현대정치사: 정치변동의 역학』(을유문화사, 1992), 264쪽.
3) 손호철, 『현대 한국정치: 이론과 역사 1945~2003』(사회평론, 2003), 226쪽.
4) 김영명, 위의 책, 263쪽.

다. 다만 어디에 더 무게를 두느냐 하는 데 있어서 학자들간 충돌이 일어날 수 있겠지만, 그건 어차피 정답이 존재하지 않는 문제일 것이다.

쿠데타의 거시적 조건이 갖춰졌다고 해서 다 쿠데타가 일어나는 건 아닐 것이다. 또 군 내부의 문제라는 것도 이에 따라붙기 마련인 군과 사회의 관계까지 감안할 때에 꼭 미시적인 문제이기만 한 것인지 다시 생각해 볼 일이다. 인간 세계의 속성이라고 하는 점에서 보면 그것이 더욱 근본적인 문제를 다루는 것이라고 볼 수 있지 않을까? 즉, 기존의 '거시-미시' 분류로는 파악할 수 없는 다른 측면도 있다는 것이다.

장면에 대한 극단적 부정과 긍정을 넘어서

모든 걸 기존의 거시적 잣대로만 파악하려고 들면 "장면 정권은 이미 스스로 새로운 권위주의 체제로 전환하고 있었"는데, "다만 5·16에 의해 이 같은 전환 실행의 기회를 박탈당했을 뿐"이라는 주장마저 가능해질 수도 있다. 이 같은 주장을 하는 손호철은 심지어 "장면 정권은 스스로 민간파시즘 체제로 전환하여 민중 배제적인 고착취를 통해 고도성장을 성취해" 나가는 시나리오도 가능했다는 논지를 펴고 있다. 손호철은 "이 같은 주장이 개발독재가 정당했다거나 불가피했다는 주장은 결코 아니다"고 토를 달지만,[5] 그가 장면 정권과 박정희 정권과의 차별성이 없다는 쪽으로 나아가려고 하는 건 분명하다.

손호철이 '민간파시즘' 운운하는 건 아마도 시위규제법과 반공특별법 제정 시도를 염두에 둔 것 같다. 그러나 정반대의 시각을 보이는 학자들도 있다. 예컨대, 정윤재는 61년 3월 하순의 횃불데모와 관련, 이렇게 말한다.

---

5) 손호철, 『현대 한국정치: 이론과 역사 1945~2003』(사회평론, 2003), 264쪽.

"대구의 조재천 장관 집이 습격 당하고 서울의 명륜동 장면 총리 집에도 데모대가 난입하려 했다. 그러나 이렇게 심각한 폭력사태가 벌어졌음에도 불구하고 장면 정부는 보다 적극적으로 입법을 추진하지 못했다. …… 나중에는 야당인 신민당도 시위규제법과 반공특별법의 필요성을 인정하고 국회 통과를 약속한 바 있었다. 그러나 장면 정부는 겉에 드러나는 반대 여론에 신경을 쓰고 그것에 끌려 다니다가 결국 필요한 입법 기회를 놓치고 말았다." [6]

손호철의 시각은 거시적 진보주의 관점에 치중한 나머지 생긴 '소급주의'의 함정을 보여주는 게 아닌가 하는 생각이 든다. 10년 넘게 지속돼 온 후진적인 극우독재 체제를 이제 막 끝낸 사회를 향해 서구적 진보주의 잣대를 들이미는 건 지나친 게 아닐까?

마찬가지로 지나친 건 장면 정권, 특히 장면에 대한 호의적인 과대평가일 것이다. 예컨대, 조광은 이렇게 말한다.

"장면 박사가 (정치에 어울리지 않는) 성직자 상이라는 평가는 우리 정치의 후진성을 나타내는 표현입니다. 정치인은 적당히 부패하고 권모술수에 능해야 한다는 평가는 전근대적 지도자 상을 전제로 한 것입니다. 장 박사는 정치인으로서도 정당성을 확보할 만한 분이라고 생각합니다. 다만 일련의 저항 세력을 과소평가하지 않았나 하는 생각은 듭니다. 이 때문에 쿠데타로 정권을 상실했다는 시각이 있지만, 공과를 논할 때 공(功)은 장 박사에게 돌리고 허물은 당시 한국 사회의 후진성 내지는 미숙성에 돌려야 한다는 것이 제 생각입니다. 당시 과(過)의 대부분은 개인의 능력 부족이나 결함에서 유래했다기보다는 사회의 문제점을 그대로 반영한 것이 많았기 때문입니다." [7]

---

6) 정윤재, 〈장면 총리의 정치리더십과 제2공화국의 붕괴〉, 한국정신문화연구원 편, 『장면 · 윤보선 · 박정희: 1960년대초 주요 정치지도자 연구』(백산서당, 2001), 73쪽.
7) 조광 · 김영구, 〈제2공화국과 장면: 시리즈 결산 전문가 대담〉, 『대한매일』, 1999년 6월 15일, 6면.

일리가 전혀 없다고 볼 수는 없는 주장이긴 하지만, 동의하긴 어렵다. 장면은 "집권한 지 불과 18일 만에 정부를 전복하려고 갖은 음모와 갖은 계략을 꾸민 사람들에게 내가 이제 와서 무슨 얘기를 한단 말인가"라고 항변하였지만,[8] 10여 차례가 넘는 쿠데타 정보를 "미국이 있는데 설마" 하면서 가볍게 넘겨버린 자신의 '숭미주의 병(崇美主義 病)'을 자책했어야 옳았을 것이다. 서늘한 느낌이 들긴 하지만, 이병주의 다음과 같은 문책이 더 가슴에 와 닿는다.

"그가 역사에서 단죄되지 않을 수 없는 것은 국민으로부터 받은 정권을 총칼 앞에 호락호락 빼앗겼다는 바로 그 사실에 인해서다. 가혹한 표현이지만 장면은 그 총칼 앞에 죽어야 했던 것이다."[9]

'구조'와 '개인' 둘 다 중요하다

그러나 장면이 그 총칼 앞에 죽을 수 없었던 것은 그가 그런 각오로 정치를 해온 사람이 아니었고 또 그런 각오로 지도자의 위치에 오른 사람이 아니었기 때문일 것이다. 미국을 숭배할 수밖에 없었던 당시의 상황을 아무리 감안하고 또 감안한다 하더라도 장면의 '미국 숭배증'은 과도한 것이었다.

세계 역사상 이런 쿠데타는 없었다. 김영수가 잘 지적했듯이,

"이 거사는 완전히 공개된 쿠데타였다. 만약 이것이 비밀스러운 반란 음모였다면, 5·16은 완벽한 실패작이었다. 이 음모는 첩보기관에 완전히 포착되어 있었고, 장면 총리와 군 수뇌부에게 완벽한 정보가 제공되었기 때문이다. 그러나 미국은 이 군사쿠데타를 적극적으로 저지하지 않

---

8) 이병주, 〈5·16혁명 '공약(空約)'〉, 『월간조선』, 1985년 5월, 497쪽에서 재인용.
9) 이병주, 위의 책, 498쪽.

았다. 장면은 미국의 후원을 오판하고 있었다."[10]

그래서 '미국 후원설'까지 나오게 되었지만, 미국의 입장은 기회주의였다고 보는 것이 옳을 것이다. 이는 달리 말해, 장면 쪽에게도 기회는 있었다는 뜻이다. 그걸 막은 건 장면의 과도한 미국 숭배와, 그 귀결이라 할 미국에 대한 공포였다. 장면은 미국이 있다는 이유만으로 쿠데타 정보를 가볍게 대했고, 막상 쿠데타가 일어나자 미국의 기회주의 입장을 쿠데타 후원으로 오판했건 하지 않았건 미국의 그런 태도에 공포를 느껴 투쟁 의지를 상실했던 것이다.

이 지점에선 거시적 분석을 잠시 물리칠 필요가 있다. 장면 개인의 특성이 중요한 의미를 갖는다는 뜻이다. 정대철은 장면의 상황 인식은 안이하고 유약했으며 단순했다고 말한다.

"수녀원의 깊은 골방에서 신 앞에 기도 드리는 일 말고는 결과적으로 아무런 조치를 취한 게 없다. 어쩌면 그의 두 어깨에 걸린 민주주의라는 십자가가 너무 무거웠는지도 모른다. 결국 역사는 그가 걸머진 짐을 덜어주었다. 대신에 다시는 그런 인품과 정치력의 불균형이 역사를 떠맡지 않도록 하라는 교훈을 남겼다."[11]

장면을 둘러싼 환경은 '역사 지체'의 비용 부담에 허덕이고 있었다. 해방 후 16년 간의 준비 기간이 있었지만, 이승만은 그 세월 동안 한국 정치판을 투쟁의 무대로만 이끌었다. 5·16 쿠데타의 성공에 대해 장면과 더불어 공동 책임을 져야 할 민주당은 그 투쟁의 무대에서 익힌 습속에 찌들어 있었던 것이다. 이영석에 따르면,

"야당은 항쟁을 생리로 했다. 불복이 최선의 윤리라는 사고가 몸에 배었다. 그들은 당내 투쟁에서도 그런 생각으로 내부 싸움을 격화해 갔다.

---

10) 김영수, 〈박정희의 정치리더십〉, 한국정신문화연구원 편, 『장면·윤보선·박정희: 1960년대초 주요 정치 지도자 연구』(백산서당, 2001), 209쪽.
11) 정대철, 『장면은 왜 수녀원에 숨어 있었나』(동아일보사, 1997), 292쪽.

당의 대표에 대한 저항이 마치 권력에 연연하거나 굴복하지 않는 정의로운 투쟁이라는 소영웅주의에 젖어 있었다."[12]

그래서 조광은 '당시 한국 사회의 후진성 내지는 미숙성'을 들어 장면에게 면죄부를 주려는 것이겠지만, 그건 부당한 면책인 것 같다. 이 논리의 연장선상을 따라가자면, 쿠데타도 정당화될 수 있는 함정에 빠지게 되기 때문이다.

5·16 쿠데타: 기회주의의 완성

유럽의 파시즘은 기본적으로 기존의 어떤 사회적 불만들을 이용하는 '위기의 이데올로기'이지 '기회주의적 이데올로기'의 성격이 농후했다.[13] 사회주의자였던 이탈리아의 무솔리니가 '파시즘의 원조'가 된 것도 처음부터 가졌던 확고한 소신 때문이 아니라 강력한 군부와 줄을 만들고 전쟁을 이용해 이탈리아를 변화시키겠다는 '기회주의' 때문이었다고 보는 게 타당할 것이다.[14]

박정희는 쿠데타 성공 후 기회 있을 때마다 '민족중흥'을 외쳐댔는데, "민족중흥에 대한 호소는 1920년대와 1930년대의 무솔리니와 히틀러의 진부한 연설을 그대로 흉내낸 것이었다."[15]

5·16 쿠데타의 장본인인 박정희는 파시스트였던가? 굳이 답할 필요는 없을 것이다. 그러나 그의 기회주의만큼은 유럽의 파시스트들을 능가했다는 것은 분명하다.

1963년 '한국군사혁명사 편찬위원회'가 펴낸 『한국군사혁명사』는 ①

---

12) 이영석, 『야당 40년사』(인간사, 1987), 124쪽.

13) Walter Laqueur, 『Fascism: Past Present Future』(New York: Oxford University Press, 1997), pp.64~65; Dave Renton, 『Fascism: Theory and Practice』(London: Pluto Press, 1999), p.112.

14) Roger Eatwell, 『Fascism: A History』(New York: Penguin Books, 1995), pp.44~45.

15) 양성철, 『분단의 정치: 박정희와 김일성의 비교연구』(한울, 1987), 262쪽.

5 · 16 직후 쿠데타군이 시청 정문 앞에서 일반인의 출입을 통제하고 있다.

용공조직 및 단체의 출현, ②경제적 위기, ③사회적 무질서와 국민 도덕의 퇴폐, ④고질적인 정치적 병폐, ⑤군부의 성장과 군사혁명의 불가피성 등의 5대 이유를 들어 5 · 16 쿠데타의 '불가피성'을 역설하였다.[16]

이런 이유들에 나름대로의 타당성이 있다 하더라도, 시간이 흐르면서 5 · 16 주체세력은 '구악(舊惡)'을 능가한 신악(新惡)'으로 전락했다. 가진

---

16) 양성철, 『분단의 정치: 박정희와 김일성의 비교연구』(한울, 1987), 200쪽에서 재인용.

능력에 비해 소외되는 것을 견딜 수 없었던 그들은 애국(愛國)의 갑옷을 입긴 했지만, 권력을 잡자마자 그들이 저주했던 지배 엘리트의 구태를 그대로 답습했다. 다만 한 가지 차이가 있었다면, 그들에겐 그들의 기준으로 비생산적인 비판과 반대를 완전하게 억누를 수 있는 무력을 행사할 수 있었다는 점이었다.

5·16 쿠데타의 성공은 한국 현대사에서 기회주의의 완성을 대변했다. 쿠데타의 최고 리더인 박정희의 삶 자체가 드라마틱한 기회주의의 연속이었다. 좌익 경력을 가진 박정희는 수년간 '색깔 공세'에 시달리다가 종국엔 매카시즘을 철권통치의 최대 수단으로 삼았다. 이는 그가 40, 50년대의 역사적 유산에 기회주의적으로 적응했다는 걸 의미하는 것이었다.

5·16은 "정말 어처구니없이 성공한 케이스"였기 때문에 시련은 성공 이후에 나타났다.[17] 끊임없는 내분이 발생했으며, 상호 암살 음모극도 한두 번이 아니었다.[18] 5·16 쿠데타 이후 10여 차례가 넘는 역(逆) 쿠데타 시도가 있었다는 건 무얼 의미하는가? 그 쿠데타 시도의 대부분이 도전자를 제거하기 위해 조작된 것이라 할지라도, 박정희는 그렇게까지 하지 않으면 안 될 정도로 '정권안보'를 위해 노심초사(勞心焦思)해야만 했다.

그런 노심초사는 70년대까지도 계속되었다. 73년 주월 한국군 철수로 별자리가 줄어들게 되었을 때 박정희는 병력은 그대로 둔 채 후방사단, 동원사단 20개를 창설하여 군 고위직의 숫자를 늘려 주었다. 군부 쿠데타를 일으켰던 그는 늘 군부가 두려웠던 것이다. 그래서 하나회를 비롯하여 친위 '정치군인'들을 키웠던 것이다. 그가 죽은 후 또 한번 쿠데타가 일어난 것도 바로 그런 식의 군 관리가 빚은 비극이었다.[19]

---

17) 이상우, 『박정권 18년: 그 권력의 내막』(동아일보사, 1986), 181쪽.
18) 김문, 『장군의 비망록 I: 격동의 현대사를 주도한 장군들의 이야기』(별방, 1998), 43~44쪽.
19) 한홍구, 〈박정희 정권의 베트남 파병과 병영국가화〉, 『역사비평』, 제62호(2003년 봄), 135쪽.

기회주의의 장려

기회주의적인 쿠데타로 인해 야기된 '정권 안보' 필요성은 60년대 한국 사회의 진로마저 결정했다. 5·16 쿠데타는 한국 사회가 강력한 중앙집권주의체제 하에 군사주의적 효율성을 추구하는 사회로 나아가게 되는 결정적인 계기가 되었다.

장면 정권 하에서 23만7천 명이었던 공무원 수는 65년에 30만5천명, 70년에는 41만7천여 명으로 늘어났다.[20] 정치 및 행정 고급 엘리트 가운데 군 출신이 차지한 비율은 50년대에 8.8%였던 것이 60년대엔 44%로 급증했다.[21] 사회의 전 영역은 중앙정보부를 비롯한 정보기관들의 감시체제 하에 놓이게 되고, 그걸 근거로 대통령은 무소불위의 권력을 행사하게 된다. 청와대 비서실 직원 수만 하더라도 이승만 시절 10명, 윤보선 시절 5명이었으나, 61년에 52명, 63년 137명, 67년 227명, 70년에는 421명으로 증가했다.[22]

대통령 절대 권력의 유지는 추종세력의 기회주의를 부추기는 것으로 가능했다. 사람들은 그걸 가리켜 '박정희의 용인술'이라고 했지만, 그건 그 이상의 의미를 갖는 것이었다. 이맹희의 말마따나, "권력의 핵심부는 전반적으로 음모와 서로 고자질하는 일로 지새웠다."[23] 음모와 고자질은 아래로까지 파급되었고, 이는 '만인에 대한 만인의 투쟁' 사회의 긴장감을 높여주는 활력소가 되었다.

쿠데타 세력의 6대 혁명공약 가운데 세 번째는 "이 나라 사회의 모든 부패와 구악을 일소하고 퇴폐한 국민 도의와 민족정기를 다시 바로 잡기

20) 한배호, 『한국정치변동론』(법문사, 1994), 171쪽.
21) 지명관, 『한국을 움직인 현대사 61 장면』(다섯수레, 1996), 79쪽.
22) 한용원, 『한국의 군부정치』(대왕사, 1993), 263~264쪽; 이효재, 『분단시대의 사회학』(한길사, 1985), 68쪽.
23) 이맹희, 『묻어둔 이야기: 이맹희 회상록』(청산, 1993), 227쪽.

위하여 청신한 기풍을 진작할 것입니다"였다. 그러나 결과는 신악(新惡)이 구악(舊惡)을 능가하는 것으로 나타났다. 필연이었다. 이 공약은 원초적으로 지켜질 수 없게 돼 있었다. 왜 그런가? 이병주의 설명이다.

"그 결정적 이유는 쿠데타, 또는 군사혁명을 일으키기 위해 당초에 범했던 무리가 다음다음으로 무리한 수단을 낳게 하여 그 후의 정치가 필연적으로 당초 그들이 일소할 목적이었던 권모술수를 오히려 적분하는 결과를 초래하기 때문이다."[24]

어디 그 뿐인가. 쿠데타의 성공은 그 자체로 새로운 도덕 교과서가 되었다. 무엇보다도 기회주의를 장려했다. 이병주가 지적했듯이,

"수단과 방법이 어떠했든 정권만 잡아버리면 그만이란 사고방식이 용인될 때 교육은 불가능하게 된다. 교육이란 아무리 목적이 좋아도 수단과 방법을 가려야 한다는 것을 가르치는 노릇이다. 정권의 우두머리에 수단과 방법을 가리지 않은 자가 앉아 있는데 무슨 얼굴을 쳐들고 교사나 부형이 그런 교육을 할 수 있겠는가. 쿠데타에 의한 정권은 본질적으로 강도적 원리가 지배하는 사회를 만든다. 사회 정의가 통할 까닭이 없으니 법률이 지배자의 도구 이상으로 작용하지 못한다."[25]

다시 '인물'과 '구조' 사이의 균형으로

역사 분석에서 인물 대신 구조를 강조하는 시각은 대체적으로 타당하되, 모든 경우에 그걸 다 적용시키려는 건 무리일 것이다. 서양과 한국의 사회 발전단계는 물론 '지도자 추종'의 정도가 다르기 때문이다.

그런 관점에서 이상우는 "박정희 시대 18년은 공(功)이 됐건 과(過)가

---

24) 이병주, 〈5·16혁명 '공약(空約)'〉, 『월간조선』, 1985년 5월, 492쪽.
25) 이병주, 위의 책, 498~499쪽.

됐건 온통 인간 박정희의 체취로 채색되어 있다"고 말한다.

"5·16으로부터 시작하여 10·26으로 끝장이 난 박정희 시대의 정치는 헌법상의 권력구조 여하에 불구하고 제도장치에 의하여 운영된 것이 아니라, 박정희라는 한 통치권자의 인간성에 의해 좌우되어 왔다. 이런 의미에서 박정희 시대의 연구는 제도 분석보다는 통치권자의 행태적 어프로치가 보다 효과적이라고 볼 수 있다."[26]

이상우는 박정희 시대의 정치는 제도가 아닌 "박정희라는 한 통치권자의 인간성에 의해 좌우"되었다고 주장한다. 박정희의 개인적인 성격이 국가적인 수준으로 확대 재생산되었다는 것이다.

"눈부신 실적 뒤에는 추악한 모습이 도사리고 있었다. 한없는 욕구와 성취욕만 키워 놓았지, 거기에 이르는 수단과 방법의 합리성 내지는 도덕성에 대해서는 불문에 부쳤다. 5·16 자체가 윤리성을 배제한 변칙이었다. 이래서 모든 사람들이 수단방법을 가리지 않고 목표만 달성하면 된다는 '한탕주의'가 그때부터 판을 치기 시작했던 것이다. 근대화가 총체적인 사회 변혁이어야 한다는 사실을 인식 못했고, '해서는 안 될 일'과 '해도 안 되는 일'이 있다는 사실을 분간 못했다. 이 모든 어두운 얼굴들이 따지고 보면 5·16 쿠데타의 변칙성, 그리고 무이념과 몰도덕성에서 연유된 결과였던 것이다."[27]

그러나 이런 견해는 구조만을 강조하는 시각처럼 반대편으로 너무 나간 게 아닌가 하는 생각을 갖게 만든다. 한국 사회의 완고한 반공(反共)문화가 박정희를 제약한 점이 있듯이, 박정희가 구조와 사회적 현실에 적응한 점도 있다는 걸 간과하지 않았느냐는 것이다. 이는 박정희 시절에 이룬 경제성장이 박정희 1인의 공로가 아닌 것과 마찬가지로, 그 시절

---

26) 이상우, 『박정권 18년: 그 권력의 내막』(동아일보사, 1986), 13쪽.
27) 김영수, 〈박정희의 정치리더십〉, 한국정신문화연구원 편, 『장면·윤보선·박정희: 1960년대초 주요 정치지도자 연구』(백산서당, 2001), 167쪽에서 재인용.

에 만들어진 부정적인 유산도 박정희 개인에게만 돌리는 것엔 무리가 있다는 것이다. 양극단 사이의 균형이 필요할 것 같다.

박정희는 물론 60년대의 사람들이 근대화가 총체적인 사회 변혁이어야 한다는 사실을 인식 못했다거나, '해서는 안 될 일'과 '해도 안 되는 일'이 있다는 사실을 분간 못했다고 보기는 어려울 것이다. 물론 인식 못했거나 분간하지 못한 점도 있었겠지만, 그것보다는 그걸 알고서도 그 길로 갔다고 보는 것이 진실에 더 가까운 게 아닐까?

박정희가 따른 건 시종일관 일본의 노선이었다. 일본뿐이랴. 모든 선진 제국들이 강대국으로 도약하는 데엔 제국주의적 강탈이 큰 기여를 했다. 선진국들 치고 그런 추악한 역사의 기반 위에 서 있지 않은 나라는 하나도 없다. 즉, 사회적 다윈주의는 구한말에만 융성했던 것이 아니라 개발독재의 기본 이념이기도 했다는 것이다.

박정희는 홀로 선 거인이 아니었다. 당시엔 수많은 박정희들이 있었다. 그들의 머리와 가슴은 일제치하, 해방정국, 한국전쟁이 가르쳐 준 교훈들로 가득 차 있었을 것이다. 박정희는 그 교훈 실천의 모범생이었지만, 그와 닮은꼴의 사람들은 쿠데타를 일으킬 수 있을 정도로 많았고 쿠데타와 이후 2년 7개월의 군정에 지지를 보낸 사람의 수만큼이나 많았던 것이다.

사회과학적 일반론의 한계

아직 해발 9천 미터라는 보릿고개를 넘지 못하고 있었던 민중은 사회정의보다는 계층상승 욕망에 더 매료돼 있었다. 계층상승 욕망은 남과의 비교를 전제로 하는 것이기 때문에 금전으로 환산될 수 없는 개인적 가치는 무력하거나 무의미한 것이었다. 집단적 부(富)를 늘리겠다는, 총사령관 박정희의 주도 하에 전개된 '수출 전쟁'은 총사령관의 명령에 일사불란하게 움직이는 체제를 요구하였다.

박정희가 밀어붙인 60년대 경제성장의 동력 가운데 양대 축이라 할 베트남 파병과 한일 국교정상화는 전형적인 기회주의 정책이었다. 이런 기회주의는 60년대 한국의 시대정신이기도 했다. 경제는 늘 정의(正義)와 손을 잡고 나아가진 않는다. 오히려 그 반대의 경우가 훨씬 더 많다.

장면 정권 당시 민의원이었던 장경순은 "데모가 전투처럼 변한 거나 대형 경제사건이 터진 것도 모두 박정희 정권에서 비롯된 것"이며 "장면 정부가 몇 년 만 계속했어도 우리 경제가 훨씬 빨리, 그리고 정경유착·빈부격차와 같은 부작용 없이 발전했을 것"이라고 말한다.[28]

그러나 이런 주장에 대해 반론을 제기하는 사람들이 많다. 예컨대, 최준식은 국민들이 못 입고 못 먹고 살 때에는 올바른 민주주의가 정착되기 힘들다는 게 세계 여러 나라에서 증명되었으며, 또 나라에 돈이 없다는 것은 그만큼 국민들이 교육받을 기회가 적다는 뜻일 테고, 이럴 때 민주주의가 제대로 안 된다는 것도 많은 경우에 확인되었다고 주장한다.

"우리나라는 이제 1인당 국민 소득이 1만 불이 넘었으니 (서구식) 민주주의로 갈 수 있는 기본 조건은 진작에 마련해 놓은 셈이다. 우리나라가 이렇게 경제개발이 된 데에는 아무래도 박정희식의 개발 독재가 그 주요 인이 되었다는 것을 부정할 필요는 없다. 우리나라가 식민 지배와 전쟁을 겪은 결과로 생긴 절대 빈곤에서 벗어나기 시작한 게 그의 정권 아래에서였기 때문이다. …… '민주주의 한계값'이 존재한다는 홉스테드의 이론을 그대로 받아들인다면 박 대통령이 한국식 민주주의를 고집하면서 국민들의 열화와 같은 민주화 욕구를 억압한 것이 반드시 틀렸다고만은 볼 수 없게 된다."[29]

---

28) 이용원, 〈장총리 "소급입법 위헌" 첫 지적: 민의원 재경분과위 소속 장경순 전의원〉, 『대한매일』, 1999년 5월 14일, 6면.
29) 최준식, 『한국인에게 문화는 있는가: 최준식 교수가 진단하는 한국인과 한국문화』(사계절, 1997), 198~200쪽.

그러나 인간 세계에 대한 사회과학적 분석은 사후의 대체적인, 즉 확률과 경향 중심의 설명일 뿐 법칙은 아니다. 그걸 법칙으로 이해하겠다고 들면 한 사회의 독특성이 설 땅이 사라진다. '한강의 기적'을 어떻게 평가하건 그걸로 대표되는 한국의 독특성을 인정한다면 세계 각 국의 경험에서 비롯된 일반론적인 법칙으로 쿠데타와 개발독재를 옹호할 생각은 하지 않는 게 좋을 것이다.

최준식도 그렇게 볼 수도 있다는 것을 말하고자 했을 뿐 위와 같은 주장에 큰 무게를 두는 것 같지는 않다. 최준식의 다음과 같은 해석이 한국인들의 정신 건강을 위해서도 더 나은 의견일 것이다.

"그 '절단 난' 나라가 불과 40년 만에 세계에서 경제적으로 매우 중요한 나라가 되었다. 이건 숫제 기적이다. 이것은 한국인들이 놀랄 만한 능력을 갖고 있음을 의미한다. 또 한국이 굉장한 문화를 갖고 있다는 것을 반증해준다. 그런데 우리는 이것을 스스로 자랑할 줄 모른다. 기껏 한다는 게 독재자 박정희 한 개인에게 공을 다 돌린다. 이 얼마나 어리석은 짓인가?"[30]

극단주의 : 박정희 체제의 유산

"인권, 민주 모두 다 좋은 말이오. 그러나 참다운 인권과 민주는 '굶주림으로부터의 해방'에서 나옵니다. 당장 배고파 죽어가는 국민들 앞에서 말장난을 해서는 안 됩니다. 인권이나 민주는 경제가 해결되면 저절로 해결됩니다. 두고 보시오. 모든 결실은 나보다 오래 사는 세대에게 돌아갈 것입니다."[31]

---

30) 최준식, 『한국인에게 문화가 없다고?: 최준식 교수가 말하는 한국문화의 허와 실』(사계절, 2000), 68~73쪽.
31) 이석제, 『각하, 우리 혁명합시다』(서적포, 1995), 171~172쪽.

박정희의 이 말은 많은 사람들을 감동시켰다. 조갑제도 감동 받은 사람 중의 하나다.

"박정희는 인권 탄압자가 아니라 우리나라 역사상 가장 획기적으로 인권 신장에 기여한 사람이다. 인권 개념 가운데 적어도 50%는 빈곤으로부터의 해방일 것이고, 박정희는 이 문제를 해결함으로써 다음 단계의 정신적 인권 신장으로 갈 수 있는 길을 열었다. 당대의 대다수 지식인들이 하느님처럼 모시려고 했던 서구식 민주주의를 감히 한국식으로 변형시키려고 했던 점에 박정희의 위대성과 이단성이 있다. 주자학을 받아들여 주자교(朱子敎)로 교조화 했던 한국 지식인의 사대성은 미국식 민주주의를 민주교(民主敎)로 만들었고 이를 주체적으로 수정하려는 박정희를 이단으로 몰아붙였다."[32]

조갑제가 박정희를 높게 평가하는 가장 중요한 이유는 상무(尙武) 정신의 앙양이다.

"박정희는 일제의 군사교육과 한국전쟁의 체험을 통해서 전쟁과 군대의 본질을 체험한 바탕에서 600년 만에 처음으로 우리 사회에 상무(尙武) 정신과 자주 정신의 불씨를 되살렸던 것이다. 전두환 대통령이 퇴임한 1988년에 군사정권 시대는 끝났고 그 뒤에 우리 사회는 다시 상무, 주자 정신의 불씨를 꺼버리고 조선조의 문약성으로 회귀하려는 움직임을 보이고 있다. 이 복고풍이 견제되지 않으면 우리는 어떻게 될 것인가. 이승만, 박정희, 전두환 세 대통령의 영도 하에서 1류 국가의 문턱까지 갔던 우리나라는 원래의 우리 수준, 즉 3류 국가로 전락할 것이다."[33]

이런 주장은 군사파시즘에 기초한 국가주의의 찬양이지만, 의외로 많은 지지를 받고 있다. 말이야 바른 말이지만, 파시즘은 엄청난 매력을 갖

---

32) 조갑제, 『내 무덤에 침을 뱉어라 1: 초인의 노래』(조선일보사, 1998), 12쪽.
33) 조갑제, 위의 책, 13쪽.

고 있는 이데올로기다. 일본, 독일, 이탈리아를 보라. 이 나라들은 남아도는 힘을 주체하지 못해 전쟁을 일으켜야 할 정도로 '강' 했다. 이미 다른 나라들에선 40년대에 끝난 이야기를 조갑제가 90년대 말에 부활시키려고 했던 것은 한국이 남아도는 힘을 주체하지 못할 정도로 강한 적이 한번도 없었고 앞으로도 그럴 가능성이 보이지 않기 때문일 것이다.

늘 문제는 균형이다. 상무 정신을 죽인 조선조의 문약성의 잔재를 극복하는 것은 꼭 필요하지만 군사파시즘이 그 대안일 수는 없다. 그건 조선조의 문약성 만큼이나 극단적인 해법이다. 균형에 익숙지 못한 극단주의, 이것도 박정희 체제가 남긴 유산일 것이다.

'창조적 기회주의' 와 '헤게모니 투쟁'

배고픔을 해결하는 데에 반대할 사람은 없다. 어떤 방법으로 배고픔을 해결하고 잘 살 것인가? 5·16 주체세력의 행태가 사실상 그 방법을 제시했다. 5·16 주체세력 가운데 일부는 순수했겠지만 그들은 끝까지 그 순수를 지키려다가 도중에 숙청 당했다. 많은 이들이 자신들의 '밥그릇 싸움'을 위해 쿠데타에 목숨을 걸었다. 그들은 쿠데타 성공 이후 자신의 목숨 값을 열심히 챙기기 시작했다. 그건 바로 부정부패였다.

부정부패 체제 하에서의 '잘 살기 운동'은 '만인에 대한 만인의 투쟁'을 의미하는 것이었다. 온 국민이 계층상승 욕구의 실현을 위해 '올인' 하였고, 이는 집단적 국부의 증대엔 기여하였다. 그러나 '만인에 대한 만인의 투쟁'은 결코 공정한 게임이 아니었기 때문에 수많은 희생자와 낙오자들을 양산했다. 1970년에 일어난 전태일의 분신자살과 1971년에 일어난 광주 단지 폭동 사건이 이미 60년대 말부터 예비 되었던 사건들이었지만, 이들 극빈층은 '국가의 영광'을 위해 침묵하다가 죽어줘야만 했다.

박경리의 '시장(市場)과 전장(戰場)'이라는 비유는 60년대가 50년대의 연장선상에 있다는 걸 말해주는 것이었다. 개발독재 체제 하의 시장은 새로운 전장이었다. 그곳은 공정하고 법이 지배하는 시장이 아니었다. 폭력과 협박과 온갖 권모술수가 지배하는 곳이었다.

　　〈회전의자〉라는 노래가 의도하진 않았겠지만, 놀라운 건 과거의 저항세력마저 "억울하면 출세하라"는 한국형 삶의 진리에 대거 투항하였다는 점이었다. 4·19 주체세력과 한일회담을 반대했던 6·3투쟁 주체세력의 대부분은 박정희 정권에 흡수되어 박 정권의 홍보 전위대로 활약하게 되었다.

　　끝내 박 정권과 타협하지 않은 저항세력 상층부마저도 일부는 자신의 헤게모니 투쟁을 위한 기회주의로 무장하고 있었다. 그 대표적 인물이 윤보선이었다. 그는 5·16 쿠데타에 협조했다가 박정희로부터 배신을 당하자 이후 내내 저항세력의 선봉에 섰지만, 나중에 전두환 쿠데타 세력에게 또 한번 힘없이 투항해 버리는 이상한 삶을 살게 된다.

　　그러나 그건 결코 예외적인 삶의 형태는 아니었다. 60년대는 '기회주의의 시대'라고 해도 좋을 정도로 온갖 종류의 기회주의가 난무하였다. 이는 훗날까지도 자신의 헤게모니 장악을 위해 극단적인 투쟁 노선을 걸으면서 명분을 이용하는 이른바 '명분 마케팅'이라는 전통의 초석이 되었다. 이기주의적 개인주의를 위해 집단주의를 활용하는 건 한국형 정치의 정수(精髓)였다.

　　사람들은 패러다임의 변화는 지조나 기회주의를 초월하는 것으로 받아들이려는 경향이 있다. 이른바 '창조적 배신'이라는 말도 그래서 나왔을 것이다. '창조적 기회주의'라는 걸까? 오늘날의 한국 정치와 연계시켜 말하자면, 이런 주장이었다.

　　"정치인이 한 단계 도약하기 위해선 발목을 잡는 과거의 그 무엇과 결별해야 한다는 주장이다. '창조적 배신'이 '철새적 행태'와 다른 것은,

새로운 가치와 패러다임을 찾고 만드는 '창조'에 방점이 찍히기 때문일 것이다."[34]

60년대의 상황을 감안한다면, 박정희에게도 '창조적 기회주의'라는 딱지의 기회를 허용해야 할 것이다. 지도자나 정치인의 '창조적 배신'을 인정한다 하더라도 이런 문제가 남아 있다. 헤게모니 투쟁과의 관계 설정 문제다. 그 누구건 헤게모니 쟁취를 위해선 명분을 내거는 법이다. 또 역으로 명분의 실천을 위해선 헤게모니 쟁취가 필요하다. 즉, '창조적 기회주의'가 내세운 명분과 '밥그릇 싸움'을 위한 사적 이익 추구 사이에 발생하는 충돌에 대한 질적 평가가 쉽지 않다는 것이다.

그 평가는 '창조적 기회주의'를 저지른 사람들이 헤게모니 쟁취 후 원래 내세웠던 명분을 얼마나 일관되게 지키느냐에 따라 내려질 수도 있고, 그런 일관성과는 무관하게 최종 결과에 의해 이루어질 수도 있다. 그러나 그러한 과정과 결과에 대한 해석은 각자의 입지에 따라 구구할 것이기 때문에, 이 경우에도 기회주의는 '창조적 배신'을 한 세력과 당한 세력 사이의 싸움질 소재로 전락할 가능성이 농후해진다.

한국적 삶의 문법이 된 기회주의

각자 좋은 기회를 찾아 떠나는 일에 대해 왜 이리 말이 많은가? 그건 아마도 한국 사회가 여전히 어떤 줄을 서느냐에 따라 흥망성쇠(興亡盛衰)가 결정되는 '소용돌이' 구조를 갖고 있기 때문일 것이다. 그리고 그 줄서기를 정당화하거나 미화해야 할 필요성이 여전히 크기 때문일 것이다.

중앙을 향하여, 보다 높은 곳을 향하여, 격렬한 속도로 돌아가는 소용돌이는 극단적인 당파주의, 이기주의, 기회주의를 낳고 세상을 전쟁터로

---

34) 여현호, 〈창조적 배신〉, 『한겨레』, 2004년 5월 21일자.

만들지만, 동시에 무서운 활력을 만들어내기도 한다. 한국은 과거 그런 활력으로 세계에서 가장 빠른 경제 성장을 이룩하였지만, 이젠 세상이 달라져 강압에 의한 소용돌이의 통제는 불가능하다. 그러나 의식과 문화는 여전히 소용돌이를 사랑한다.

누군가는 마르크스 이론에서 '도덕' 개념의 부재는 이후 마르크스주의 실천에 엄청난 짐을 안겨주었을 뿐 아니라 그 입지를 좁혔다고 지적한 바 있다.[35] 이 주장에 동의하지 않는다면 하는 수 없지만, 어느 정도 공감이라도 한다면 사회 개혁도 다르지 않을 것이라는 데에 주목할 필요가 있겠다.

'도덕' 뿐만 아니라 '인간성'도 중요할 것이다. '독선과 자기도취' 또는 '배신과 기회주의'의 바탕에 선 개혁은 하나를 얻고 둘을 잃는 게임일 수도 있다. 그 사회적 기회비용이 눈에 잘 보이지 않는다고 해서 그것이 존재하지 않는다는 걸 의미하는 건 아니다.

비단 정치 영역뿐만 아니라 어느 조직에서건 명분을 선점해 갈등 관계에 있던 사람들을 반(反)개혁 세력으로 매도하면서 내쫓는 건 얼마든지 가능한 일이다. 내쫓긴 사람들이 실제로 비교적 덜 개혁적인 사람들이라면 그들을 내쫓았다는 것만으로도 개혁에 기여할 수 있을 것이다. 우선 빈 밥그릇 수가 많아지는 것도 '출세의 독과점' 방지 차원에서 개혁이다. 내쫓은 사람이나 내쫓긴 사람들이나 다 거기서 거기라 하더라도 내쫓은 사람들은 휘두른 명분이 있기에 개혁을 위해 애쓰긴 할 것이다. 우리는 그 점에 주목해 그런 일에 박수를 보내야 할까?

개혁을 위해 태어난 것처럼 개혁을 외치는 사람들이라 하더라도 조직을 이루고 살다보면 반드시 더 개혁적이거나 덜 개혁적인 사람들이 나오

---

35) 루크스(S. Lukes)의 말이다. 김동춘, 『근대의 그늘: 한국의 근대성과 민족주의』(당대, 2000), 266쪽에서 재인용.

기 마련이다. 우리는 그때마다 덜 개혁적인 사람들을 내쫓아야 하는가? 아니 내쫓는 건 당연하지만, 급하다고 해서 제도적 장치나 과정을 우회해 '여론 재판'으로 내쫓아야 하는가 말이다.

아름답지 못한 과거에 대해서도 부정만 해대는 게 창조적인 것인가? 그건 우리 모두 알게 모르게 저지르는, 우리도 한 파트너로 참여했던 과거에 대한 배신이거나 기회주의일 수 있다. 지금 이 순간도 나중엔 과거가 된다. 이 순간엔 부정할 게 전혀 없을 것 같은가? 그것마저도 나중의 잣대로 일거에 매도하면서 뒤집어야 하는가?

5·16 쿠데타로 대표되는 1960년대의 기회주의가 던져주는 교훈이 있다면 그건 한국 사회 특유의 '소용돌이 문화'에 대해 다시 생각해보는 일일 것이다. '소용돌이 문화'의 법칙 중 하나가 "윗물이 맑아야 아랫물이 맑다"이다. '윗물'에 속하는 사람들이 이 법칙을 자신에게 적용하여 자기 성찰을 한다면 더할 나위 없이 바람직하겠지만, 한국 사회에서 이 법칙은 전 국민적 차원에서 모든 걸 자신의 '윗물' 탓으로 돌리는 면책 심리를 정당화하는 근거로 오·남용돼 왔다.

기회주의는 이제 더 이상 한국 사회 상층부만의 문제가 아니다. 적어도 60년대 이후 오늘에 이르기까지 기회주의는 모든 사람들이 따르지 않을 수 없는 삶의 문법이 되어 왔다. 과거의 불행한 역사로 인해 기회주의가 민중의 의식과 습속에까지 깊은 뿌리를 내린 사회에서 기회주의의 청산은 매우 어렵다. 때론 후퇴할망정 비상한 인내심을 갖고 뚜벅뚜벅 걸음을 내디딜 일이다.

"국민을 비굴하게 만드는 정치가 가장 나쁜 정치이다."[36] 간디의 말이다. 그러나 이는 가치관의 문제다. '비굴'은 '폭력'이라는 말로 대체 가능하다. "폭력은 순간이고 풍요는 영원하다"고 한다면 할 말이 없다. 박

---

36) 이병주, 『대통령들의 초상: 우리의 역사를 위한 변명』(서당, 1991), 111쪽.

정희는 "내 무덤에 침을 뱉으라"고 하지 않았던가. "폭력은 순간이고 정의는 영원하다"고 말하는 사람들도 있다. 풍요를 위해서건 정의를 위해서건, 목적이 수단을 정당화한다는 마키아벨리즘이 사라지는 세상은 영원히 오지 않을 것이기에, 박정희와 그 체제에 대한 논쟁도 영원히 끝나지 않을 것이다.